翻译失语症研究

徐莉娜 著

本书为国家社会科学基金项目"翻译失语症研究"（项目编号：14BYY010）的结项成果。

科 学 出 版 社

北 京

内 容 简 介

本书的主要内容包括：阐述翻译失语症概念提出的研究背景、分析翻译失语症产生的原因、对翻译失语症进行分类，以及论述预防翻译失语症的能力培养。本书有以下几个特点：提出并界定"翻译失语症"的概念及其意义；对翻译失语症进行描写、解释、分类，探究译者失语的原因与规律；重新界定翻译单位的概念，指出翻译单位边界意识缺失是翻译失语症产生的主要原因；为翻译错误研究提供了一个脉络清晰的翻译失语症的分类系统；阐述了翻译知识、技能与能力的关系以及如何提高防止翻译失语症的能力；本书编写的翻译要领口诀便于翻译陈述性知识向程序性知识的转化，可有效防范翻译失语症的发生。

本书适合翻译理论研究者、翻译专业研究生、翻译工作者、翻译教学者和学习翻译者以及二语学习研究者参考使用。

图书在版编目（CIP）数据

翻译失语症研究 / 徐莉娜著. —北京：科学出版社，2024.7
ISBN 978-7-03-078592-3

Ⅰ.①翻⋯　Ⅱ.①徐⋯　Ⅲ.①翻译学-研究　Ⅳ.①H059

中国国家版本馆 CIP 数据核字（2024）第 106184 号

责任编辑：杨　英　赵　洁 / 责任校对：张亚丹
责任印制：赵　博 / 封面设计：蓝正设计

科学出版社 出版
北京东黄城根北街 16 号
邮政编码：100717
http://www.sciencep.com
北京市金木堂数码科技有限公司印刷
科学出版社发行　各地新华书店经销

*

2024 年 7 月第 一 版　开本：720×1000　1/16
2025 年 1 月第二次印刷　印张：15 1/4
字数：312 000
定价：108.00 元
（如有印装质量问题，我社负责调换）

前　言

2012年笔者在《中国翻译》上发表了题为"从译者失语看翻译教学的缺失环节"的文章后，翻译失语现象就成为笔者研究的重点。2014年获批的国家社会科学基金一般项目"翻译失语症研究"（项目批准号：14BYY010）推动了翻译失语症研究的拓展。

本书发现脑损伤性失语症和非脑损伤性翻译失语症的言语行为很相似，在解释语言障碍发生的原因方面也有诸多相似之处。因此，解释失语病症的神经语言学和心理语言学理论成为本书研究的理论基础，失语症研究中的失语症分类也为本书中翻译失语症的分类提供了参照依据。观察译者失语现象、探索翻译规律、归纳翻译程序和步骤、解释翻译过程中各环节间相互作用的关系是本书所关注的重点，也是翻译失语症研究的意义所在。

本书的第1章阐述了翻译失语症概念提出的研究背景；第2章至第4章从神经语言学、心理语言学、翻译单位边界意识缺失几个角度分析了翻译失语症产生的原因；第5章以语言结构层级为依据对翻译失语症进行分类；第6章和第7章主要论述了预防翻译失语症的能力培养问题，分析陈述性知识、程序性知识和翻译能力形成的关系，并以程序性的表征方式归纳翻译过程中常用到的程序性知识，为译者提供了一套可用于翻译实践的操作要领。

本书有以下几个特点。

（1）提出并界定"翻译失语症"的概念。"翻译失语症"作为一个上位术语涵盖了误译、漏译、胡译、死译等现象，将翻译失当行为和翻译错误纳入翻译能力、翻译认知心理学、译者行为学的研究范畴。

（2）以多维度的理论视角解释翻译失语现象和导致译者失语的规律。本书把翻译失语症研究置于失语症研究、神经语言学、心理语言学、认知心理学、语言学的交叉学科背景下，从相关学科的研究背景、观点、方法和案例分析几个方面自上而下地对翻译失语现象进行描写、解释、分类，探究译者失语的原因。通过对比病理性失语症和非病理性失语症的言语特征以及这两类语言障碍发生的原因，根据交叉学科对病理状态下言语行为及语言障碍的解释揭示了导致译者失语的规律。

（3）指出翻译单位边界意识缺失是翻译失语症产生的重要原因。重新界定翻译单位的概念，指出翻译单位边界不是静止的，而是动态的，这种动态性增加了翻译单位选择和控制的难度，并通过有声思维数据分析法的检测，发现翻译单位边界意识缺失可导致盲译现象，而盲译是翻译失语症产生的主要原因之一。

（4）提出翻译失语症的分类系统。本书以失语症研究对失语患者语言障碍的分类为参照框架，将翻译失语症分为失读症和失写症两大类，各类又包括了若干小类。对翻译失语现象进行分类有助于识别语言障碍的性质及表现形式，可增强解决问题的针对性，同时也为翻译错误研究提供了一个脉络清晰的研究系统。

（5）阐述了翻译中知识、技能与能力的关系。陈述性知识（declarative knowledge）和程序性知识（procedural knowledge）是技能获得、能力形成与发展的必要前提条件。陈述性知识是静态的，只有使陈述性知识程序化，所学的知识才能得以应用，知识才能向技能迁移，促使能力形成与提高。

（6）提出防失语的翻译要领。根据翻译活动的规律、语言学原理、语际转换及跨文化交际的特点编写了一套翻译操作要领口诀。这套口诀让翻译知识变得具体、直观、可感，易于记忆，便于应用，同时，也可避免死记抽象理论、概念和术语的学习习惯。具备翻译的程序性知识可提高使用翻译策略与技巧熟练度，有效防范翻译失语症的发生。

《翻译失语症研究》对翻译错误分析不是简单的二元对立正误点评，而是找出译者失语的原因和规律，探索纠正错误、防止翻译失语症发生的方法，为解释译者行为、揭示翻译规律、提出翻译的评价标准提供一个跨学科的研究视角。研究翻译失语现象有助于促进对大脑"黑箱"加工双语转换信息过程的认知，减少翻译过程中的盲目性，提高译文产出的准确性、规范性和可接受性。

书中所关注的问题和内容是翻译本体研究的有机组成部分，研究成果可应用于翻译过程、译者行为、翻译批评、翻译教学等领域，对二语学习和外语教学研究也有积极的促进作用。

目　　录

前言

第 1 章　翻译失语症 1
    1.1　翻译失语症提出的缘由 2
    1.2　失语症研究的历史渊源 3
    1.3　失语症的语言学研究背景 7
    1.4　翻译失语症的研究背景 13
    1.5　本章小结 22

第 2 章　翻译失语症研究的神经语言学视角 24
    2.1　翻译失语症研究的任务 24
    2.2　翻译失语症的特征 26
    2.3　神经语言学对翻译失语现象的解释 30
    2.4　翻译转换障碍的检测 41
    2.5　本章小结 51

第 3 章　翻译失语症研究的心理语言学视角 53
    3.1　心理语言学的研究背景 53
    3.2　心理语言学对翻译心理过程的解释 60
    3.3　本章小结 79

第 4 章　翻译单位边界意识缺失导致翻译失语症 81
    4.1　翻译单位概念 81

- 4.2 翻译单位的标记性 ... 84
- 4.3 翻译单位的特征 ... 86
- 4.4 翻译单位边界意识障碍的 TAPs 检测 ... 95
- 4.5 检测语料及翻译过程的分析 ... 101
- 4.6 本章小结 ... 109

第 5 章 翻译失语症的类型 ... 112
- 5.1 翻译失语现象的分类 ... 113
- 5.2 翻译失读症 ... 116
- 5.3 翻译失写症 ... 145
- 5.4 翻译症与翻译失语症 ... 180
- 5.5 本章小结 ... 182

第 6 章 提高翻译能力防失语 ... 184
- 6.1 陈述性知识与程序性知识 ... 184
- 6.2 语义知识与翻译能力的关系 ... 188
- 6.3 程序性知识与翻译能力的关系 ... 194
- 6.4 本章小结 ... 205

第 7 章 防范翻译失语症的要领 ... 208
- 7.1 问题意识 ... 208
- 7.2 译者的选择 ... 211
- 7.3 熟用技巧 ... 215
- 7.4 本章小结 ... 224

参考文献 ... 225

后记 ... 237

第 1 章

翻译失语症

翻译失语症指由缺失翻译所需知识而导致译者不能用一种语言顺利转述另一种语言信息的现象。这一概念不宜与"二元对立的翻译错误"（binary translation error）（Pym，1992：281）画等号。翻译错误是译者失语的结果，属于翻译失语症的研究对象之一，但不是全部。翻译失语症研究应是翻译能力研究领域里的课题，包括翻译认知过程、语码转换加工、错误类型及其原因分析、翻译知识、翻译对策与技巧等内容的研究，这些问题皆与翻译能力有关。西班牙的翻译能力习得过程和评估专项研究小组（Process in the Acquisition of Translation Competence and Evaluation，PACTE）（PACTE，2003）将翻译能力定义为"完成翻译任务所必需的潜在的知识系统"，并将翻译能力研究内容分为双语交际能力（communicative competence in two languages）、语言外能力（extra-linguistic competence）、转换能力（transfer competence）、专业操作能力（professional instrumental competence）、策略能力（strategic competence，也称解决问题能力，problem-solving competence）和心理-生理能力（psycho-physiological competence）六大类。其中，策略能力和转换能力是最重要的，前者是有意识或下意识地解决问题的能力，后者是理解原文并选择最适当的方式产出译文的能力。在诸多翻译能力定义中，PACTE给出的定义被认为是较为全面的，它不仅包括翻译知识与技能，还包括认知能力。认知能力即心理-生理能力，涉及人脑加工、储存、提取信息等心理活动和记忆、注意、推理、逻辑等认知技能。PACTE认为心理-生理能力是不可或缺的翻译能力组成部分。翻译能力缺陷可使译者加工转换信息时出现认知障碍。一旦出现认知障碍，译者就不能有效地调用认知资源来解决问题。对认知资源不敏感或缺少解决问题所必需的翻译知识是译者失语的主要原因。

一、翻译失语症研究

翻译是一个复杂的双语信息加工过程，涉及语义特征检索、词义的选择、心理词汇组织、词汇或命题的提取、双语符码系统的转换、对源语信息进行计划与编码、决策与技巧的使用等一系列心理活动。翻译中诸多错误都是译者能力不足所致。能力的缺失，尤其是认知能力的缺失，可导致译者出现语言障碍。这类语言障碍与一些失语患者语言障碍的特征有相似或相关之处。因此，失语症研究、失语症的语言学、神经语言学和认知科学的研究成果可在一定程度上解释译者失语的原因。本章拟通过对失语症研究背景的梳理说明语言、大脑、认知与翻译的关系，并借助失语症患者语言障碍与大脑皮层机制的关系说明翻译失语症是有其心理-生理因素的。

1.1 翻译失语症提出的缘由

翻译是以双语语言机制为媒介的认知活动。译者的大脑是如何加工语言信息的？这方面的研究尚为薄弱，为数不多的研究主要集中在口译方面，如里纳等（Rinne et al., 2000）的《翻译脑：同声传译脑激活模式》（"The Translating Brain: Cerebral Activation Patterns During Simultaneous Interpreting"）。但是，随着对失语症患者研究的深入和脑活动测量技术的革新，双语脑（bilingual brain）的工作机制为越来越多的研究者所关注。人们借助正电子释放成像（positron emission tomography, PET）、功能性磁共振成像（functional magnetic resonance imaging, fMRI）等技术可观察到双语者在完成语言作业时脑的活动状况。就双语者和译者的脑活动而言，不同脑皮层机制是否分别支持不同语言一直是心理语言学家、神经语言学家、失语症研究者关注的重要课题。相关研究发现两种语言表征的脑区有重叠，也有差异。双语脑既有与之相同的处理语言机制，也有独立的处理语言机制。皮莱等（Pillai et al., 2003）采用 fMRI 技术检测两种语言在大脑中的表征，检测结果支持双语脑可能有独立的语言机制这一假设。普莱斯等（Price et al., 1999）、帕拉尼等（Perani et al., 1996）采用 PET 技术观察翻译和语言切换的大脑皮层活动，发现两种语言活动的脑激活机制不同，至少部分脑活动机制是相互独立的。柯林等（Klein et al., 2006）对被试在翻译时的脑活动进行检测，也发现虽然两种语言的脑区多有重合，但一语译二语与二语译一语活动的脑区有所不同。语言间的差异和大脑独立处理语言机制的差异会增加翻译过程中认知加工的难度，而差异正是导致译者认知通道受阻的主要原因。翻译是一种特殊的双语脑活动。一些失语症研究中的对患者失语现象的解释能为译者失语行为研究提供可借鉴与观察的视角，也可以为翻译错误的命名、诊断、分析、纠错与防错对策提供跨学科的研究思路。

1.2　失语症研究的历史渊源

大脑皮层的某些区域与人类的语言功能有关，这些区域叫作言语区，也称"语言器官"。大脑是语言能力的生理基础，控制着人类的言语运动。大脑皮层言语区病变会导致语言功能丧失，进而引起语言交流障碍。不同的语言功能区受损有不同的临床症状。布鲁斯坦就此指出：大量的语言行为产生故障的特定方式取决于脑损伤的不同部位，这是毋庸置疑的。神经语言学研究中最受注意的两种失语综合症要数布罗卡氏失语症和韦尼克氏失语症（Blumstein，1992a）。布罗卡区（Broca's area）和韦尼克区（Wernicke's area）的认知功能障碍与语言能力的关系正是本书用以观察译者失语特点和翻译能力关系的基点。

约公元前 1600 年的古埃及医学论文《艾德温·史密斯纸草文稿》（"Edwin Smith Papyrus"）就已提到过言语丧失（speechless）的病例，而"首次清楚地论及脑损害对言语能力丧失的作用"则见于《希波克拉底文集》（*Hippocrates Corpus*）（高素荣，2006：5）。该文集清楚地描述了两类失语症，一是失声（Aphonos），说不出；二是失听（Anaudos），听不懂。在希氏几百年之后的罗马帝国时期，马克西穆斯（V. Maximus）描述了一例因脑外伤引起的失读症（alexia），不识字。16 世纪意大利的医生墨丘利（G. Mercuriale）报道了首例失读但并不失写的病症。此后，命名性失语症（anomia）、失写症（agraphia）等相继被发现。1676 年，德国的施密特（J. Schmitt）在其论文《卒中后丧失阅读但保留书写能力》（"De Oblivione Lectionis ex Apoplexia Salva Scriptione"）

中描述了一个失读却不失写的患者病例。虽然各类失语症病例不断被发现，但在那个颅相学盛行的年代，人们认为失语与记忆障碍有关，将失语的原因归于丧失记忆。文艺复兴时期，意大利的解剖学家维萨里（A. Vesalius）和英国神经解剖学家威利斯（T. Willis）否定了"脑室记忆"说，提出记忆与大脑皮层有关。可是，这一发现并未引起人们足够的关注。直到1770年，德国著名学者格斯纳（J. Gesner）的《语言遗忘》（*The Language Amnesia*）一书问世才开启了失语症研究的学术时代。格斯纳提出了失语的心理因素理论，认为失语不是智能和记忆力下降所致，而是词的记忆遗忘无法将实体或抽象概念转化成文字所致。实体和概念与语言符码联系的中断才是语言功能受损的原因。概念与符码相联系体现了符号学的理念。至今符号学知识及其理论还用于对失语病症的解释和失语症患者语言功能恢复的研究。

失听、失读、失写都是语言功能障碍的症状。这些症状说明患者因语言功能和理解功能受损而不能与他人进行正常的交流。所有的语言活动都受大脑皮层的控制和调节。因此，失语症研究首先就是对脑机能的研究。19世纪初，人们开始了脑机能的定位研究。有学者注意到言语、语言障碍以及障碍类型皆与脑损害的部位有关系。德国神经解剖学家加尔（F. J. Gall）根据病例研究得出"言语与前额叶有关的著名结论"；法国解剖学家让-巴普蒂斯特（Jean-Baptizte）发现"言语障碍与双侧额叶受损有关"；法国神经学家戴克斯（M. Dax）"在1836年的一次学术会上宣读论文称词语记忆受损必有左大脑半球损伤，但当时未引起重视"（高素荣，2006：5-6）。这些发现都表明 19 世纪初已经有了大脑皮层功能定位研究，但是真正开始引起学术界关注失语症的是法国著名的外科医生、神经学家、人类学家布罗卡（P. Broca）。

1861年，布罗卡接触了一位丧失言语能力只能发出 Tan 音的患者。该患者死后的病理解剖结果显示其大脑左半球的颞下回后部有病变。布罗卡（Broca, 1861）发表了论文《通过对一例失语症患者的观察看言语产生的部位》（"Remarks on the Seat of the Faculty of Articulate Language, Followed by an Observation of Aphemia"），他在论文中"对几位长期存在言语障碍患者的病症进行了描述，指出左额叶损伤是造成言语障碍的原因。这一发现普遍为人们所接受，它首次证实了大脑皮层有特定功能定位的观点"（Gross, 2007）。之后，布罗卡又陆续收集了 8 个相同病症的案例，患者的病变都出现在大脑左半球。他还发现大脑右半球病变不会导致言语障碍。1865 年，布罗卡发表了第二篇论文《论言语产生的部位》（"Du siège de la Faculté du Langage Articulé"）。该文确立了左额叶皮层与运动性失语的关系，开启了脑功能定位研究的时代。左额叶第三额回后部因此被命名为"布罗卡区"。这一区域损伤会出现布罗卡氏失语症（Broca's aphasia）。此类患者的言语缺陷表现为：不合语法、命名不能、发音困难。在布罗卡发表失语症与脑损伤部位有关的研究成果后不久，德国神经学家韦尼克（C. Wernicke）也开始了相关的研究。他发现并非所有的语言障碍都与布罗卡区有关。1874 年，韦尼克出版了著名论著《失语症的症状群：解剖基础的心理学研究》（ Der Aphasische Symptomencomplex: Eine Psychologische Studie Auf Anatomischer Basis）。书中描述了两类失语症病例，一类是位于前脑的运动性失语症，另一类是位于后脑的感觉性失语症。这是继布罗卡区发现后，失语症领域里的又一重大发现。韦尼克的基本观点是不同部位病灶产生不同的失语综合征。词语运动中枢受损导致词的运动印象部分或完全丧失，产生口语表达障碍的失语称运动性失语（motor aphasia）。听词语中枢受损导致听词语印象部分或全部丧失，产生听理解障碍的失语称感觉性失语（sensory aphasia）（高素荣，2006：7）。感觉性失语症又称"韦尼克氏失语症"（Wernicke's aphasia）。之后，韦尼克又提出了第三种失语症，传导性失语症（conduction aphasia）。这种病症由连接布罗卡区的额叶和韦尼克区颞叶间的神经通路弓状束受损所致。韦尼克认为语言理解的障碍是导致言语产生障碍的原因（崔刚，2002：31）。控制语言理解行为的颞上回、颞中回后部、缘上回及角回被命名为"韦尼克区"。这一区域的脑组织受损可导致言语理解障碍。韦尼克并不认为大脑功能完全局限于特定脑区。"他是最早的'联结主义'代表人物之一，主张特定脑区功能是离不开多脑区协调配合的（Rutten，2017：23）。"韦尼克（Wernicke，1874）在书中写道："各种印象相互连接形成的概念、思维和意识都是连接大脑皮层不同区域的纤维束相互配合协调的结果。"（转引自 Rutten，2017：23）布罗卡和韦尼克的发现标志着失语症科学研究的开始，其学说在失语症、神经学和语言学研究领域里始终占有极其重要的地位。

布罗卡时代之前的大脑功能定位说仅限于颅相学领域。18 世纪上半叶，风行欧洲的大脑功能定位说是颅相学对大脑部位与大脑功能间对应关系的一种解释。初期的大脑功能定位说是一种说明人和动物大脑各部位与其感觉、运动、行为等功能具有对应关系的学说。19世纪后半叶以布罗卡和韦尼克为代表人物的大脑皮层功能研究逐渐形成高潮。言语运动区与言语障碍间的关联性被发现后,大脑机能定位科学进入了实质性的研究阶段。大量的临床医学实践、解剖学观察、科学实验证明了特定脑区与言语行为之间存在某种对应关系。加尔等颅相学家认为脑中有特定的部位专司语言功能。布罗卡和韦尼克发现的语言中枢使定位派所说的"特定部位"具体化。从布罗卡-韦尼克时期到20世纪初,失语症一直处于临床-病理相关研究的鼎盛时期,临床观察与解剖学、脑机能定位学的研究方法普遍为人们所接受。

韦尼克发现,大脑左半球颞上回后区域受损患者会出现不能理解他人话语的"感觉性失语"。这一发现以脑局部损伤与语言理解障碍的对应关系证实了听觉语言中枢的存在,但临床实践和科学实验中也有一些病例得不到定位说的解释。20世纪中叶,以美国神经心理学家莱士利(K. S. Lashley)为代表的研究者提出大脑功能均势说(亦称大脑功能反定位说),认为大脑的定位与功能无关,而与脑量多少有关。大脑的功能具有整体性,是不可分割的。这一学说在强调大脑整体功能的同时,否定了大脑不同部位在功能上的分化。由此形成了大脑定位说和反定位说两种对立观点。反定位派者认为,"言语功能是整个大脑的功能,并不局限于脑中的特定部位。大脑皮层各部位,甚至皮层下的结构都参与言语的形成。言语生成不是由独立的言语中枢司理。言语功能障碍不只是同布罗卡区和韦尼克区有关,而是同整个大脑受损有关。各种言语障碍同大脑有关部位的联系,并不像定位派所说的那样简单(王德春等,1997:27)。"随着人们对大脑功能和言语行为的关注,大脑与语言关系的研究不断深入。继定位说和反定位说之后,大脑功能整体说、大脑功能动态定位说(Luria,1976;崔刚,2015:114-115)相继提出。第二次世界大战后,大脑功能和言语关系的研究方法更加丰富,研究视角也不断拓宽,语言学、心理学和神经学相继进入了失语症研究领域。这些领域的研究成果皆为失语症研究奠定了跨学科的理论基础,也为本书提供了可借鉴的研究视角、方法和思路。

1.3 失语症的语言学研究背景

失语症的语言学（linguistics）与神经语言学（neurolinguistics）关系紧密。如卡普兰（Caplan，1987：5）所言，失语症的语言学是"神经语言学最近的、自然的发展结果"。有关失语症的语言学文献大都涉及神经语言学的话题（Caplan，1987；崔刚，2002；罗倩和彭聃龄，2000）。因此，在回顾失语症的语言学历史时少不了对神经语言学的介绍。神经语言学源于19世纪末的临床神经学，那是一门研究语言与大脑关系的学科。布罗卡1861年关于失语症脑区定位的论文被认为是神经语言学研究的起点。其大脑功能定位说和韦尼克的联结主义学说的确立意味着神经语言学进入了"初创期"。这一时期，语言与脑神经机制之间关系的研究，特别是失语症的研究逐渐走上了科学发展的道路。不过初创时期的工作主要由神经医学家和心理学家来承担，还鲜有语言学家关注这个极有前途的研究领域，这也是该学科一直未能取得突破性进展的一个重要原因（杨亦鸣，2007）。随着语言学理论的介入，神经语言学获得了可喜的发展，成为一门跨学科的新兴学科，而语言学就是与神经学语言学兼容性最强、联系最紧密的学科。

进入20世纪，一直占主导地位的历史比较语言学为结构主义语言学所取代。语言学由描写转向解释。语言学家致力于探索自然语言的内部机制。这一时期，认知心理学的发展、计算机的广泛应用、脑损伤患者的治疗使自然语言的生成与理解成为一个迫切需要得到解释的课题。在这一背景下，神经语言学孕育而生。神经语言学，作为一个基于语言学、神经心理学、神经病理学、生物学和脑科学的跨学科研究领域，旨在探索大脑与语言的关系，研究语言习得、生成与理解的生理和心理机制。早期的神经语言学以解剖学、病理学和解剖-临床观察为基础，研究失语症患者的脑部损伤和语言障碍的关系，但忽略了正常人言语神经机制与脑机制的关系。随着现代科学技术的发展，神经语言学研究方法日臻成熟。王德春等（1997：5）在《神经语言学》的前言中明确阐述了这一学科的研究方法和目的："神经语言学的研究对象是人类神经系统与人类语言、言语之间的关系。在神经系统中，同言语关系最为密切的是大脑，言语的神经机制主要是脑机制。神经语言学研究语言习得、语言掌握、言语生成、言语理解的神经机制，研究人脑如何接收、存储、加工和提取言语信息，研究正常言语的神经生理机制和言语障碍的神经病理机制。"但凡语言活动都与脑神经机制有关。有关脑与言语关系的研究既需要神经科学也需要语言学的支持。由此兼容而生的新兴学科——神经语言学——既是语言学的一个分支，又是语言学与神经学等学科整合的结果（崔刚，2002）。

神经语言学研究的核心问题是语言与大脑的关系，涉及失语症状与对应脑区的关系、语言在大脑皮层的位置、大脑皮层下结构和外围神经系统与语言的关系等。神经语言学不仅研究语言障碍的病理机制，还研究正常言语的生理机制。王德春等（1997：1）指出该学科"一是根据语言学理论，对言语活动的神经机制提出假设，再用神经科学的方法加以验证；二是根据医学和神经科学对言语活动现象的观察材料提出假设，在语言学理论指导下得出实验结论"。这一阐述从学科互补、相互促进的角度解释了语言学与神经学的关系，阐明了这两门学科的兼容整合的科学基础、研究方法及任务。无论是以语言学理论为依托提出语言神经机制的假设并加以验证，还是用语言学理论指导对言语活动神经机制的科学观察，语言学理论在失语症和神经科学的研究领域中都占有极其重要的地位。

俄裔美国语言学家雅各布森（R. Jakobson）被认为是第一个认识到失语症研究的价值并从事失语症研究的语言学家。他于20世纪40年代首次明确提出可以用语言学理论来考察失语症，并于1964年首次提出基于语言学方法的失语症分类。雅各布森（Jakobson，1971a）将语言学理论引入神经语言学，发现失语患者病理性语言的两极性，阐述了病理性语言研究平面的系统性，探索了这类语言发展过程的规律性。此外，他还探究了儿童语言发展的规律，发现儿童语言的发展既受到非语言因素的制约，又受到诸如语言内在结构特征等语言学因素的调控。雅各布森的发现不仅推动了神经语言学进一步走向成熟，而且也加深了失语症研究者对失语症本质的认识，为认识语言规律与大脑的关系提供了理论上的支持。

雅各布森自第一部有关失语症的论著《儿童语言、失语症和语音普遍现象》

（*Child Language, Aphasia and Phonological Universals*）（德文版 1941 年；英文版 1968 年）出版之后，相继发表了论文《失语症：一个语言学的课题》（"Aphasia as a Linguistic Topic"）（Jakobson，1971a）、《语言的两个面向与两种失语症障碍类型》（"Two Aspects of Language and Two Types of Aphasic Disturbances"）（Jakobson，1971b）、《失语症的语言学类型》（"Linguistic Types of Aphasia"）（Jakobson，1971c）、《从语言学角度看失语障碍症》（"On Aphasic Disorders from a Linguistic Angle"）（Jakobson，1980）。雅各布森强调语言学理论对失语症研究的重要性和必要性，指出："一些神经病学家和心理学家坚持认为语言学在失语症研究领域有着重要的作用。他们认为失语症最主要的特征就是言语有缺陷。语言学家是研究语言的，因此必须由语言学家来告诉人们各种类型言语缺陷的确切性质。"（Jakobson，1980：93）雅各布森用语言学解释失语症案例，严格按照语言学标准对已分析过的案例进行系统的归纳，发现失语症的各种语言学类型与大脑皮层研究专家发现的按部位测定的综合征之间有显著的对应关系。这种语言学类型与大脑皮层言语区的对应关系表明人们可以从语言学角度检测言语缺陷，判断各种缺陷的性质，划分失语症类型，还可以从语言学的平面对失语现象做出各种不同的描述和解释。他认为语言学家和神经病学家携手合作才能更好地揭示言语和大脑的关系。雅各布森从语言学视角介入失语症的研究，成就斐然，其研究让学者们开始关注失语症和神经科学的语言学研究。随着语言学理论的渗透，失语症研究开始从单纯的病理学、神经学、心理学分析发展到从语言学角度对失语症患者语言障碍进行的系统研究。越来越多的研究者开始借助语言学术语对患者的语言障碍进行检测、分析与分类。同时，越来越多的语言学家也参与了失语症的研究。语言学理论对于失语症研究的影响随之增强。

在雅各布森之前，从事失语症研究的学者多数是神经学家或心理学家，其研究主要建立在个案言语病症和大脑解剖结构定位分析的层面上。个案语言障碍与大脑局部功能研究的一大问题就是缺乏系统性，而语言学理论恰恰弥补了病例个案研究之不足。雅各布森（Jakobson，1971b：69）指出："任何失语症症状的描写和划分都必须以语言的哪一方面受到损伤这一问题为起点。病症的描述与划分问题必须有熟悉语言结构和功能的语言学专家参与才能得到解决，

Huglings Jackson 很早以前就提出了这个问题。"在雅各布森（Jakobson，1980：94-95）看来，语言障碍要放在语言学系统的所有平面上加以分析研究，而任何平面都是系统的一部分。语言各部分各平面间是相互联系的，不是孤立的。病理性语言研究平面的系统性应注重语言内部的各种联系。语言学家的任务就是要根据语言的本质特征划分出病理性语言研究的平面。语言学视角下病理性语言研究的各个平面既独立又有联系，是一个具有整体性的研究系统。这种把病理性语言研究视作具有内在关联性研究系统的理念后来得到了研究者们的认同。

海特菲尔德（F. M. Hatfield）十分认同语言学理论对失语症研究的重要性，指出失语症研究存在着缺乏理论体系和研究深度的问题。她本人也用语言学理论描述了两个有词汇和句法障碍但无语音障碍的失语症病例，同时采纳了雅各布森的失语症分类方法并分别把这两个失语症病例分为词性变化缺失性失语和句法缺失性失语。这次以语言学眼光观察失语症的经历加深了海特菲尔德对失语症语言学研究的认识，她在《向语言学家求助》（"Looking for Help from Linguists"）一文中写道："现在连医生也深感需要一种内在的系统的理论作为失语症研究的基础，而这一理论基础很可能就在语言学那里。"（Hatfield，1972：75，65）在她看来，语言学理论比其他学科的理论更有助于加深研究者对失语症本质的认识。在对比了心理学和语言学研究语言的不同方法的基础上，海特菲尔德（Hatfield，1972：65）指出语言学家视语言为"一个具有内在相互联系的系统"，而心理学家则视语言为"分散语言现象的集合体"。从这个意义上说语言学理论无疑可以为失语症研究提供一套理论研究体系。《向语言学家求助》一经发表立刻引起研究者对失语症语言学的关注。崔刚（1998）在其《语言学与失语症研究》中指出：从60年代末开始，"失语症的研究已经从单纯的神经学与心理学分析发展到对失语症患者语言障碍的系统分析"。系统分析的基础在语言学理论。语言学理论与失语症研究相辅相成，互为推进，两个学科交叉互补。崔刚（1998）将这两门学科相互作用的关系做了以下归纳。

语言学理论对失语症研究所起的作用如下。

（1）"为失语症患者语言障碍的分析以及理论建立提供理论基础和基本术语。"

（2）"为失语症研究提供了对失语症患者语言障碍进行描述的框架……把语言划分为语音、音位、词汇、句法、语义、语用等层次，失语症研究者可以按照理论语言学提供的这一框架对失语症患者的语言障碍从语言学的角度进行描述。"

（3）"加深失语症研究者对于语言的认识，已被应用在失语症患者语言功能的康复过程之中。"

失语症研究对语言学理论发展所起的重要作用如下。

第一，"失语症研究为语言学理论提供了一个有效的验证基础……语言学不仅可以有助于理解失语症的本质，更为重要的是，失语症研究可以为语言学提供用来验证语言学理论的'自然的实验'"。由于"语言的理解与产生最终是由人的大脑所控制的"，所以"对人类大脑的研究"是证实许多已提出的关于语言理解和产生理论的"最为直接的方法"。

第二，"失语症研究不断地为语言学提出新的问题，从而推动了语言学的发展。在失语症的研究过程中，研究者总是设法用语言学理论来描述失语症患者的语言障碍并分析造成这些障碍的原因，在描述和分析的过程中，人们会发现语言学理论所存在的局限性，这就使得语言学家从失语症的研究中发现语言学理论的不足之处，从而确定新的研究问题，对原有的语言学理论进行修订补充甚至提出新的语言学理论"。

从以上的阐述可以看出，语言学理论对失语症研究的贡献体现在学科发展的系统性上，为语言障碍分析、理论体系与术语体系的构建提供了理论基础。此外，语言学中的层级理论奠定了描述失语症的研究基础。罗倩和彭聃龄（2000）详细介绍了西方研究者从音韵、音位、语义、语法、语用和语篇各层级研究失语症的成果。研究者们用语言学术语对失语症状进行分类，根据语言层级将失语症划分为失语音、失语法、失语义、失语篇、失语用等。这种分类不同于失语症研究初期基于语言病理-解剖-脑结构定位分类法，它将失语病症纳入语言障碍-大脑结构功能-语言规律的系统研究，而失语症初期的分类法则更像是一种病理诊断研究。失语症的语言学研究（linguistic aphasiology）关注的是语言障碍产生的心理因素，该研究旨在描述语码及其加工过程中哪些层面受到大脑损伤的影响，并根据语言结构和语言加工的原理对语言障碍的类型进行解释说明（Caplan，1987）。失语症的语言学研究不仅关注损伤脑与语言障碍的关系，以语言学理论检测、描述患者的语言障碍特征及障碍发生的语言平面，提出并证实有关脑结构功能和语言功能关系的假说，而且还关注健康脑机制、语言习得和双语脑语言加工机制的研究，如通过脑成像技术观察语言在音韵、字形、语义、语法等层面的差异可能对双语者的大脑皮层活动产生的不同影响，研究影响双语脑皮层表征的因素。这些研究成果可应用于语言教学、外语学习、翻译认知机制研究、失语症患者的语言康复等领域。将语言学术语体系和理论分析方法引入失语症研究和神经科学领域是语言学理论对失语症研究的重大贡献之一。

美国学者卡普兰（Caplan，1987）所著的《神经语言学和失语症的语言学研究导论》（*Neurolinguistics and Linguistic Aphasiology：An Introduction*）首次区分了与失语症研究相关的两个方向。神经语言学和失语症语言学都以失语症为研究对象，但在研究范围和目标定位上还是有些区别的。神经语言学包容的范围更广一些。谈到两者关系时卡普兰（Caplan，1987）认为神经语言学关注"大脑-语言的关系"（language-brain relations），失语症的语言学研究则更加关注"语言障碍的心理学研究"（the psychology of language breakdown）。"近些年来，失语症的语言学研究对语言障碍的研究有些偏离初衷，即偏离了神经语言学理论发展的轨道。它更加关注正常语言的加工——这是一个由'神经语言学'到'失语症的语言学研究'的转向"（Caplan，1987：5）。虽说这两门新兴学科在研究范围上有所不同，但作为一门涉及语言心理学的学科，它"不可能完全摆脱对神经结构的描述"（Caplan，1987：9）。因此，失语症的语言学研究和神经语言学依然保持着紧密的联系，有着许多共同关注的问题。大脑与语言的关系、语言加工的神经机制及其障碍、对失语症的解释与描述、失语症的划分及方法等都是这两门学科共同关注的问题，也是翻译失语症研究所关注的问题。

翻译是一种复杂的跨语言的信息加工活动，是语言使用的特例，涉及两种语言的音韵、语义、语法、语用和语篇各平面表征的激活与抑制等大脑活动。翻译过程中不同语言平面的信息处理障碍都与相应的脑区和神经机制有关。因此，语言学理论对失语症研究的重要性同样体现在翻译失语症的研究上，即通过参照失语患者的言语特征来理解与解释译者处理双语信息（即理解原文与生成译文）的心理活动以及在信息加工过程中各语言平面出现的认知障碍。如果没有语言学理论作为基础，译者认知障碍及心理过程研究就缺乏科学的理论参照系，翻译错误分析难免流于宽泛、模糊、随感式、二元对立式的正误点评，翻译错误的术语和分类研究也会因没有一个能体现内在联系的理论基础而变得零落离散、缺乏整体感和系统性。语言学理论中的语言平面划分可在译者语言障碍、翻译错误与相对应的脑区功能建立某种联系。语言学理论和认知科学理论有助于我们根据语言障碍和翻译错误逆推相关脑区在信息加工处理过程中出现的翻译问题，并针对发现的具体问题提出防错、纠错的方法与对策。总之，交叉学科理论介入失语症研究可为病理性失语和非病理性失语现象的观察、分析、描述、术语构建、错误评价标准及解决问题策略的提出提供系统的理论研究框架。这些理论不仅能加深人们对语言的本质、结构、功能、语言使用的机制和规律的认识，而且还可拓宽研究视野，增进学科交叉互补的联系，推进翻译研究向深、向广发展。

1.4 翻译失语症的研究背景

失语症研究一直是个热点课题，关注度主要来自医学领域，国内的研究尤其如此。王娟和徐莉娜（2021）以中国知网（CNKI）数据库收录的1992—2020年发表的论文为数据来源，利用科学计量学工具 CiteSpace，从文献作者、文献机构、高频关键词及突变专业术语等方面，对国内近30年失语症的主要研究领域、研究热点和前沿课题进行追踪，数据分析的结果显示：

（1）从事失语症研究的主要机构是专门的医学康复中心和某些大学的外国语学院，失语症不仅是医学领域的研究课题，而且还是与语言学科领域息息相关的研究课题；

（2）失语症临床研究理论日趋成熟、研究体系日益完善，但国内的研究主要集中于患者的康复与治疗领域，跨领域、跨学科研究成果并不显著；

（3）国内失语症领域的研究热点主要集中在语言不能、语言疗法、评价、脑卒中等方面，并且以这些热点为中心逐渐形成了"患者"和"评价"两大主题，且关键词共现网络聚类相对比较集中、各主题之间的相关性程度较高，涉及其他学科的关键词集中度并不显著。

虽然国内失语症研究的学科交叉性成果较少，未能呈现于 CiteSpace 的数据分析中，但不可否认的是，这些年失语症研究跨学科、多元化的趋势已见端倪，其相关研究也逐渐呈现出多学科化的趋势。王德春等（1997）、崔刚（1998、2002）、张帅（2014）、严世清（2019）一批学者相继开始从语言学、神经语言学的角度关注失语症研究。与失语症关系紧密的学科（如语言学、认知科学）对双语失语症研究方面的渗透力度逐年增强。随着对双语脑研究的深入发展，正常双语者的语言加工机制也进入了研究者的视野。张惠娟等（2003）、苏炎奎和李荣宝（2018）、张清芳（2019）一批学者利用键盘记录、眼动追踪、神经成像等技术探究正常双语脑的语言加工机制。实际上，20 世纪末由于认知神经科学的发展，国内外双语脑的研究出现了可喜的进展。巴哈第（Paradis, 2004）的《双语的神经语言学理论》（*A Neurolinguistic Theory of Bilingualism*）总结了 20 世纪 80 年代以来双语神经语言学研究的方法、观点和理论，"把许多孤立的假说或理论联系到一起，并且通过严谨的论证形成一个整合的双语的神经语言学理论"，"第一次从神经科学、神经心理学、病理学、神经影像学等学科的角度对双语研究进行全面的阐释"（杨亦鸣和耿立波，2009）。书中介绍了以"语言间等价"关系作为评估双语失语患者语言康复的程度、判断双语者语言障碍性质的研究方法，在双语失语症及其语言机制的研究方面采用跨语言对等的标准（cross-linguistic equivalence criteria）检测并评估双语失语症语言水平。当然，这里的"对等"不是翻译学的等值概念，而是"为保证所有语言检测版本之间的可比性而设立的语言间等价标准。"（巴哈第，2003：32），但这从另一个侧面说明了使用双语与翻译中的信息处理在语言加工机制研究方面有交叉的地方，双语者的大脑和语言关系的研究成果能够为翻译失语症和翻译认知机制研究提供某些理论上的支持。

根据古德格拉斯和卡普兰（Goodglass & Kaplan，1983：5）的定义："失语症是指口语或书面语在技能、联想及习惯上的任一或所有方面发生的功能障碍，这些功能障碍是由于大脑中与这些功能有特殊关联的某些部位受到损害所致。"（转引自巴哈第，2003：31）失语症患者在无意识障碍的情况下出现的语言功能障碍是病理性的，本书涉及的翻译失语症是认知性的。不过，病理性的语言障碍研究和大脑中与语言功能有特殊关联部位受损的关系研究有助于解释正常译者语言转换障碍与相应的大脑部位控制认知过程并参与语言加工的关系。在两种语言有差异的情况下，如果相关脑区在翻译过程中未被激活，那么译者失语的情况通常是不可避免的，而且其失语现象也会与患者的失语症状很相似。因此，虽然本书研究的是非病理性的译者失语行为，但是病理性双语者语言功能障碍的研究对翻译认知机制以及翻译错误的研究具有很好的解释力。

  正常译者在使用单语时，尤其是在使用母语的时候，无语言表征障碍（即无语言能力障碍）。也就是说，译者在使用其中一种语言的时候不会出现类似失语症患者那种言语知觉和言语产出的障碍，尤其在使用母语时几乎不存在失语症患者那种失语音、失语法、失语义、失语用等问题，但进入翻译过程这种情况就时有发生，有时问题还很突出并带有典型性。翻译作为用另一种语言对源语概念进行重新编码输出的交际活动，其双语切换的特点是解读源语符码与概念的联系，激活并提取源语信息，继而在目的语语言系统内重新建立概念与符码的联系。在这个信息提取和符码切换的过程中最容易出现认知障碍的环节就发生在概念与符码联系重构上。听不懂、读不懂意味着理解原文有障碍，说不出、写不出意味着产出译文有障碍。失听、失读、失写，不仅发生在脑损伤的患者身上，也会发生在非脑损伤的译者身上。译者虽然大脑和语言功能都正常，但认知障碍的存在同样会使其出现听、读、写方面的问题。尽管在译者大脑和生物学层面上，翻译脑的输入和输出是如何运作的这个问题尚鲜为人知（Tymoczko，2012），但失语症的认知科学研究为译者失语研究打开了一扇窗，透过这扇窗我们不仅能解释译者语言障碍的原因，而且能够了解一些正常的翻译认知加工及表征的机制。

  翻译失语症不是双语者病理性的语言障碍行为，即不是双语者脑部损伤后障碍性的语言行为。翻译失语症研究是通过对语言功能正常的译者在理解和表达障碍问题上的观察，解释翻译过程中双语加工的认知机制，探究翻译失语症的原因和类型，提出预防失语的策略与方法。由于有关译者语言与大脑神经机制关系的研究成果较少，实验手段很受限，现有的研究几乎都集中在口译领域，在笔译方面的研究成果少之又少，所以失语症研究、语言学和双语失语的认知科学等的研究成果可为观察笔译者语言障碍提供一定的理论和实证方面的支持。

关于双语者的定义有很多。巴哈第在谈到采用"双语失语症检测法"（bilingual aphasia test，BAT）问题时提到了一些学者对双语者的界定，其中一些定义适合用于界定作为译者的双语者概念。他（巴哈第，2003：22）说："我们并不企图将 BAT 用于'真正的'（Smith & Wilson，1980：199）……'理想的'（Weinreich，1963：73）双语者，即：不企图用它来检查一个'对两种语言均具有完全能力的人、一个讲双母语的人'（Lyons，1981：282）……也不企图将它用于仅'对第二语言知道很少'的人（Crystal，1980：44）"，而是将它用于"任何'对两种语言能实际操纵'的人（Hockett，1958：8）及'不费力的'人（Lehmann，1983：170）"。译者不仅是"对两种语言能实际运用而又不费力"的双语者，而且还是具备翻译专业知识的双语者。因此，在谈到翻译失语症之前有必要了解一些有关双语失语症的研究情况。

根据双语失语症的研究，正常的双语（多语）者能自主地运用所掌握的几种语言，自由地进行语码间的转换（包括翻译转换）。他们既能根据需要有意识地抑制一种语言系统而对单语谈话者只使用一种语言，也能根据表达的需要随意地在表达中插入另一种语言系统的词汇，即使用混合语言提高表达效率。当然，他们也能结合实际要求有意识地在两种语言之间进行双向翻译。然而，当大脑受损时，双语（多语）者的几种语言则可能出现特殊的交互障碍，表现为病理性的语言混合、语言转换及双向翻译障碍（邬德平等，2017）。这就是说语言功能正常的双语者可以顺利地单向使用一种语言或双向交替使用两种语言达到交际目的，但语言中枢受损的双语者会出现语言障碍不一致的非平行性失语特点。失语者无法自主地运用自己所掌握的两种语言，总是"身不由己"地在语音、形态、句法等各个层面混用两种语言（邬德平等，2017）。双语失语者的语言功能障碍通常出现在语言选择能力的局部丧失方面。在两种语言系统中选择一种语言以一致的语言表征或用双语交替策略来保证交际顺利进行的能力是否完好无损是双语失语症研究关注的主要问题。研究者关注大脑病变部位对语言切换的影响。前额叶皮层、顶叶皮层和基底核区域的损伤会导致病人出现语言选择和控制的障碍。患者的左皮层下结构受损，特别是在尾状核的头部受损，都会出现病理性的语言切换症状，表现为或是受非目标语干扰或是病理性地固着于一种语言。这种对双语交际的控制障碍也表现在患者的翻译功能障碍上，而翻译功能与双语功能是有些区别的。巴哈第等（Paradis et al., 1982: 66, 67, 69）对双语患者的病理性翻译行为的检测发现：①翻译不同于双语的理解和表达，双语失语患者的"翻译能力与其说话能力是完全分离的。翻译似乎是与双语的理解和表达属于完全不同的认知任务"；②"未恢复的语言不是消失了而是被抑制了"；③"接受检测的两位双语病人的言语行为证实了长期以来人们的猜测，即双语失语患者对其不能表达的那种语言保持着完好的理解力"。因此，双语失语病人可能选择性地失去一些语言功能，包括翻译功能；翻译功能可能是更容易受到抑制/去抑制系统影响的另一种语言功能（高素荣，2006: 295）。可见，尽管译者是双语者，但其翻译能力并不完全等同于双语者的语言能力。基于译者能力考察的翻译失语症研究也并不是对双语失语症患者语言障碍的研究，而是对翻译过程中所出现的认知缺陷的研究，研究对象是大脑语言功能未受损的正常译者，而不是脑功能出现病变的双语失语者，但是有关双语失语者研究的假设、观点和实验结论对探究译者"黑箱"大有裨益。

正常双语者能够自觉地将两种语言进行双向翻译，而双语失语症患者则会出现双向翻译障碍。巴哈第等（Paradis et al., 1982: 66-67）对这类患者翻译行为的检测发现正常翻译与病理性翻译的行为是有差异的。人们一般都认为将欠流利的语言翻译成流利的语言时速度更快，因此也感觉更容易些，反之则速度较慢，也较吃力（Ellis & Hennelly, 1980）。然而，我们检测了两个双语失语症患者，其翻译行为恰恰相反。多次检测显示他们能把流利的语言翻译成欠流利的语言，但却不能将欠流利的语言翻译成流利的语言（Paradis et al., 1982: 68）。巴哈第等学者的发现在法布罗对病理性翻译行为的研究中也得到了印证。研究者发现双语者的脑损伤有可能导致翻译功能障碍，表现如下。

第一，矛盾性翻译（paradoxical translation）。巴哈第等（Paradis et al., 1982: 67）发现一些双语失语症患者的翻译行为与正常译者的行为相反。患者能将较流利的语言翻译成为欠流利的语言，能用欠流利的语言说话，但却无法将欠流利的语言译成流利的语言来表达思想。

第二，强迫性翻译（compulsive translation）。有些双语失语症患者并不理解别人说的话，但却会不由自主地翻译这些话。维雷科（Veyrac，1931）报道过两例病症，患者不理解对方的要求，但却不受控制地自动翻译自己不理解的句子。

第三，没有翻译能力（inability to translate）。法布罗（Fabbro，2001b）研究发现"双语失语症也许同样存在翻译障碍问题。其中一种现象就是不会翻译（inability to translate）。这种翻译障碍可能是双向的，即不能从一语译成二语或不能从二语译成一语"。林谷辉和林智强（1995）、林谷辉和曾国玲（1996）报道的两个粤语-普通话双语失语病例分析支持翻译功能是相对独立的语言功能观点。

以上几种情况均为病理性翻译失语症状，而不是正常译者出现的翻译障碍。病理性的语言转换问题与正常译者语言转换出现的问题不一样。正常译者的失语表现或是不能理解原文，或是用目的语不能表达，或者是表达貌似流利，但与原文信息不一致。这种言语特征更接近单语失语患者的病理性言语特征。

尽管正常译者与单语失语患者失语时在语言行为方面有很多相似之处，但正常译者的失语行为不是生物学层面上语言神经机制受损的结果，而是语言学层面上的认知问题，或者说是元语言意识缺失所导致的结果。法布罗等（Fabbro et al.，2000）研究发现，"病理性双语转换失语者没有任何语言学层面的损伤，所以可以说，语码混用这种典型的双语失语症状也许与语言机制受损无关"。根据双语系统假说（the dual system hypothesis）的解释，每一种语言成分都彼此独立，分别储存在彼此互相联系的体系中。对语言结构的每一层面来说，每种语言都由其不同的神经联系网络支配。因此两个语言系统以独立的音素、语素、句法规则等分别储存于大脑的功能区中（巴哈第，2003：5-6）。如果不同语言在大脑的功能区中有某种程度的分离，一种语言的神经系统受损（如控制一语的神经系统受损），控制二语的神经系统就可能被激活，所以会出现以欠流利的二语取代流利的一语来表达思想的情况，这也可以解释为什么病理性翻译障碍与正常翻译行为的表现方式不同。巴哈第（Paradis，1977：89）对失语症患者进行康复评估时发现，"患者虽然不能用另一种语言表达但却保持了理解能力"。由此可见，在理解能力正常的情况下，患者不能用一种语言表达思想时，是可以用另一种语言来达到交际目的的。双语系统假说对翻译行为研究的启示是：不同语言分离储存于大脑的状态会干扰译者加工语言转换的大脑活动。译者的认知缺陷就来自语言差异的干扰，而非来自执行语言切换任务脑区的损伤。

语言间的差异对抑制非目标语言、激活目标语言有显著的影响。就翻译表达而言，源语为非目标语言，目的语为目标语言。差异越大，抑制源语的激活、解除对目的语的抑制、使目的语进入激活状态的难度就越大，消耗的认知资源也越多。换言之，语言间的差异越大，源语负迁移就越容易发生，语言转换的代价也越大。有研究表明"在语言转换过程中脱离前一种语言需要转换控制"，这会产生语言"转换代价"（Blanco-Elorrieta et al., 2018）。翻译，作为一种解码—再编码的认知活动，不能有效脱离源语外壳便会出现硬译、死译、错译的情况。不同的语言在词形、语音、词法、句法、语篇、语用等方面的差异都会在不同程度上影响内在的认知加工过程，影响译者的认知控制能力。语言间的差异是怎样影响翻译认知过程的？这是研究非病理性翻译失语症的主要任务。

可译性的基础是语言间的共性和共享的语义表征。语言间的差异是导致不可译的关键因素。两种语言在形式层面上的不同表征对抑制源语激活目的语形-义匹配的选择都会产生某种程度的干扰，这种干扰是导致译者失语的主要原因。语法表征差异的干扰可导致译者对目的语语法形式选择的错误，即失语法。译者可能会出现类似布罗卡区受损的失语现象，出现译文不合语法、命名不能的特征。源语语法表征与语义表征非一致性的干扰通常可导致对源语理解的错误，出现失语义现象，有时既失语义又失语法，失语义和失语法都可能导致语篇衔接与连贯的错误，即失语篇，这几种翻译失语现象会带有类似韦尼克区受损的失语特征，出现听理解障碍的感觉性失语特征。语言使用规范差异可导致译文和源语的语用价值产生冲突或偏差，即失语用。失语音更多地发生在口译过程中，笔译中的失语音通常表现为谐音翻译不能的情况。翻译领域里谐音翻译不能障碍属于失语用行为。翻译失语症的这些语言障碍都源于由差异而导致的认知障碍。认知障碍的存在又可导致翻译过程中的信息提取或表达形式选择的错误。其结果就是误译、漏译、胡译、死译。翻译错误产生的原因是非病理性翻译失语症研究的主要内容之一。

翻译中出现的各类错误或失规范现象可称为失译，失译即翻译失语现象。

古特（Gutt，2014：179）称之为"翻译失误"（failure in translation），他说："翻译失误有的由误读源语所致，有的由目的语能力欠佳所致，原因很多，不一而足。从目前的情况来看，人们最关注的问题是语言差异，即关注由语言间的词汇和句法差异带来的翻译问题……译者如果忽略语言间的差异就会产生错误的翻译。"语言间的差异会干扰翻译过程中信息的顺利传递，导致各种翻译偏差。多数情况下，偏差即翻译失误。偏差有两个不同的方向：一是偏离源语，不能充分传递源语的语义、语用或文化信息，译文与原文的信息量不对等；二是偏离目的语规范，源语个性化特征负迁移，表达不符合目的语规范，严重影响译文的可读性和可接受性。这两类偏差都属翻译错误，是翻译失语症的研究对象，但是有一种偏差不属于翻译失语症的研究范围。那就是谢天振（2013：101-120）说的"创造性叛逆"。"创造性叛逆"也被其称作"有意识误译"。这是译者为避免语言文化差异影响译文接受效果而采用的归化策略。译者在充分认知语言差异、文化差异、时空差异等因素的前提下，采用以归化为导向的补偿策略进行翻译。归化策略驱动下偏离源语的补偿是一种积极应对差异的翻译选择。翻译失语症所研究的误译是指忽略两种语言的差异或缺乏语言和翻译专业知识导致曲解源语并影响源语信息正常传递的有缺陷的翻译行为，包括令人不知所云的死译、胡译、漏译等现象。

翻译失语现象大致分为语义性错误、逻辑性错误、失规范性（包括语法、语用、语篇、文化方面）错误、有意识或无意识遗漏等几类。由于这些现象至今还没有一个术语可从上位的角度加以概括，所以在此提出"翻译失语症"这一概念。"翻译失语症"的提出有三个目的。

（1）作为上位词，它高度概括了一切在目的语中不具备可接受性的翻译现象，有助于构建一个翻译错误研究的术语系统。

（2）以"失语"二字冠名可将研究重心放在语言机制和认知机制的关系上，注重翻译心理机制、失语原因、翻译能力、预防、纠错及译者行为等方面的研究。

（3）强调翻译教学的诊断模式，使教学由译文点评模式转向突出认知过程的翻译程序模式，以此加深学生译者对翻译过程的认识，注重元语言知识和翻译专业知识的传授。

翻译失语症研究与以往的误译、死译等研究的不同之处在于：前者关注的是认知机制与信息加工的关系，侧重言内和言外各种因素间关系的研究；后者仅仅是静态、零散地点评翻译产品的讨论。正如失语症研究求助于语言学以期超越病理表象探究语言障碍-语言规律-大脑机制的内在联系一样，翻译失语症也须求助于语言学理论，把翻译错误研究纳入能系统性地解释失译原因的语言学理论框架，辅之以认知科学的阐释。这样做有助于突破翻译错误的表象，深入系统地研究失译现象，加深对翻译错误性质的认知，提高预防翻译错误发生和纠正错误的有效性。

目前，国内外有关"误译"的研究大多为描写式、散评式，感性多于理性，误译阐释流于空泛且局限于表层，分析话语几乎都是：因忽略语境而造成词义选择错误，因忽略英汉语差异而造成句子翻译错误或文化信息偏差等。在这类翻译错误的分析中"语境"又显得苍白而空泛，多为泛语境说法。1990~2019年中国知网有关"误译"的文献有 319 篇，其中发表在 CSSCI 期刊上的有 37 篇；有关"漏译"的文献有 434 篇，其中发表在 CSSCI 期刊上的有 28 篇；有关"负迁移影响翻译"的文献有 44 篇；有关"死译"的文献有 6 篇。这些数据说明近 30 年来关注误译、漏译问题的人不在少数，但研究思路与方法趋同性较大，系统性和学科交叉性较弱，大多是借助关联和认知等一些概念对翻译错误进行点评性描述。此类研究不足以解释翻译的认知过程和错误产生的原因。以翻译认知科学研究译者的认知过程才有助于拓宽翻译错误研究的眼界，丰富研究内容，推进研究朝着系统性、客观性和科学性的方向发展。

1986 年，西方学者奎因斯（H. Krings）进行了第一例翻译认知过程的个案研究。其研究成果《译者的大脑中发生了什么》（*Was in den Köpfen von Übersetzern vorgeht*）的问世开翻译心理过程研究之先河。翻译过程研究从此逐步向翻译认知心理学方向发展。这一领域重点关注翻译的心理过程及其模式的研究（Bell，2001；Lörscher，1991b，1996），翻译问题、过程及操作程序的研究（Wilss，2001；Lörscher，2005），以及翻译单位的研究（Jääskeläinen，1993；Kiraly，1995；王娟，2015）。翻译过程模式说将翻译视为一个信息加工的过程，关注译者处理信息的心理过程，重视各语言层级间的关系，语义表征在过程模式研究中占有极其重要的地位。翻译策略研究将策略的执行置于一个有起点和终点的信息加工过程中，即问题的出现是起点，按照一系列的步骤有的放矢地实施翻译策略，策略的终点是问题的解决。在翻译过程研究领域，策略理论是动态的，是过程研究的重要组成部分。翻译心理学研究的另一个领域是翻译实验和实证研究。根据苗菊和刘艳春（2010）的归纳，这类信息加工理论的研究方法和媒介主要有以下几种。

第一，有声思维数据分析法（think-aloud protocols，TAPs）：将被试译者的口述录音转换为文字记录，由此获取内省数据，对可靠的数据进行分析，提出假设，验证先前假设，揭示译者的思维活动、翻译程序、决策过程；认识翻译策略、翻译规律、翻译能力，从而积累经验知识，评价翻译能力。

第二，屏幕录像专家（Camtasia）：将有声思维口述录音、记录动态写作过程，数据分析时，可生动地展示译文产生的完整的动态过程。

第三，翻译记录软件（Translog）：记录计算机键盘的输入过程，统计时间、单词数、篇幅、停顿、修改、多项键盘活动，如同反映了认知思维的节奏。

TAPs 用于翻译过程研究取得了不少成绩，是探究译者心理过程、发现翻译障碍、研究翻译对策、积累翻译经验的重要途径。研究者通过这一实验收集的资料和数据为翻译策略和翻译程序的研究奠定了基础。翻译过程研究方兴未艾，成果颇丰，但现有研究主要集中于常规的翻译过程探索。即使是 TAPs 研究，其重点也不在翻译错误的系统研究上。这类研究目前大多为个案分析，个案间的关联性和系统性不强，错误发生的内在机制未得到足够的解释。事实上，正如失语症研究能够解释语言机制和大脑机制的关系，翻译失语症研究也能从另一个侧面解释翻译思维障碍的产生和语言转换认知机制间的关系，加深人们对翻译过程和翻译规律的认识。

1.5 本章小结

在翻译研究领域里"翻译失语症"是一个尚未引起人们关注的概念，而在失语症的神经科学研究、心理语言学研究、语言学研究等领域里，这个概念也只是作为双语失语症研究的内容偶然被提及而已。进入失语症研究者视野的大多是脑损伤的翻译失语患者,而非大脑健康的译者。对脑损伤双语者(包括译者)的失语行为研究可供翻译过程及翻译行为研究者借鉴,但不足以充分说明译者行为和翻译错误内在机制间的关系,也不足以解释语言机制和翻译认知机制间的关系。翻译失语症研究包括以下几个内容。

(1)观察失语患者的言语特征,通过神经语言学、心理语言学、语言学与二语习得研究等交叉学科对病理状态下言语行为及语言障碍的解释来探索翻译失语症的内在机制。

(2)从语言学、神经语言学、心理语言学的角度解释译者加工双语信息的认知机制。

(3)根据失语症研究和神经语言学对失语症患者语言障碍的类型和脑损伤部位关系的描述对翻译失语现象进行系统性的分类。

(4)在对失语语言材料的收集、整理、分类和解释的基础上研究翻译技巧使用的程序性知识,探索如何更有效地将技巧知识用于翻译过程,解决翻译中的问题。

病理性失语症研究的是患者的语言障碍、导致语言障碍的原因和患者语言能力的恢复问题,翻译失语症研究的是译者的语言障碍、导致失语的原因、翻译能力与翻译专业知识的充分性间的关系问题。从译者的语言障碍入手发现问题,探究原因,提出解决问题的方法是翻译失语症研究的目的。

崔刚(1998)在谈到失语症研究和语言学的关系时说:"尽管现代科学技术的发展为我们提供了许多研究大脑的手段,但是大脑仍然被视为神秘的'黑箱'装置,我们不能完全直接地研究大脑在语言处理过程中的工作情况。对于语言和大脑之间关系的研究只能通过对大脑工作的一些外部表现来进行,因此,我们可以通过对大量的失语症患者的语言障碍的研究,较好地揭示语言和大脑之间的关系,验证我们所提出的语言学理论。"这段话虽然说的是病理性失语症的研究问题,但同样适用于翻译失语症研究。翻译失语症研究就是从译者语言障碍的角度观察翻译过程,通过翻译错误的表象发现双语切换时大脑和言语活动的关系。在系统地研究翻译失语症的基础上尽可能地提出一些便于掌控的翻译策略和操作程序,并使之有效地用于翻译理论研究、翻译实践和翻译人才的培养等领域,为译者行为、翻译能力、翻译教学等方面的研究拾遗补阙。

第 2 章

翻译失语症研究的神经语言学视角

失语症是神经语言学、神经病理学和认知心理学的研究内容，虽然已有研究者对翻译失语现象进行过实证研究，但这类研究主要集中在病理学领域。目前，翻译中的失语现象尚未作为一个学科的分支被引入翻译研究领域。本书提出这一概念旨在将翻译失当现象和翻译错误纳入翻译认知心理学、译者行为学和翻译能力研究的范畴。迄今为止，与此相关的讨论主要是对误译、漏译、胡译、死译等现象的分析与批评。这类讨论听起来挺有道理，但实际则效果不佳，常给人以隔靴搔痒之感。翻译失语症研究关注的重点不是翻译产品本身，而是翻译过程，关注翻译认知障碍产生的原因、类型以及克服翻译障碍的方法。要防止翻译失误一再出现就应知道失误由何所致，知道如何最大限度地避免失误的产生。知其所以然才能真正知其然。要摆脱源语形式表征的束缚，灵活翻译不逾矩，需要认清翻译活动的性质，熟知翻译之道，了解语码转换的规律，勇于打破源语语言结构的封闭状态，用目的语的话语呈现原作的内容、功能和风格。研究翻译失语现象的目的就是让人们能够充分认识翻译的实质和规律，在知其所以然的基础上加深对翻译过程的认识。

2.1 翻译失语症研究的任务

翻译失语症作为一个高度概括一切不具备可接受性翻译现象的术语提出，其下位术语有误译、漏译、胡译、死译、翻译症。翻译症是由源语形式表征负迁移所导致的不符合目的语习惯的表达方式，表现为译文表述不自然、生硬、令人费解等特点。这类在目的语语境中不具备可接受性的译文也应被视作翻译失语现象。翻译失语症研究通过对上述翻译问题的分析揭示翻译规律，解释翻译过程，在分析译者失语原因的基础上对失译现象进行分类，可为培养翻译能力、防止翻译失语症、纠正翻译错误提供一些思路和方法。这方面的研究有助于了解翻译活动的复杂性，认识语码转换规律，提高翻译能力，也有助于促进翻译教学，改变将翻译教学混同于教学翻译的现状，使翻译课堂从做练习+对答案、佳译鉴赏+译文点评、漫灌理论+技巧训练转向重分析性思维和翻译规律的教学方法。此外，该研究还能为翻译过程和译者行为研究提供一些交叉学科的思考。

翻译心理过程研究始于20世纪80年代。在这一领域里，实证研究比较成规模，研究对象主要是"翻译过程、译者在翻译过程中的思维过程、翻译能力、翻译专业技能"（苗菊，2006：45）。此类研究主要是以有声思维数据分析法收集被试在进行翻译时心理活动的数据。在数据分析的基础上提出翻译策略、翻译操作规则及程序，描绘信息处理过程，揭示翻译活动的心理现实。翻译失语症研究也是着重于翻译思维和翻译心理过程的研究，但研究对象是错误或失当的翻译行为，研究目的是分析并解释翻译失语的原因，从译者失语的角度来探索语码转换的规则和翻译思维规律，为更好地说明翻译失语症的性质对失语现象进行系统的分类。桂诗春（1991：416）在谈到失语患者的言语特征之所以引起语言学研究者的关注时说："正常言语毫不费力，简单明了，但却反而掩盖了语言产生的复杂的心理过程。失语症病人的言语和正常言语如此不同，自然能吸引大家的注意。"同理，经验丰富的职业译者翻译自动化程度高，思维跨度大，翻译质量较好，其翻译行为很容易掩盖译品产出的复杂过程，而无经验译者（如学生译者或非职业译者）的翻译思维受阻频率高，翻译问题多，在这种情况下，思维障碍的实证研究更能为研究者提供观察翻译过程和探索翻译策略的有用数据。这也是西方翻译实证研究者更倾向于以一般双语者、学生译者或非职业译者为有声思维数据分析的被试来采集译者思维数据进行翻译策略研究的原因。

翻译过程研究有三大任务：一是研究翻译活动从准备到完成过程中的步骤描写和流程；二是研究翻译策略，包括指导整个翻译过程总原则的宏观策略（如归化和异化策略）以及解决具体翻译问题的微观策略，后者涉及翻译规则和程序；三是探索译者大脑"黑箱"中的信息处理过程。心理过程研究以译者行为特征为观察对象，通过实证数据解释基于神经生理层面或认知心理层面的语码转换机制。译者的行为特征，尤其是缺乏经验的译者在翻译时表现出来的语言障碍特征，能够显示他们遇到翻译障碍时的心理活动。通过言语失误探究语言活动机制以及语言活动与大脑的关系是病理性失语症研究方法之一。失语症研究者对患者言语失误感兴趣就是因为"言语失误可以透过多数正常语言所编织的伪装，揭示语言产生的过程"，"可以揭示交际中的语言单位和语言规则"，"可为研究语言产生过程，乃至为语言和思维的关系提供证据"（桂诗春，1991：418）。这也正是翻译失语症研究的意义和目的所在。研究翻译障碍和翻译失语症可为探索译文产生的过程、翻译的心理活动和语码转换过程打开一扇窗，由此了解容易诱发译者失语的因素有哪些，以及语言间的差异对翻译中制定和执行言语计划会产生什么样的干扰，并在此基础上总结翻译规律，找出解决问题的对策和方法，提出防范失语的策略。通过分析失语的原因探索译者大脑"黑箱"中语码转换的机制既是翻译失语症研究的任务，也是翻译过程研究的重要内容。

2.2 翻译失语症的特征

翻译失语症和病理性失语症都与神经机制、心理机制和言语机制有关。病理性失语症是"由大脑皮层病变所致"的"言语表达和言语理解中发生的异常现象"（王德春等，1997：141）。像失语症患者一样，译者在翻译过程中也会出现言语理解和表达的异常现象。这种现象是由思维障碍和语言符码使用障碍所致，表现为理解源语或用目的语符码传递源语信息的障碍。翻译失语症特征与病理性失语症特征有诸多相似之处，理解和表达障碍是主要的特征。大脑皮层的语言区域受损可使患者出现部分或全部语言能力丧失的症状，如话语重复、错漏、冗余、选择语言单位和组织话语能力丧失。译者言语行为也有类似的情况，因而可把由理解和表达障碍所导致的语无伦次、词不达意、遗漏或冗余、逻辑混乱等翻译现象统称为翻译失语症。

不同语言系统间的差异会影响解码-编码的心理活动。差异干扰译者的认知过程，使其大脑在不受损伤的情况下对跨语言交际中符码的使用产生认知障碍，认知障碍致使失语发生。失语译者在信息加工过程中会出现词不达意、逻辑混乱、有意识或无意识的信息遗漏等言语特征，这些特征与失语症的症状相似。尽管失语译者的大脑生理机制正常，但其认知机制和语言转换机制出现了问题。译者的语言活动出现类失语症患者的异常言语特征时，其翻译行为即失译行为。在这种情况下，译文的各语言层面都可能出现失译现象，或语法异常，言语不通畅；或语义异常，词不通达；或语篇异常，篇不连贯；或语用异常，言而无当。"语用异常"是翻译中的失规范现象。失规范是译文在某一或某几个语言层面上出现的不能接受或不可接受的违背目的语规范的现象。

病理性失语症的语言障碍特征多种多样。研究者们根据病理特征相应地提出了一些失语症的分类。英国神经科学家黑德（H. Head）认为，语言障碍限于表达和接受。他将失语症分为四类："①词语性失语（verbal aphasia）为形成词的能力有缺陷；②句法性失语（syntactic aphasia）为符号形成和表达的韵律方面有缺陷；③名词性失语（nominal aphasia）是使用名词以及对词和符号意义的理解能力受损；④词义性失语（semantic aphasia）是执行逻辑功能的能力受损"（高素荣，2006：9）。nominal aphasia 也译作"命名性失语症"，一般等同于"临床上所谓的'语义失语症'"，这方面的讨论"主要集中在词的语义上"（罗倩和彭聃龄，2000）。威森贝格（T. Weisenburg）和麦克布莱德（K. McBride）以失语症是语言符号的表达和接受有缺陷，提出四种失语症类型，即表达性失语（expressive aphasia）、接受性失语（receptive aphasia）、表达/接受性失语（expressive/receptive aphasia）和遗忘性失语（amnestic aphasia）（高素荣，2006：9）。黑德的分类因为不能清楚阐明通常观察到的各种类型的失语症现象而未能被推广，威森贝格和麦克布莱德提出的分类则为多数研究者所接受，所以一直使用到 20 世纪下半叶。此外，另一种分类的接受度也很高，即表达性失语症、感觉性失语症（sensory aphasia）、传导性失语症（conduction aphasia）、命名性失语症（王德春等，1997）。在此以第三种分类为参照，对患者失语症状和译者失语现象做一番比较，从中可看出两者在某些方面很相似。

表 2-1 显示失语译者与失语患者有相似的语言障碍。事实上，两者出现语言障碍的原因也相似，只是失语患者的语言障碍是脑损伤性的，失语译者的则是非脑损伤性的。失译与翻译能力有关，是非病理性的失语现象，导致失译的通常是不同语言系统间的差异。差异干扰翻译选择思维，使译者在语音、语法、

语义、语篇或语用层面上出现相应的语码转换障碍,分别表现为失语音、失语法、失语义、失语篇、失语用等现象。翻译失语现象研究应在语言的某一层面上进行,语言的每一层面又是整体系统的组成部分,因此失译的分析既要考虑单一语言层面的独立性,又要考虑到各语言层面间的相互联系。失译往往是由译者割裂了语言各层面间的联系或不能认清语言各层面间的关系造成的。

表2-1 病理性失语症特征与翻译失语症特征的对比

病理性失语症特征	翻译失语症特征
感觉性失语	理解障碍
①患者言语感受中枢受损,能主动说话,听觉正常,但不能理解他人或自己的话语 ②能正确模仿他人言语,但自己的语言功能有障碍,用词错误百出,紊乱无序,且语不成句,语法关系混乱 ③对自己的言语错误无所觉察。轻症患者能理解常用词语短句,但不能理解较复杂的句子	①能识别读音,但不能确定所指义,因而不能理解源语词语在语境中的含义,即只知词典义,不知语境义 ②能模仿源语词句,但译文不得其意,如鹦鹉学舌,译文语法和逻辑关系混乱,语句生硬僵化,不符合汉语语法(严重的翻译症与此相似) ③对翻译错误不敏感,不能理解逻辑关系复杂的句子或长句
表达性失语	表达障碍
①患者能理解他人话语,但不能正常组织内部言语,说话缓慢费力 ②多数能说出单词但无法组织完整的句子,不能排列出必要的词序,致使言语杂乱无章,令人费解 ③由于丧失运用虚词和冠词的能力,只能用几个主要词语来表达思想,因而出现电报式言语 ④时有错话和不自主的言语重复	①能理解源语,但表达有困难,表现为找不出正确或得体的词语转达源语的语义 ②认识单词但不能组织通顺的句子,生硬地模仿源语词性和词序,致使译文逻辑混乱,佶屈聱牙(严重翻译症) ③不会适当地使用虚词或连词,因而出现话语支离破碎、不连贯的现象,或生搬硬套源语的虚词,致使译文语句不通 ④只会机械地照搬词典提供的释义,对病句不敏感,言语累赘或有错误
传导性失语	转述障碍
①自己说话流利,但话语没有意义 ②能理解他人的话语,但不能复述他人的话语,不能传达他人的话语意义 ③不能把握结构中的大量成分 ④操作逻辑-语法关系能力受损	①译文词不达意,但自己读起来觉得很流利 ②能理解源语,但不能恰如其分地转述源语的意义 ③对复杂的多语法成分的句子有理解障碍 ④不能用目的语处理好逻辑和语法的关系
命名性失语症	词义选择障碍
知道事物的性质和功能,但却想不起其名称	只知道词语在源语中的所指义,但却不能在目的语里找出相应的名称

注:传导性失语症的特征③和④是鲁利亚(A. R. Luria)对失语症患者研究的发现(高素荣,2006)。

卡普兰（Caplan，1987：23）谈到语言与大脑关系的研究时说："目前研究语言和大脑之间关系的最常用、最重要的方法是分析大脑损伤对语言的各种影响。"失语患者的语言障碍是观察并解释言语和思维的脑机制的途径。非病理性译者语言障碍同样也可提供这样一个研究途径。大脑是语言实现的物质基础，广泛参与语言加工过程。由于双语差异的干扰，译者的语言经常会出现类似失语症患者的语言障碍特征。语言障碍是外显的思维障碍。思维和语言彼此依存，相互联系，语言是思维的载体，是思维的外在形式，思维特征必定体现于语言形式。翻译的语言特征也反映了译者的思维特征。研究失译的语言特征也就是研究译者思维障碍的类型与性质。病理性失语症和翻译失语症不仅语言行为有相似之处，而且造成失语的原因也有很强的相关性。大脑语言中枢损伤会导致语言功能障碍，而语言各层级关系的复杂性以及不同语言间的差异也会导致译者的认知障碍，进而影响翻译选择的准确性和可接受性。

对言内言外各种关系认识不足、对语言间差异不敏感，都会导致翻译认知障碍。译者的语言知识缺乏或语言差异的弱敏感性是认知缺陷产生的直接原因，这种缺陷好比大脑语言区的神经通路受到损伤，"损伤"导致某一神经通路受损，致使信息传输受阻，翻译思维因此进入认知盲区。认知盲区指译者思维不能触及的节点或区域。只要认知盲区存在，译者就会出现反应时长增加、语码转换消耗大、翻译准确率降低的情况，误译、死译、漏译随时都会发生，翻译失语的概率增加。

话语的要素之间存在着错综复杂的联系。各要素之间如果没有相互作用的联系，那么话语也就仅仅是一堆名称的罗列，毫无意义可言。话语意义不仅需要以语言各层面间的相互联系为支撑，而且需要大脑神经网络的支撑。语言各区的神经网络相互连接，负责言语的生成。神经网络连接受损，失语产生。就翻译而言，如果语言间的差异影响了大脑神经网络对语码转换加工的控制，就会出现失语现象。翻译时，语言各层面间建立联系的过程也是大脑神经网络建立联系的过程。目的语不能反映源语语言层面间的联系，译文和原文间就会出现意义或逻辑不对等情况。某一语言层面上的不对等意味着在该语言层面出现了翻译失语问题。翻译失语现象是两种语言不对等关系的直接体现。

2.3 神经语言学对翻译失语现象的解释

神经语言学是现代语言学的一门前沿学科。第一个在发表的学术论文中采用"神经语言学"的学者是国际神经心理学研讨会（The International Neuropsychological Symposium）发起人之一的艾卡昂（H. Hécaen）。他将神经语言学定义为神经心理学的亚学科，认为该学科是连接神经科学（神经学、神经解剖学、神经心理学和神经化学）与人类交际学科（实验心理学、心理语言学及语言学）的桥梁。英卡奥和杜波依斯（Hécaen & Dubois，1971，转引自 Paradis，2004）阐述了神经语言学研究的四个主要任务：①提出失语潜在原因的假说，在此基础上对语言障碍进行描述与分类；②识别语言障碍类型与脑损伤部位的关系；③在前两点的基础上解释语言加工过程中脑皮层机制的作用；④验证所提出的假设。就神经语言学的任务，布鲁斯坦（Blumstein，1992a）也指出神经语言学研究的主要目标是"理解和阐释语言和言语的神经基础和使用语言时牵涉的机制和过程的性质"。神经语言学的研究对象主要是语言障碍与脑神经机制的关系，研究目标是理解与解释人类语言行为的神经机制。翻译，作为跨语言、跨文化的认知活动，涉及心理词汇组织、词义的激活与提取、语义加工和语言表达形式的选择与抑制等一系列与大脑和语言有关的认知活动，如词汇检索与腹外侧前额叶皮质有关，基底核与翻译中的语言抑制有关，左腹外侧前额叶皮质与语义加工有关。有关语言活动与大脑皮层神经机制关系的研究成果可从神经科学的角度解释翻译过程和双语转换机制的性质和规律。

语言功能的神经机制研究可追溯到 19 世纪初。1836 年戴克斯发现大脑左半球损伤会引起语言障碍。1861 年布罗卡发现构音能力定位于大脑左半球的额下回后部。1874 年韦尼克发现大脑左半球颞上回后区域损伤会导致听觉性言语理解障碍。1892 年戴杰林（J. Dejerine）发现大脑的角回是阅读书面语的中枢部位。这些发现为失语症研究奠定了物质基础。到了 20 世纪初失语症研究引入了理论语言学。1926 年黑德引入了语言学概念，对脑局部损伤引起的失语症进行语言学分析，并用语言学术语对相应的脑局部损伤加以命名和描述，提出了词语性失语、句法性失语、名词性失语、词义性失语的分类。在失语症的语言学研究方面，雅各布森（Jakobson，1971a）谈到了自己对语言学和失语症关系的关注。他早就开始用语言学分析失语症资料，并按严格的语言学标准对已分析过的资料进行系统的归纳，发现失语症的各种语言学类型与研究大脑皮层的专家，尤其是苏联神经心理学和神经语言学创始人鲁利亚，及其发现的按部位测定的综合征之间有显著的对应关系。雅各布森本人在其早期的论文中也概述了语言学类型与大脑皮层部位测定的综合征之间明显的平行关系，只是当时他未对采集的资料进行系统和交叉学科的验证，所以未在两者间画上等号。雅各布森读了鲁利亚有关大脑机制及其损伤会导致各种失语障碍的论文后，十分认同这位神经语言学家从语言学角度检测及划分失语综合征的努力，认为这种努力为找出造成言语损害的"生理机制"提出了关键性的见解。就失语与生理机制的关系问题，雅各布森指出语言学家必须和神经病理学家携手合作才能进一步深入探索大脑和语言关系的奥秘。事实证明了这个研究方向和方法是正确的。语言学理论为失语症研究提供了语言障碍的分析体系与术语系统，有关失语症患者语言障碍的分析与描述，"绝大多数都是按照一定的语言学理论进行的"，如莱塞和米尔罗伊（Lesser & Milroy，1993：33）所言，"即使是最为直接的失语症描述与分析也都有其内在的语言学理论作基础"（转引自崔刚，1998）。20世纪中叶美国语言学家乔姆斯基（Chomsky，1957）提出的"语言能力"和"深层结构"理论，部分涉及神经语言学的基本问题。苏联心理语言学广泛采用神经心理学的实验材料对言语过程进行神经心理分析。乔姆斯基的转换生成语法理论和新兴神经语言学的各种研究方法为神经语言学的成熟和发展做出了杰出的贡献。到20世纪70年代"神经语言学"取代了此前的"语言的神经基础""语言的神经心理学""语言与大脑"等术语，从此作为一门交叉学科脱颖而出。

2.3.1 语言加工的神经通路

目前，神经语言学领域里双语语码转换加工机制备受研究者的关注。翻译是典型的双语语码转换活动，因而有关翻译认知机制的问题可借鉴这一学科的研究成果加以探讨。神经语言学不仅能解释语言障碍产生的神经机制，同样也能解释非脑损伤性的语言加工神经机制。神经语言学对语言与大脑关系的研究，有助于解释表现为双语语码转换加工障碍的失译是怎样产生的。

翻译过程是语码转换加工的过程，这一过程中每个环节以及各环节间的关系都与译者的知识结构及心理活动密切相关。忽略语言各层面间相对独立而又相互作用的关系，忽略语言与交际过程中各因素的联系，都会使译者思维出现认知缺陷，缺陷越多，失译现象越严重。语言内外部的关系错综复杂，其中语义关系最为复杂，也最为关键。失译几乎都与语义有关。即使是与语言间差异有关的失译现象也与语义认知缺陷有关。哈特布（A. Khateb）等学者认为语言选择的加工是一个复杂的过程，这个过程需要由一系列神经脑区组成的网络来完成，该神经网络中既包含了一般认知任务的加工，也包含了语言的加工，因此该研究认为有一个综合性神经网络负责语言产生中的转换加工（王瑞明等，2016：221）。在这个神经网络中的语义分析区（韦尼克区）直接负责信息处理、提取、输出的任务。如果大脑加工语言转换的神经网络有缺陷，失语是不可避免的。如果该脑区出现认知障碍，翻译失语的问题也是不可避免的。

图 2-1 选自王德春等（1997：24）的《神经语言学》一书，从图中可看出语义分析在控制语义加工过程中的重要性。

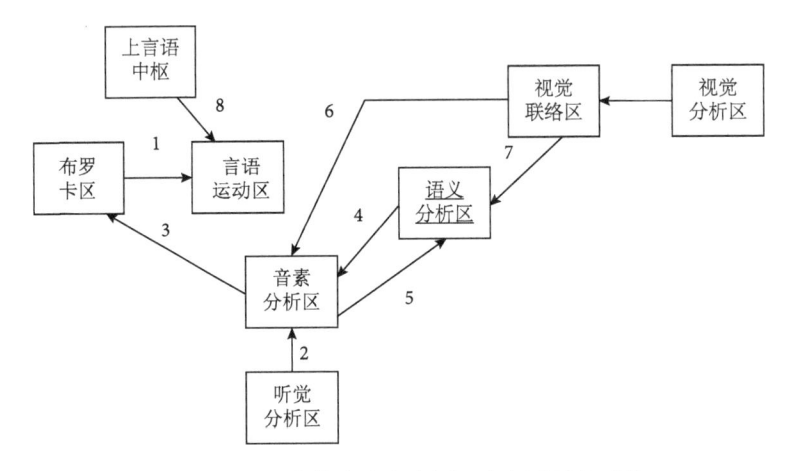

图 2-1 言语优势半球各言语区之间的神经连接

神经通路也称传导通路，是神经系统内传导某一特定信息的通路。它能传导某种特定信息，如视、听或随意运动的冲动等。视听觉信息的传导方向主要是向高位中枢包括大脑皮层输入感觉信息。根据王德春等（1997）对大脑语言区神经通路的解释，图 2-1 说明了以下几个问题。

（1）各言语区之间的箭头表示神经通路，连接中断，信息传导通路受阻，神经元不能传递冲动，因此会出现相应的失语症状。

（2）神经通路 2，即听觉分析区至音素分析区（狭义的韦尼克区）由于颞上回后部深处的白质病变而破坏。通路破坏后，神经元不能将听觉冲动传递至语义分析区，患者因此不能理解口语，不能复述，也不能听懂别人的话语，连自己的话语也听不懂，但阅读、书写和命名都没有障碍。

（3）神经通路 7 连接视觉联络区和语义分析区。视觉冲动将实体信息从视觉分析区传到视觉联络区，经由神经通路 7 传导至语义分析区，形成概念。概念经由神经通路 4 进入音素分析区后认知主体就能给所见实体以正确的命名（图 2-2）。由于文字信息与实体信息的神经通路不同，所以实体视觉信息能让人获得正确的命名，但未必能保证其理解书面语言。书面语言需要神经通路 6 和神经通路 5 正常工作才能完成理解任务。神经冲动将文字特征的视觉信息由神经通路 6 传至音素分析区（解析物理特征，编码单词），再经由神经通路 5 传至语义分析区（激活语义表征，实现词汇通达），语义分析区负责处理符码形式和概念表征（所指和能指）的匹配，形义相结合才能使人理解书面语言（图 2-3）。任何一条文字视觉信息通路受损都会造成书面语言的理解障碍，导致失读症。

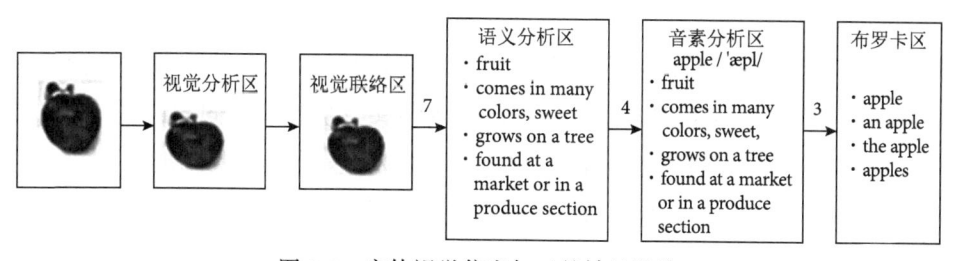

图 2-2　实体视觉信息加工的神经通路

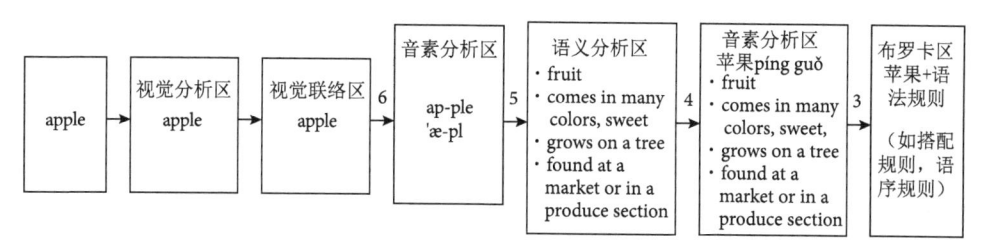

图 2-3　双语文字视觉信息加工的神经通路

（4）语义分析区负责处理视觉和听觉输入的信息。通往该脑区的神经通路7、6、5受阻，都会出现命名性失语现象，出现音义匹配障碍、形义匹配障碍、或实体与概念匹配障碍。这三个神经通路受损，视觉或听觉信息都无法进入语义分析区。这种情况下，患者在语义编码方面就有缺陷，出现失语义症状。失语义者或不能给出实体的正确命名，或不能理解所读的文字，或听不懂所说的话。

（5）神经通路3是连接布罗卡区和韦尼克区的弓状束。它既是言语区，又是连接两大言语区的通道，它的损伤可导致传导性失语症（王德春等，1997）。这种情况下，多数患者会出现听感知和听理解障碍，有的则出现语言表达流利但有大量的错语的问题。

（6）布罗卡区负责产生合乎语法的句子。该部位受损会造成运动性失语，出现信息输出障碍，语言表达有困难，但运动性失语不影响对话语的理解。不过，理解话语还需要对句子语法关系的解读，布罗卡区受损会损害词语组合的能力，所以此脑区受损会给语法关系的理解带来一定程度伤害，也会对整合加工词语能力造成伤害，患者无法根据语言结构将词语组织成符合语法的句子，其语言功能明显下降，表达不流畅，也不合语法规则，出现失语法症状。

认知客观世界、理解文字信息都是语言中枢各脑区精密协同的结果，连接各脑区的是神经系统内传导特定信息的通路。视听觉冲动传至语义分析区才能获得语义内容，视听符码才有意义，才能为视听者所理解。图2-2、图2-3分别说明实体视觉信息和双语文字视觉信息进入语义分析区的不同神经通路。图2-2显示实体视觉信息经过视觉分析区和视觉联络区直接传至韦尼克区，激活"语义记忆"，实现词汇通达。"语义记忆是使用语言必须拥有的记忆。它是一部心理词典，是人类所拥有的有组织的知识系统，涉及词语和其他语言符号、它们的意义及其所指的对象，还涉及它们之间的关系，以及支配这些符号、概念和关系的规律、法则和算法。"（Tulving，1972：386）不能激活语义记忆就不能提取词义、句义。"语义知识是以概念的形式存储的，而这些概念又是以特征来表征的。"（崔刚，2015：174）语义记忆中的客体是由一系列特征构成的，即语义特征。语义特征是词语概念的表征方式，是识别词语编码的语义依据。例如，apple（苹果）这个实体由[+fruit] [+comes in many colors, sweet] [+grows on a tree] [+found at a market or in a produce section]来共同表征，由此形成概念。语义信息经由神经通路 4 进入音素分析区进行单词编码，完成概念与语音或书写形式的匹配，并以特定的语言形式贮存起来。词是贮存语义信息的语言单位。词经由神经通路 3 进入布罗卡区，进行语法加工，继而进入言语运动区通过肌肉运动以口头语言或书面语言的形式输出。如图 2-2 所示，神经通路 7 受损，语义表征有障碍，命名不能；神经通路 4 受损不会影响语义记忆，患者能够把所看见的客体和语义特征联系起来，但却不能用语言来表达思想；神经通路 3 受损，语义表达不受影响，但语法表征存在缺陷或者不能用口头或书面的形式表达思想。

图 2-2 表现的是单语中实体视觉信息加工和词汇表征的过程。如果视觉信息是文字符码，那么信息的神经通路则不同。图 2-3 以双语词汇视觉信息转换加工为例说明文字视觉信息加工的神经活动，这也是一个译者处理双语符码转换的心理过程。

图 2-3 显示视觉上不同的两种文字形式所通达的语义是相同，不同的只是形式表征。一种语言文字投射视觉分析区，经由视觉联络区和神经通路 6 传至音素分析区进行单词编码，编码后的词汇信息由神经通路 5 传至语义分析区进行语义分析，完成形-义匹配提取语义信息的词汇加工任务。激活语义信息意味着理解的产生。在以翻译为任务的语言转换条件下，目标词的语义由神经通路 4 返回音素分析区再次进行形-义的匹配，但这次是用目的语符码替换源语符码，改变语言形式，不改变源语的语义表征，至此翻译理解任务完成。翻译表达则需要在布罗卡区进行语法形式的处理。译文的产出还需要词形或字形的提取、肌肉的调节与控制。神经通路 6 受损，音韵代码提取有障碍。根据亚词汇通路假说，视觉信息提取首先要"对单词中的音素及音素的顺序进行提取，然后根据音形对应关系激活正字法信息写出单词"（张清芳，2019：256）。提取的音韵经过神经通路 5 后在语义分析区实现音-义匹配，理解产生。如果神经通路 3 受损，患者能够提取词义，理解书面文字，但不能用流利的语言表达思想。

图 2-3 以翻译中双语转换过程为例解释文字视觉信息的神经通路，说明通路受阻可导致理解或表达障碍。图 2-2 与图 2-3 都说明了一个问题，无论是对客观世界的理解还是对语言世界的理解，视觉接收的形式特征信息要经过语义

分析区的信息加工才能形成概念,认知主体在识别语义内容的基础上才能从形式特征中提取意义,才能对客体产生正确的理解,而所提取意义的输出则需要对音韵符码或书写符码的识别与选择来实现,选择正确的符码形式与语义相匹配,提取的意义才能得到正确的表达。翻译的理解和表达都是在神经机制控制下语言转换加工的认知活动。正确提取源语的意义是理解,选择正确的目的语的符码形式传输源语意义是表达。意义与形式相互独立而又相辅相成,不可分割,对两者关系认识不清就难免出现翻译失误。

2.3.2 翻译过程中语言转换的神经机制

翻译是一种特殊的语言转换活动,与一般意义的语言转换有所不同。"语言转换"指"第二语言的学习过程中,特别是在较好地掌握了第二语言以后,个体经常需要根据不同的谈话对象和使用情境,由所掌握的一种语言转换到另一种语言"的言语行为(王瑞明等,2016:208)。能力强的双语者能够快速准确地提取当前任务所需使用的语言而不受另一种语言影响。有研究表明:双语者的两种语言系统存在着共享表征,且无神经结构上的明显分离(王瑞明和范梦:2010)。语言转换所共享的是语义表征,形式表征则是独立存在的,转换的特点是双语者能够根据交际对象和情境成功地激活并提取目标语言,抑制非目标语言。双语者的语言转换是交际情境、交际对象驱动的结果,经常是双向性、随机性的,而翻译过程中的语言转换(简称"翻译转换")则是在特定任务条件下单向性的语言转换活动,总是由源语转向目的语。双语转换是通过第一语言向第二语言的转换来表达说话者本人思想的交际行为,而翻译转换则是用目的语符码系统置换源语符码系统来传递他者思想的交际行为。双语者言己所欲言,翻译者言他者所言。翻译是一种极受限制的语言转换活动。译者不仅要激活并提取源语的信息,还要根据目的语语言规则对所提取的信息进行各层级的信息编码。因此,翻译转换是有条件性、方向性的确定的双语转换,转换条件如下。

(1)对激活或抑制信息的选择。选择源语激活的信息,抑制与源语无关或不能顺应目的语语言或文化规范的信息,激活源语信息是翻译理解的过程。

（2）选择符合目的语规则的编码形式，抑制源语语言形式的负迁移，这是翻译表达过程。就翻译转换而言，理解永远是第一位的。

图 2-1 中的神经通路 6 和神经通路 5 是翻译理解的通路。此传导视觉冲动的神经通路一旦出现认知障碍（如不能识别音位或不能正确提取语法单位），视觉冲动便受阻，视觉信息和语形信息都不能进入语义分析区，语形没有语义的匹配就不会产生意义。在这种情况下就难免见其形却不解其意。

图 2-1 中的神经通路 4 也涉及形义匹配问题，但翻译转换中这一通路传导的是在语义分析区匹配好的形义单位，如经过编码的单词、短语或句子。这些编码好的语言单位再次回到音素分析区时需要再进行一次形义编码，即用目的语的语音或书写表征置换源语的形式表征，语义表征与源语共享，这是与单语言语产出或双语转换的言语产出不同的地方。根据莱维勒（Levelt，1999）的言语产出理论，词汇的产出经历概念准备（conceptual preparation）、词项选择（lexical selection）、音位编码（phonological encoding）、语音编码（phonetic encoding）和发音（articulation）几个阶段，而句子产出经历概念准备、句法编码、语音编码和发音几个阶段，这是单语言语产出的过程。就译文的产出而言，概念准备以源语信息为参照，在语义分析区提取的概念即源语的信息。翻译的概念准备过程即理解原文提取编码信息的过程。参照源语概念表征在目的语里选择对译的词项。词项的选择需要识别并激活语义特征。句子概念的提取需要激活源语的命题。提取的概念表征经神经通路 4 再次进入音素分析区，在该脑区抑制源语的语音或书写形式，激活目的语的语音或书写形式，进行语音编码或形式编码，完成二次形义的匹配。

图 2-1 中的神经通路 3 涉及翻译中的语法和语篇问题，涉及有关词汇的句法信息（如词类、词序等）或有关衔接与连贯的语篇信息。语法表征和语篇表征的选择都是以目的语规范为取向的。由于布罗卡区广泛参与句子构建和超句层面的语言活动，所以神经通路 3 认知障碍不仅会影响到译者对源语的理解，也会影响到翻译表达的流畅性。翻译失语症虽然不是生理性的语言障碍，但这类失语症有着与病理性失语症相同的生物学机制，只是翻译转换和语言转换的神经机制有些不同。有研究者对比双语转换加工的神经机制，发现不同语言间既有相同的神经网络，也有专属性的神经机制。例如，中英文单词阅读既依赖

相同的神经脑网络，同时也需要具有专属性神经基础的有效参与（Chee et al., 2003）。在进行日语与英语句子层面的语义任务判断时，研究者发现，母语和二语的句法差别导致了两种语言神经激活方式的差别（Yokoyama et al., 2006）。更多的相关实验结果参见燕浩（2016）给出的"双语者第二语言神经基础的专属化特点一览表"。从所给的表中可看出"语言间神经激活模式差异可能反映了两种语言表达的差异"，"特定的语言功能必须借助专属化的神经基础才能够实现，因此语言加工的激活差异大小取决于两种语言表达方式的差异程度"（燕浩，2016）。事实上，两种语言间表达方式的差异正是干扰译者处理源语信息以及选择目的语表达方式的主要因素，也是引起翻译认知障碍并导致翻译失语症发生的主要原因。

普莱斯等（Price et al., 1999）采用PET技术观察熟练的德语-英语双语者的翻译和语言转换时的脑激活机制状况。该实验让熟练的双语被试按要求使用德语或者英语来翻译或者阅读看到的单词，结果发现翻译和语言转换的神经机制并不相同。一方面，与语言转换条件相比，翻译条件下，前扣带回和皮层下活动增强，而颞叶及顶叶的语言区域活动减弱。研究者认为这些区域活动增强是因为在翻译过程中需要协调更多的心理加工过程，因此词汇命名的皮层通路被抑制，而非自主加工的通道则得到了促进。另一方面，与翻译条件相比，在语言转换条件下，布罗卡区和缘上回区域的活动有所增强。研究者并没有将这些区域的激活与语言控制进行关联，他们认为这些区域的传统功能与语音加工有关，因此这些区域活动的增强可能与字形-语音匹配有关，因为在语言转换的情况下，需要进行不同的字形-语音匹配（王瑞明等，2016：111）。翻译要求译者用目的语的形式表征来匹配源语的语义表征，匹配的结果是生成一个与源语语义表征共享而形式表征独立的文本。在翻译转换条件下，布罗卡区和缘上回区的活动得到增强，这两个脑区活动的增强与词汇产出的义-形-音的非自主加工通路得到促进有关。在翻译神经机制特性方面，其他研究者也有类似的发现。博瑞斯等（Borius et al., 2012）发现对特定皮层区进行电刺激会破坏单语加工过程，但对翻译能力不会产生什么影响。法布罗（Fabbro, 2001a）发现翻译的脑功能区独立于与一语或二语信息加工密切相关的脑功能区。这些发现都说明翻译信息加工的神经机制与单语信息加工的神经机制有所不同。可见，翻译转换的信息处理机制有其独特性，既不同于一语信息加工，也不同于二语信息加工，区别主要体现在信息加工的过程不同。翻译信息加工的过程是：解码源语形式表征，提取语义表征，最后用目的语的形-音表征系统对源语语义进行再编码，由此构建一个用目的语语言通达源语语义表征的新语篇。

2.3.3 翻译转换障碍与翻译失语症

翻译转换心理加工神经机制有以下一些特征。根据这些特征可看出翻译转换的神经通路障碍与翻译失语症有着直接的关系。

（1）翻译涉及解码源语的形式表征，检索并提取语义或语用信息，控制语言的抑制和选择，抑制源语形式表征，激活并选择目的语形式表征，对提取的源语信息再编码，编码包括词汇通达、语法通达和语篇通达等任务，这是一个拆、转、合的信息处理过程。"拆"即解码，拆篇成句，拆句成词、拆词为语义特征；"转"指语言符码系统的切换，即用目的语的语言符码系统取代源语语言符码系统；"合"即编码，以目的语的音韵或书写形式将所激活的源语语义或语用信息整合编码为词，然后根据目的语的语法规则组词成句，组句成篇。这是一个检索源语信息、实现源语信息的通达与输出的过程。在上述过程中任何一个神经通路出了问题都会产生认知盲点，引发相应的认知障碍。在进行拆、转、合信息加工时，图 2-1 中的 6-5-4-3 中任何一个神经通路出现认知盲点，语义信息的传输都会受阻，产生理解障碍，出现失语义现象。

（2）视觉联络区到音素分析区的神经通路 6 出现认知障碍，识别书写的词汇就有困难。译者因不能辨识音位而丧失检索目标词的能力，如不能区别 green house 和 greenhouse 就不能辨识这两个语音的所指，无法确定此发音是指"绿色的房子"还是指"温室"。dark room（黑暗的房子）和 darkroom（暗室）在不能辨识音位的情况下同样无法确定词汇单位，进而不能实现词汇的语义通达。不能辨识音位的情况通常出现在口译中，在笔译中表现为不能解析符码的物理特征，如视觉词或语言单位的识别有障碍，翻译转换操作单位提取失败，这些都是导致笔译中语义信息传输失误的原因。

（3）听觉分析区到音素分析区的神经传导通路（神经通路 2）出现音素识

别障碍，失语产生。这一神经通路由于颞上回后部深处的白质病变而破坏，通路破坏后，患者不能理解口语，不能复述和听写别人的话语，也听不懂自己的话，但阅读、书写和命名不受影响（高素荣，2006：48）。这种情况常出现在口译中。口译者听到一个音符串 a-n-i-c-e-m-a-n，首先要划分音位，根据所划分的音位确定词义，an ice man 意为"一个制冰的人、最耐寒的人"，而 a nice man 则指"一个好人"。

（4）音素分析区到语义分析区的神经通路 5 出现认知障碍，译者的理解能力和语义处理能力都会受到影响，词义或句义检索会带有很大的盲目性，容易出现类似听/视感知障碍的失译现象。译者因此不能正确做出目标词或目标句的选择，既不能通达源语语义，确定词义，也不能有效地提取源语命题，确定句义。

（5）从语义分析区再回到音素分析区的神经通路 4 受阻会出现词不达意的情况，失语患者不能选择合适的语音或书写形式来表达思想。就翻译而言，神经通路 4 出现认知障碍意味着译者也会出现选择表达形式的困难，表现为不能选择适合目的语的表达形式来转述源语的意义。译者不能检索适合语境的音义匹配表达源语的思想，这种情况主要是由不同语言系统差异造成的。一旦出现音义匹配障碍，译者会觉得自己能理解源语但却找不到合适的表达形式。

伊尔斯等（Illes et al.，1999）对熟练的英语（L1）-西班牙语（L2）双语者作了语义和非语义加工时的 fMRI 实验。结果显示，前额叶的左右两半脑区的激活程度在语义加工时比非语义加工任务更强烈；从激活区域来看，两种语言的激活区域很相似。可见英语、西班牙语两种语言在双语者大脑中由共同的神经系统控制语义的加工过程（张惠娟等，2003）。虽然伊尔斯的实验是针对英语-西班牙语的双语者，不是英汉语双语者，但它说明了一个问题，即不同语言的语义表征有共同的神经基础。其他研究者的实验任务也表明语义在双语脑中有共享的语义系统（Klein et al.，1994；白学军等，2017；李荣宝等，2000），而共享语义表征也恰恰是翻译中语码转换的基础。翻译有别于单语交际和双语转换，关键的一点就是：两种语言在形式上彼此独立而语义表征则应共享。就翻译任务而言，协调好目的语形式与源语内容的关系是避免失语的关键。

2.4 翻译转换障碍的检测

神经通路障碍与翻译失语问题的出现有着密切的关系。以笔译为例，翻译失语症有三种情况：①图 2-1 中的神经通路 6 出现认知盲点，主要表现在视觉词识别错误（解析物理特征障碍）、语法单位提取错误方面；②图 2-1 中的神经通路 5 出现认知盲点，不能提取源语的概念表征（如不能提取词义或不能正确提取命题）；③图 2-1 中的神经通路 4 和神经通路 3 出现认知盲点，能够理解源语，但由于某种原因找不到合适的表达形式，出现类似传导性失语症的言语特征。针对以上情况本节分别以三个案例加以检测。

2.4.1 翻译转换步骤

翻译中的双语转换步骤可分为：①解析视/听觉信息，分析字符串信息；②激活并提取语义或语用信息；③控制语码转换过程中的抑制和选择，抑制源语形式表征负迁移，选择符合目的语规范的形式表征，实现词汇、语法、语篇的通达。上述处理信息的过程中任何一个神经通路出问题，语义信息的提取和传导都会受影响，出现理解或表达障碍。笔译中神经通路障碍与翻译失语症的关系有以下几个特点。

（1）连接视觉联络区和音素分析区的神经通路 6[1]出现认知障碍，加工符码串有困难，表现为不能解析符码的物理特征，识别听/视觉词或语言单位有障碍，不能正确提取翻译转换单位。

（2）连接音素分析区和语义分析区的神经通路 5 出现认知障碍，词义或句义检索带有盲目性，容易出现类似听/视感知障碍的失语现象。这种情况下译者往往不能激活与源语共享的语义表征，既不能通达源语词义，也不能有效地提取命题，确定句义。

（3）在语义分析区完成形义匹配的词句经由神经通路 4 回到音素分析区进

---

① 此处及后文提到的"神经通路+序号"均指图 2-1 中的相应神经通路，特此说明。

行语码切换。这一过程中译者容易受到源语形式的干扰。不能有效地抑制源语形式表征的负迁移就会出现目的语表达形式选择的障碍，表现为不能选择适合目的语规范的形式来表征源语内容，这种情况主要是由不同语言系统差异造成的。

翻译转换有别于单语交际和双语转换的关键一点是：两种语言在形式上彼此独立而语义表征共享，处理好形式与内容的关系是避免失语的关键。

2.4.2 翻译失语症检测的标准

实现语义翻译对等的基础是共享语义表征，语义对等即概念对等。就语义理解正确性而言，检测的评价标准是译文与原文是否有共享语义表征。语义表征的通达须满足两个条件。

（1）神经通路 6 和神经通路 5 不出现信息加工障碍，视觉材料的语言形式单位（如词素、小句）进入语义分析区（韦尼克区）参与语义加工。在语义分析区语言形式单位激活语义加工，或参与语义特征的检索，完成形义整合，实现词汇通达，或辨识谓词参与者的语义角色，实现命题的提取，命题是小句生成的语义核心。

（2）判断译文与原文在词或句的层面上是否有共享语义表征。在语义表征共享的条件下，语义特征对等则词义对等，命题对等则句义对等。语义关系不对等意味着不是视觉信息加工失败就是语义信息加工失败。

就翻译表达而言，评价标准如下。

第一，双语是否有共享语义表征，即概念表征是否对等。

第二，是否抑制源语形式表征的负迁移，能否选择符合目的语规范的语言形式。由神经通路 4 回到音素分析区这一环节如果不能抑制源语表征负迁移，翻译表达就会出现异常。

上述翻译失语症检测的标准是针对"语义翻译"而言的，关注的是语义信息的加工，涉及两种语言的形式表征与同一个语义表征系统相联结的问题。译者以目的语的音韵/书写、语法或语篇表征与源语的语义表征相联结，使译文能够转述源语的所指信息，如词义或句义。语义翻译的信息处理内容可参见第 5 章图 5-1"翻译失语症的分类"中的失语义部分。

2.4.3 研究目的

目前，研究言语产生过程的实验手段比较少，组织实验的难度也比较大（桂诗春，2000），大多数言语产生的数据都是靠观察获得的。对言语失误或失语症观察获得的言语数据能解释言语产生过程中的某些事实。例如，言语失误可反映规则知识运用的失误，知识误用导致言语计划以及言语计划执行的失误。同理，翻译错误也能反映语码转换知识（如程序性知识）运用的失误，由此可推知翻译认知障碍的性质和原因。特定脑区与视觉材料的音/形和语义加工有关。这种关联性便是从翻译言语中逆推神经结构和语言关系的依据。"一旦神经通路出现问题，个体的语言机能就会发生明显异常，例如失语症。"（白学军等，2017：22）因此，翻译失语问题可反映特定神经通路的认知障碍与语码转换加工障碍间的关系。正如言语失误是言语产出过程研究的对象一样，翻译失误也是翻译文本产出过程研究的重要组成部分。

此研究的目的在于，通过期末考试中考生对目标句笔译错误性质的分析，判断是否存在以下干扰翻译思维的问题：①语形单位提取障碍是否干扰翻译思维，检测神经通路6和神经通路5认知障碍的产生与翻译失语义的相关性；②神经通路5至语义分析区出现认知障碍是否影响语义加工过程，检测命题提取障碍与目标句翻译错误的相关性；③通过对具体表征和抽象表征相关性的判断，检测源语词语具体性效应对翻译对等词产出的影响。

2.4.4 过程与结果分析

1. 被试

本研究以32名参与笔译期末考试者为研究对象。被试都是青岛本地高校英语专业的学生。其中，11人是外国语言学及应用语言学专业研一的学生，21人是该专业三年级的本科生。他们都上过一个学期的笔译课，使用同一部教材，由同一名教师授课，但分别参与不同任务的检测。检测1和检测2由研一被试完成，检测3由本科生完成。

2. 材料

从历届学生翻译作业中筛选出带有普遍性翻译错误的句子，将之作为推知被试认知障碍的语言材料。检测 1 和检测 2 为花园路径句（garden path sentences）。被试曾接触过同性质的句子翻译（如"The girl told the story cried."）。检测 3 的特点是源语以具体表征命名事件概念，而目的语则倾向于以抽象表征来命名相应的事件概念，此试题用以观察源语表征具体性效应负迁移对翻译表达的影响，检测被试处理具体表征和抽象表征关系的能力，被试在学习中接触过这类句子的翻译（如"I can still feel Maggie's arms sticking to me."）。虽然这三个检测材料都是被试曾接触过的语言点类型，但由于这类语言材料涉及的英汉语言差异较大，又都是失语症、神经语言学、心理语言学、二语习得研究的典型案例（参见白学军等，2017；张浩和彭聃龄，1990；崔刚，2015），所以能较好地解释翻译过程中的一些认知障碍问题。

笔译中的失语问题有三种情况：①神经通路 6 出现认知障碍，主要表现为视觉材料加工障碍，即解析物理特征障碍，如词汇或语法编码计划单元提取障碍；②神经通路 5 出现认知障碍，表现为不能激活源语目标概念的语义表征，如不能提取词义或命题；③神经通路 4 和神经通路 3 出现认知障碍，表现为能够理解原文，但不能抑制源语形式表征负迁移，找不到合适的表达形式，出现类似传导性失语症的言语特征。本书针对以上三种情况各设置了一道句子翻译题，旨在观察被试翻译的语言特征与思维障碍的关系。

3. 结果分析

杰（Jay，2004：13-14）指出："一个词的理解始于音韵或词形的辨识，终于概念的获得"，"言语的产出始于概念或意义，终于音韵、符号或书写形式。"言语的产出与理解是信息加工的两个互逆过程。言语产出中的词汇通达与言语理解中的词汇通达是有区别的，两者信息加工步骤的顺序不同。就笔译而言，对源语进行知觉加工，提取视觉材料的语言单位（词汇、短语或小句），是神经通路 6 和神经通路 5 的视觉材料加工环节。视觉材料加工正常才能激活语义分析区的概念表征，实现词义或命题的通达。激活的目标概念是翻译目标词或句产出的起点，由此进入目的语词汇通达和语法编码的阶段，即翻译表达阶段。表达阶段处理信息的路径是神经通路 4 和神经通路 3，表达过程中语义表征激活词汇或句子的形式表征，实现目的语词汇或句子的通达。视觉材料的加工和语义表征通达的检测任务及结果分析如下。

1）语法计划单元识别障碍与失语义的关系

检测 1 旨在检测神经通路 6 和神经通路 5 的通达情况，检测被试对字母串视觉辨识的结果与理解准确度的关系。检测任务是：①语法计划单位的提取（如词素、短语或句法单位）与花园路径句消歧的关系；②提取语言计划单位障碍对提取源语语义表征的影响；③完成句子翻译，译文与原文须有共享的语义表征，命题通达，表达通顺。检测结果显示，91%被试的翻译未达到目标译文的要求，翻译错误皆由语言计划单位提取失误所致。

[The cotton clothing is usually made of] grows in Mississippi.
目标译文：[通常用于做衣服布料的棉花]产于密西西比州。
被试译文：[这些棉衣]是用种在密西西比州的棉花做成的。

原文是一种语言处理过程中故意省略某些成分导致局部暂时歧义的花园路径句，这种句子通常会给语言处理带来理解困难。被试提取语言计划单位时因启动金博尔（Kimball，1975）提出的"早关闭原则"（the principle of early closure）而错误切分了语法单元。"早关闭原则"指"语言输入过程中，当进入的句子成分已构成一个词组时，应尽早将其关闭"（姜德杰和尹洪山，2006）。相对于"早关闭原则"，弗雷泽和雷纳（Frazier & Rayner，1982）提出了"迟关闭原则"（late closure）。该原则规定，"只要符合语法句法处理机制就应该允许新进入的语言成分成为正在处理的句子结构的组成部分"（姜德杰和尹洪山，2006）。从另一个角度看，也可以说被试因违背了"迟关闭原则"过早地关闭了句子结构处理的过程，而错误地处理了句法结构信息。无论是哪一条操作规则出错，都会直接影响音韵编码和语法编码计划单元的提取，导致视觉材料的字符串加工错误。这种错误发生在神经通路 6 和神经通路 5，可直接影响目标语义表征的激活。

被试过早关闭句法信息的提取过程是因为 the cotton clothing 正好可以构成

名词词组，该词组因此而被误解为一个语义表征单元。翻译中这类对书写结构单元切分的错误可解释为视觉信息通路受阻的现象。以上例句中方括号标出的语言计划单位表明正是句法结构切分的偏差导致翻译单位提取的失误，句首的名词词组才会被误译为"棉衣"。提取语言计划单位是翻译理解的第一环节，这是一个对视觉材料信息进行分析以解码源语形式表征的环节，此环节直接影响到翻译转换单位的提取。不能正确提取翻译单位就不能有效地消解歧义，译文必将有误。检测结果说明神经通路6音素分析区的认知失误会直接影响神经通路5至语义分析区的语义加工的准确性，从而影响译文产出的准确性。

2）句法-语义加工障碍与失语义的关系

检测2检测句法和语义加工的情况。花园路径句引起的暂时性歧义既有句法性的也有语义性的。检测1因触发早关闭原则或者说违背迟关闭原则，语法计划单位提取失误，出现翻译中的命名性失语现象，将"用于做衣服布料的棉花"译作"棉衣"。检测2旨在检测翻译过程中语义计划单位提取的情况，检测任务是：①在通路6通达且视觉材料的语言计划单位提取正常的情况下是否会出现语义信息加工障碍，是否存在提取源语命题的困难；②被试对屈折变化的语法标记功能是否敏感，能否根据屈折变化词素即时处理所映射的语义信息，识别谓词与参与者的语义角色的关系；③要求被试完成句子的翻译，译文与原文保持共享命题表征。检测结果是6位被试译文符合目标译文的要求，5位被试因误判参与者的语义角色而产出错误的译文。

[The florist sent the flower] was very pleased.

目标译文1：[花商收到花]，很高兴。

目标译文2：[收到花的花商]很高兴。

错误译文1：[花商送出了花]，很高兴。（2人）

错误译文2：[送出花的花商]很高兴。（3人）

检测结果发现，11位被试所提取的语法计划单位都符合任务要求，即原文有两个命题，一个是"the florist who was sent the flower"，另一个是"the florist was very pleased"。根据顺应目的语表达习惯的翻译原则，第一个命题既可译作独立小句（目标译文1），也可译作短语结构（目标译文2），两个目标译文的区别是语用性的，而非语义性的。错误译文是误判语义角色造成的。加工双语转换信息的过程中，不能识别名词在句中的语义角色可导致误判源语命题的结果。

在研究失语症患者使用屈折变化词素障碍的问题上，研究者较倾向于认为"屈折变化词素更有可能需要'现场'加工处理"（崔刚，2015：153）。这种即时处理屈折变化词素所标志的语法和语义关系无疑会增加大脑记忆负担，所以容易出现理解失误的情况。在失语症研究中就有屈折变化词素使用障碍的病例，如被动句理解障碍的失语法现象。根据格罗津斯基（Grodzinsky，1995a）的解释，失语法症患者"无法顺利地给名词分配题元角色"。题元角色指与某个动词相关的名词在该动词所表达的事件中所承担的语义角色。题元角色是语义概念。它体现了名词在参与事件过程中的语义身份和功能。每一事件都有其相应的参与者，即语义角色。语言的理解和产出以事件为工作记忆单元。记忆单元的主要内容是命题。一个命题由一个事件、一种状态或性质构成，是"可以作为独立主体的最小知识单元"（Anderson，2010：123）。命题的核心是谓词，谓词是表示名词语义性质或相互之间关系的词。名词的语义性质（即参与者的语义角色）与谓词关系密切。谓词和参与者的匹配可激活句子的命题表征。根据罗伯特等（2008：248）的解释，"命题编码是与信息的顺序无关的"。以 Bill hit John 这个小句为例，句中"被编码的内容仅仅是：John 和 Bill 与打人这件事情有关联"。命题内容加工为句子后就必须按信息顺序对参与 hit 事件者（Bill 和 John）进行语义角色的分配。按正常的语序排列，第一个名词是施事，即谓词 hit 左边的是施事，第二个名词则为受事。处理被动句 John was hit by Bill 时，语法缺失症患者无法给位于句首的名词分配语义角色，只能按句中词汇的先后顺序来分配语义角色，错误地将句首的受事解读为施事，由此产生理解错误。这种语法缺失症解释了检测 2 的误译原因。就命题表征而言，误译是语义性的，但其中也有语法因素。弗里德曼和福斯特（Freedman & Forster，1985）的研究发现不同的句法信息具有不同的神经处理机制。数、时态、语态等屈折变化词素等都是句法处理系统的语言要素。语法缺失症状之一便是"动词使用的错误"，表现为"自发口语常缺乏动词或动词缺少屈折变化"（高素荣，2006：164）。英语是表音文字，屈折变化词素丰富，而汉语是表意文字，无屈折变化词素，所以英译汉者容易忽略屈折变化词素的语法及语义信息，这就好比失语患者语言中常缺少屈折变化一样。对屈折变化词素反应不敏感会直接影响语义角色的识别，加大提取源语语义表征的阻碍，导致命题判断失误。如果屈折变化词素在理解原文过程中成了信息加工的盲区，其区别语义角色的功能就会被忽略，导致施受关系判断失误。5 位被试正是把过去分词 sent 误读为过去时才误判了 florist 的语义角色，把"收花人"理解为"送花人"，曲解了源语命题，造成命题编码错误。

检测 2 符合普劳特和沙利斯（Plaut & Shallice，1933）对语形单位和语义单位关系的解释："视觉信号首先激活拼写层次的相关单元，然后对拼写单元的激活被转换为对语义层次相关单元的激活。如果该激活的信息恰好进入某一语义区域，就会与之先汇合，这一汇合区域被称为吸引域（basin of attraction）。对该网络的损伤，例如，某个节点或者联结的丧失，就有可能改变吸引域之间的界限，从而使得有关的激活信息落入错误的吸引域之中。"（转引自崔刚，2015：172）音素分析区负责语言形式单位的提取，语义分析区负责语义单位的提取。屈折变化词素标记意义被误析（如 sent 作为过去分词标记被误判为过去式），就会误判名词的语义角色，从而导致命题提取错误。翻译理解过程是从源语语法单位和语义单位相互作用中提取意义的过程，对任何一个层级单位的误判都可能"改变吸引域之间的界限"，从而导致翻译错误的产生。

以上两个检测都是花园路径句，翻译错误皆源于不能成功消解歧义。检测 1 是因为过早地关闭句法信息加工过程，错误提取了语法计划单位；检测 2 是因为处理屈折变化词素信息失误，误判谓词参与者的语义角色（即题元角色）。尽管这两个检测的语法性质不同，但都是在抑制歧义控制环节上出了问题。国外相关研究已证明"抑制机制能减少歧义词不合理意义的激活（Gernsbacher & Faust，1991：98-99）"，"一旦歧义词的一个意义得到确定之后，另一意义将受到抑制（Simpson & Kang，1994）"（转引自白学军等，2017：185）。这两类错误的主要原因不是在于双语语言的差异，差异增加了语言的陌生化程度，导致语言计划单位提取失误或屈折变化词素语法功能的判断失误，进而干扰了大脑对抑制不合理意义激活的控制，错误地激活了不合理的语义表征。

3）翻译表达障碍

检测 3 的任务是：①检测已提取的源语语义信息与目的语语言形式相匹配的情况，即在神经通路 6 和神经通路 5 都不受阻的情况下，所提取的语义信息是否能经由神经通路 4 传入音素分析区顺利完成音义再匹配；②被试是否具备处理具体表达和抽象表达的动态转换加工能力；③要求被试完成句子翻译，译文不仅应与源语命题表征共享，而且还应像源语一样通顺自然，符合目的语的表达规范。

[Putting her arm round her friend's waist], Rebecca at length carried Amelia off from the dinner table where so much business of importance had been discussed, and left the gentlemen in a highly exhilarated state, drinking and talking very gaily.

目标译文：饭桌上，先生们议论着一些要紧的大事。于是，丽贝卡[搂着朋友阿米丽亚的腰]把她从桌边拉开，让他们去饮酒畅谈。

检测结果：7 人译文符合目标译文的要求，能用汉语的抽象词"搂"来翻译英语的描述性语言"putting her arm round"，这是以抽象词翻译具体词的引申译法。"搂"的语义特征是"用手臂拢着"，与英语的具体描述性表达完全对应，两者表达形式各异，但语义表征共享。在语义表征共享的情况下，以抽象词译具体词是一种语义动态对等的翻译策略。另外 14 人虽然能理解原文，但却找不到合适的汉语表达形式转述原文的意义，只能死译硬译，将之译作"将胳膊环过/环住阿米丽亚的腰、将手环绕在她朋友的腰间"，译文带有明显的源语语形负迁移痕迹，这种语言表达特点与传导性失语患者的言语特征类似。

崔刚（2015：42）在描述传导性失语症患者的语言障碍时说，这类患者"在语言理解和表达方面均表现出一定的障碍，复述障碍尤为严重。患者的自动语言比较流利，基本上能够达到使用语言进行交际的目的，但是找词的困难表现突出"，"复述困难是传导性失语症患者最为严重的语言障碍"。翻译本身就是一种复述的言语行为，但此复述并非复制源语形式特征，而是用另一种语言创造性地复述源语信息的语言行为。如果神经通路 4 或神经通路 3 出现由语言形式差异引起的认知障碍，复述时就容易出现词汇选择、句式选择等方面的表达性翻译障碍，表现为语言不流畅或不符合目的语的表达规范。崔刚（2015：42）例举了一位传导性失语患者的复述障碍，其言语特征与检测 3 的案例相同。

该患者不能复述"拖拉机"一词，但却能用描述性语言说"在农村里嘎啦嘎啦走的"，医生接着问："在农村里嘎啦嘎啦走的是什么东西？"患者答："那不是拖拉机吗？"这说明该患者能根据语义特征命名客体，但却不能用相对抽象的词"拖拉机"完成复述任务。自然语言中不能被感官直接感知的是抽象性语言，而具体性语言带有描述性，生动而直观，能描述出事物的状态和特征。这也是为什么失语症患者能根据所描述的语义特征说出"拖拉机"，但却无法在不能直观感知客体的情况下说出这个词。检测 3 中死译的情况也是如此。被试能通过直观的描述"putting her arm round"理解源语，但却不能激活源语具体表述和含同样语义特征的汉字"搂"之间的联系。如果能建立起这种联系，就能注意到具体表述和抽象表述之间享有共同的语义表征，也能够通过以抽象词译具体词的引申法转述源语的意义。这样做不仅不会改变原文的语义，而且能够增强译文语言的流畅性和正确性。

描述性语言比抽象性语言容易记忆和理解。抽象语言材料贮存在语义系统中，其信息缺乏形象和结构方面的精细加工，提取时得到的意义较少，因而产生具体性效应，即具体材料比抽象材料容易理解和记忆（白学军等，2017：193）。相对于抽象性语言，描述性语言具体性效应显著，其指代物更容易形成心理表象，便于记忆和理解。反之，抽象性语言不像具体词那样，缺乏较丰富的语境信息，理解难度较大。张浩和彭聃龄（1990）的实验显示，在随机语境条件下，具体目标句的正确回忆率为 70%，而抽象目标句的正确回忆率为 35%，两者差异显著。翻译中抽象词常常是理解的难点，而描述性语言的具体性效应更容易让学生译者以直接翻译的形式来复述源语。如果源语的描述性语言在目的语里倾向于用抽象性语言表达，这通常会增加翻译转换的难度，选词达意的反应时间明显增加，产出源语形式负迁移下的硬译、死译句子的概率更大。源语表达的具体性效应负迁移对被试选择表达形式的干扰性显著。

以上三个检测分别从语法结构单元、句法-语义关系、词与词之间语义关系三个方面检测了被试翻译过程中的认知障碍与翻译失语的原因。在此提到的翻译"通路"并非指由数级神经元组成的能传导特定信息的神经链（如传导听觉冲动或视觉冲动的神经链），而是指译者对语言各层级表征之间相互联系的认知活动。实际上，不少失语症、神经语言学等交叉学科的研究成果都证实了语言各层级及各层级间的联系的抑制与激活都与相关的脑区及神经通路有着密切的关系。译者看不清语言内部的各种联系直接影响大脑对信息输入和输出的控制。因此，翻译失语症不是脑损伤性的，而是认知性的。双语转换加工过程中的认知障碍是导致翻译失语症的直接原因。

本检测以神经语言学的视角检测学生译者在句法-语义编码、提取词汇义和命题过程中的认知障碍，分析翻译错误产生的原因。检测结果显示，学生译者与失语症患者有相似的语言障碍，这说明神经语言学和失语症研究可为翻译失语症研究提供一个交叉学科的观察和解释视角。

2.5 本章小结

两种语言机制或文化差异干扰是导致翻译失语症的主要原因。翻译失语症的言语特征在诸多方面都与病理性失语症的言语特征相似。这种相似性不仅体现在外显的言语行为方面，而且也体现在翻译转换中语言加工的内在机制方面。本书以神经通路和语言脑区功能的关系解释翻译中语言加工的认知机制和翻译错误产生的原因，通过对被试翻译的检测与分析，发现其语言障碍与一些失语症的脑成像研究结论有相似之处，这可为翻译错误研究提供一个交叉学科的观察视角，为神经语言学的翻译研究提供一种案例分析的思路。

本章主要内容包括以下几点。

（1）对比失语症患者和失语译者障碍性言语行为的相似点，解释翻译失语症概念。

（2）以神经通路和语言脑区功能的关系解释翻译中双语转换加工的神经机制和翻译错误产生的原因。

（3）对被试的翻译进行检测与分析，发现其语言障碍与失语症患者的脑成像技术检测的结果有相似点。可见，翻译转换受到大脑语言神经机制的控制，翻译过程中信息的处理是在相关脑区进行的，这也说明翻译失语症有生物学的因素，但导致失语的不是脑损伤，而是语言间的差异影响了认知控制，干扰了翻译思维，引发认知障碍，进而导致翻译失语症的发生。

因此，对翻译中的误译、漏译、死译、胡译等研究不应局限于表象评说，而应进行更深层次的观察，究其原因，以交叉学科的理论解释译者失语行为，通过译者的言语特征发现其信息处理过程中的认知缺陷。对翻译中言语特征与认知缺陷关系的研究又可从另一个侧面揭示翻译转换的规律。交叉学科的研究视角势必会增强翻译错误和翻译失规范研究的理论性和系统性。目前，译者行为研究受到越来越多学者的关注，但神经认知机制与译者失语行为的关系尚未真正进入人们的研究视野。虽然翻译神经机制的认知模式研究已初露锋芒，但神经语言学与翻译过程的微观研究并未在真正意义上起步。随着翻译的选择与决策、神经认知机制、语言内部机制与翻译言语产出的关系、译者行为与翻译质量关系等相关研究的展开，翻译中语码转换加工的认知机制也会随之显现，翻译认知过程研究也会从认知加工模式转向译者心理活动微观过程的研究，而翻译失语症的研究就是译者心理活动微观过程研究的重要组成部分。

第 3 章

翻译失语症研究的心理语言学视角

翻译心理过程是一个双语转换加工的认知过程。译者在熟练掌握两种语言的基础上解码源语语言形式，提取被语境激活的语义或语用信息，然后以另一种语言对所提取的信息进行再编码，由此产出语义与源语共享、交际效果相同或近似的新文本。翻译文本产出过程涉及词汇搜索、语义的激活与抑制、语言形式的取舍、语用效果的判断、语码系统的转换等一系列心理活动，所有这些活动都与大脑神经机制和特定语言脑区功能有关。神经语言学利用科技手段"窥视"大脑活动，如利用 PET 技术观察分析大脑认知活动状况，利用 fMRI 技术获取大脑各区域神经活动的信息，利用 ERP（Event-Related Potential，事件相关电位）技术的多样刺激所引起的脑电位变化来发现大脑神经点的生理变化和心理活动。这些通过生理反应间接测定大脑活动的技术已广泛用于研究记忆、表征和语言的领域。翻译过程中语义检索、命题提取、语言的选择或抑制、信息的加工与编码一系列任务的执行不仅与大脑的特定区域活动有关，而且与记忆、表征、语言有关。信息的输入、贮存、加工与输出这一系列心理活动都是心理语言学研究的内容。翻译既是语言活动，也是心理活动。因此，心理语言学这门由心理学和语言学融合而产生的学科也可为译者心理活动、翻译认知规律及翻译失语症的研究提供一个交叉学科的观察视角。

3.1 心理语言学的研究背景

语言是思维的物质外壳，也是心理活动的中介。用语言来进行交际活动的过程称言语。言语是心理现象，也是心理学研究的对象。关于言语与思维的关系，维果茨基（L. S. Vygotsky）说："思维和言语像两个相交的圆圈。在两个圆圈复叠的部分，思维和言语正好同时发生，产生了称作言语思维（verbal thought）的东西。"（列夫·维果茨基，2010：58）思维依附言语得以显化。言语是窥视心理活动的一个窗口，透过这个窗口可观察到人们使用语言的心理过程，也可了解言语的产生过程。语言是以语音为物质外壳、以词汇和语法组成的符号系统为交流思想的媒介。语言知识是心理结构的一个组成部分，没有语言知识，就无法从一连串语音中获取意义。如维果茨基（2010：4）所言："那种把词的音和义视作互不相关的元素的观点已经对语言的语音和语义方面的研究造成极大损害。"了解语音是如何承载意义的，就是了解思维是如何被嵌入语言形式的以及语言形式是如何被解读和使用的，即思维内容是如何被编码和译码的。语言使用者如何掌握和运用语言系统、如何在交际中使语言系统发挥作用，探索言语活动中的这些心理过程是心理语言学研究的任务。

3.1.1 心理学的产生

心理学（psychology）一词源于希腊语，psyche 意为"灵魂"，logos 意为合乎逻辑的陈述。"传统上，心理学意指心灵学（psyche-logos），即关于灵魂的研究。"（黎黑，1998：339）心理学起源于古希腊及古罗马的哲学、神话、医学、生理学、物理学以及天文学，孕育于西方近代哲学，创立于实验心理学。在成为一门独立的学科之前，心理学的历史主要是哲学的历史，特别是涉及心灵、认识论和伦理学等哲学领域的历史（黎黑，1998：3）。19 世纪之前，心理学一直是哲学的组成部分。作为一门科学，心理学的科学历史并不长。19 世纪初，德国著名的教育学家、心理学家和唯心主义哲学家赫尔巴特（J. F. Herbart）"第一次明确宣称心理学是一门科学"，他"不赞同康德关于心理学永远不能成为一门科学的观点"（叶浩生，2009：25）。19 世纪中叶后，西方生理学和物理学的迅猛发展以及以社会学、教育学为代表的一批新科学的诞生为心理学成为独立的学科创造了条件。

19 世纪下半叶，德国生理心理学家冯特（Wundt，1873）出版的《生理心理学原理》（*Principles of Physiological Psychology*）是心理学史上第一部有系统体系的专著，被誉为"心理学独立的宣言书"。1879年，冯特在德国的莱比锡大学创立了世界上第一个心理学实验室，采用实验的方法研究心理现象，这是心理学成为一门独立学科的标志。心理学由此从原先所归属的哲学范畴分离出来，从以思辨为主的研究转向人类心理现象、精神功能和行为的研究。心理学一方面尝试用大脑运作来解释人的行为与心理机能，另一方面尝试解释心理机能在社会行为与社会动力中的角色，同时也探讨生理作用与影响心智的神经科学、生物科学的关系。心理学因此成为一门涉及知觉、认知、情绪、人格、行为、人际关系、社会关系等诸多领域，集理论学科和应用学科为一体的综合性学科。心理学家努力建立一个以经验结果为基础而非以思辨为基础的学科。以冯特为代表的实验心理学奠定了心理语言学学科研究的方法论基础。

随着心理学研究的蓬勃发展，该学科自身不断分化，衍生出了众多的心理学分支学科，形成了各种不同的理论流派、研究范式和方法。认知心理学、心理语言学、教育心理学都是心理学的重要分支。本章借助认知心理学和心理语言学的观点和方法解释翻译中语言与思维的关系以及记忆表征负迁与译者失语的关系。本书的第6章将以认知心理学和教育心理学的视角，从知识、技能与能力的关系角度阐述如何通过提高翻译能力防范翻译失语症发生的问题。

3.1.2　认知心理学的产生

1956年夏末，麻省理工学院召开了一个信息理论研讨会。与会者中有许多信息交流理论领域的领军人物。美国哲学家、语言学家乔姆斯基（N. Chomsky）,美国心理学家、教育家布鲁纳（J. Bruner），计算机科学和认知信息学领域的科学家纽厄尔（A. Newell），美国经济学家、政治学家、认知科学家西蒙（H. A. Simon）和美国心理学家米勒（G. Miller）等都在会上发了言。此次研讨会在美国心理学界产生了深远的影响，引发了西方认知心理学思潮。

美国麻省理工学院的信息理论研讨会释放出强烈的心理学认知革命的信号，如米勒所言："从研讨会归来时，我产生了一个强烈的信念……人类实验心理学、理论语言学和对认知过程的计算机模拟，都是一个更大的整体的组成部分；未来我们将可以看到这些学科所共同关心之处的逐渐完善和相互协调。"（转引自罗伯特等，2008：11）米勒（Miller，1956）率先把信息论概念引进心理学，发表了论文《神奇的数字7±2：我们信息加工能力的某些局限》（"The Magical Number Seven, Plus or Minus Two: Some Limits in Our Capacity for Processing Information"）。这篇论文是认知心理学和工作记忆研究领域里的一个里程碑。认知心理学家将人脑看作一个通信系统，把计算机看作可能解释人脑工作原理的模型，心理加工过程被描述为信息加工过程。黎黑（1998：716）这样评价米勒对心理学创立的贡献，说他"把信息加工概念用于人类的注意和记忆"，"摆脱了关于人类学习的折衷的行为主义观点，成为认知心理学的领导人之一"。

认知心理学始于20世纪50年代，进入60年代后出现了飞速发展。1967年被誉为认知心理学之父的奈瑟尔（Neisser，1967）出版了《认知心理学》（*Cognitive Psychology*）一书，这标志着认知心理学已成为一个独立的流派。心理研究从实验心理学、经验主义、行为主义转向人类的高级心理过程研究，包括注意、知觉、表象、记忆、思维和语言等认知过程的研究。引发这场认知革命的有以下因素："行为主义的'失败'"，因为该学科"无法解释人类行为的丰富多样性"，忽略了与人类心理学密切相关的"包括记忆、注意、意识、思维和表象等"问题；"通讯理论的出现""促成了信号检测、注意、控制论和信息论方面的实验"；认知科学吸收了现代语言学"审视语言和语法结构的新方法"；"言语学习和语义组织方面的研究为记忆理论提供了稳固的实证基础"（罗伯特等，2008：17）。认知心理学关注与言语学习和语义组织有关的记忆研究，强调知识对行为和认知活动的决定作用及认知过程的整体性。在方法上采用反应时实验、眼动实验、记忆研究和语义记忆模型研究。认知心理学的相关学科背景有计算机科学、信息论、控制论和心理语言学。到20世纪70年代，认知心理学成长为认知科学，成为西方心理学的一个主要研究方向。

3.1.3 心理语言学的产生

"心理语言学"（psycholinguistics）最初见于1936年美国心理学家坎特（J.

R. Kantor)的《语法的客观心理学》(*An Objective Psychology of Grammar*)一书。此概念还有其他名称：心理的语言学(psychological linguistics)、语言心理学(linguistic psychology)。保留至今且交替使用的是"心理语言学"和"语言心理学"(卡罗尔，2006：1)。心理语言学与认知心理学都是同时代产生的心理学的分支，是语言学、认知科学与心理学交叉渗透的产物。心理语言学起步略早于认知心理学，对认知心理学的发展有很大影响，认知心理学对心理语言学的发展也有很大的促进作用，这两门学科都以认知过程为研究对象。心理语言学是心理学和语言学结合的产物，也是认知心理学的研究基础。语言是人类认知能力的一种体现。心理语言学和认知心理学在研究认知过程方面有相同的兴趣，如两者都关注记忆、表征、思维和语言理解与产出关系的研究。不过，认知心理学是侧重人和计算机加工信息过程的研究，注重两者在性能方面的类比，而心理语言学以语言结构、语言能力、语言习得机制为研究对象，关注语言的理解与产生、习得和错误、表层结构和心理现实间关系的研究。从语言获得、言语产出、双语转换、言语错误分析这些研究领域来看，心理语言学更适合解释翻译失语症的问题。

卡罗尔(2006：9-14)把心理语言学分为两个阶段：一是20世纪初来自心理学共享的阶段，这一时期的特点是语言学向心理学寻求"人类如何使用语言"的问题答案，代表人物是德国心理学家冯特；二是始于20世纪50年代乔姆斯基语言理论的崛起，这一时期的特点是心理学向语言学寻求"语言的内在本质"，主要贡献来自语言学。在心理语言学的第一阶段，冯特创建了心理学实验室。他在音韵、语法、手势语、儿童语言获得等方面的研究对心理学和语言学结合成一门新兴交叉学科做出了巨大的贡献。科学心理学研究方法（如问卷法、内省法、心理测试法和生理实验法等）让语言使用的心理活动有了可透视性、可观察性和可实验性。语言因此成为探索人类心理现象的窗口。

心理语言学的第二阶始于20世纪中叶，发展于乔姆斯基转换生成语法理论提出的六七十年代。1951年，美国社会科学研究理事会在康奈尔大学(Cornell University)召开了一次小型暑期研讨会。与会的心理学家和语言学家发现这两个领域的学者对语言现象及语言现象的研究有相同的兴趣，因而认为心理学和语言学领域的研究可相互补益，互为借鉴。1965年，泰讷豪斯(M. K. Tanenhaus)

指出："心理学家所使用的客观的研究方法和理论工具能够为探索和解释语言学结构带来突破性的发现。"（转引自张清芳，2019：3）正如泰讷豪斯所说的那样，无论是心理学还是语言学，两者都因学科交叉互补，相得益彰，有了突破性的发展。康奈尔大学的暑期研讨会制定的心理语言学的纲要以及研究语言结构的心理学方法和理论奠定了心理语言学成为一门独立学科的基础。1953年，该委员会在印第安纳大学（Indiana University）召开了第二次心理语言学研讨会。参加会议的有人类学家、心理学家、语言学家和计算机工程师等。学者们聚集一堂，展开多学科的交流与对话。大会明确提出"心理语言学"这一学科的名称。次年，奥斯古德和赛比奥克（Osgood & Sebeok，1954）汇编的会议论文《心理语言学：理论和研究问题评述》（*Psycholinguistics: A Survey of Theory and Research Problems*）问世。认知科学领域中就此诞生了一门新兴边缘学科——心理语言学。

20世纪50年代后，心理语言学得到迅速发展，动力源来自乔姆斯基的转换生成语法理论。1957年乔姆斯基出版的《句法结构》（*Syntactic Structures*）针对有限状态语言模式研究之不足提出了转换生成语法理论，奠定了心理语言学研究的理论基础。早期的心理研究受行为主义理论的影响很大，主要通过"刺激-反应"来研究人的语言行为。乔姆斯基反对这种机械的研究方法与学说，并在其1959年发表的《评斯金纳的〈言语行为〉》（"A Review of F. Skinner's *Verbal Behavior*"）一文中批判了斯金纳的言语行为学说。1968年，乔姆斯基出版了《语言与心智》（*Language and Mind*），书中谈了语言学与心智研究的关系及其对心智研究的贡献。乔姆斯基认为将结构主义方法和行为主义方法用于研究语言和心智课题的"主要弱点在于相信解释的浅显性（the shallowness of explanations），即以为心智在结构上必定比任何一个已知的生理器官都简单，用一个最简单的假设就足以解释所有能观察到的现象"（乔姆斯基，2015：27；Chomsky，2006：22）。乔姆斯基指出语言知识是来自心智组织的更深层的原则，包括"能够为无限多的句子指派相应的深层结构和表层结构，并以适当的方式使二者关联；能够为每对深层结构和表层结构确定语义解释和语音解释"（乔姆斯基，2015：31；Chomsky，2006：26）。乔姆斯基的转换生成语法理论并非简单地描写语言表层结构，而是强调发现语言内在的普遍原则，以为研究认知系统、探索思维过程提供线索为最终目标。米勒与尤金·加兰特（Eugene Galanter）、卡尔·H. 普里布拉姆（Karl H. Pribram）合著的《行为的规划和结构》（*Plans and the Structure of Behavior*）将乔姆斯基的语言学理论引入心理学领域，这使得该领域的学者开始重新审视心理学研究的理论基础。乔氏的论著《语言与心智》在方法论上为语言和心智研究提供了新的视角。泰讷豪斯（Tanenhaus，1991）指出乔姆斯基的思想在三个不同的方面塑造了心理语言学："①他对行为主义处理语言方法的批判，他的关于语言理论的恰当的目标的观点对认知科学的发展都起了重要作用；②他对语言习得的逻辑问题所做的阐述为发展心理语言学提供了一个框架；③他的转换语法理论指导了多数实验心理语言学的头十年的研究。"20 世纪 70 年代后乔姆斯基的心智说（mentalism）和转换生成语法取代了行为主义，成为心理语言学家都认可的指导性理论。乔姆斯基的理论挑战了当时语言研究中占主导地位的行为主义，以其语言研究的独特视角拓宽了认知心理学研究的范围，推动了"认知革命的复兴"（乔姆斯基，2015：3）和认知心理学的诞生。

20 世纪 80 年代后，心理语言学进入了跨学科发展期，研究内容从表层结构、言语行为深入到深层结构和认知结构。心理语言学汲取了认知心理学的研究方法和技术，以交叉学科的视角来研究语言加工的心理结构和过程、语言间的共性和差异以及语言间的异同对语言加工过程的影响。计算机神经科学的发展助力学科发展，丰富了心理语言学的实验方法和研究手段。例如，有研究者采用"基于功能性近红外光谱成像（functional near-infrared spectroscopy, fNIRS）技术进行脑活动同步研究，通过测量教师和学生的脑功能信号，计算两者的脑活动随着时间共同变化的关系，发现教师的脑活动与大约 10 秒后学生的脑活动有显著的脑间同步关系，同步出现在教师的颞顶联合区和学生的颞叶前部，前者主要负责预测社会互动时对方的心理状态，而后者则是概念知识表征的重要脑区。实验结果显示，教师可能通过脑间同步，提前预测学生的知识表征状态，师生脑间同步越强，教学效果越好"（张清芳，2019：332）。如今，短时记忆（short-term memory）、工作记忆（working memory）、长时记忆（long-term memory）、眼动追踪（eye tracking）、事件相关电位（ERP）、键盘记录（key-logging）等心理学、认知心理学的概念和方法被广泛用于语言的理解和产生、语言习得、知识表征、语言错误等方面的研究上，语言学理论在语言使用过程中的作用再度引起研究者的兴趣。心理语言学研究方法和理论的应用范围不断扩大，不仅用于儿童语言习得和二语习得研究，而且还用于翻译心理过程研究。随着科学技术的发展与心理语言学理论应用范围的扩大，心理语言学的跨学科成果日益增多，硕果累累，有目共睹。

3.2 心理语言学对翻译心理过程的解释

泰讷豪斯(Tanenhaus, 1988:1)在其《心理语言学概述》("Psycholinguistics: An Overview")中明确指出心理语言学家关注的三个基本问题是："①语言在发展过程中是怎样习得的？②人们是怎样理解语言的？③语言是怎样产出的？研究语言理解和产出属于一个新领域，即实验心理语言学，而研究语言习得则属于另一个领域，即发展心理语言学。"语言学和心理学的结合可解释人们处理语言信息的心理过程，即语言的理解与产出的心理过程和习得语言的心理过程。心理语言学作为这两门学科结合的产物，是一门研究使用语言、习得语言心理过程的学科。

翻译既涉及语言理解又涉及言语产出，因此翻译心理过程研究属于实验心理学范畴，而心理语言学对翻译心理活动的解释力也是很明显的，如跨语言记忆、表征与语义提取和转述的关系、记忆表征负迁移与翻译错误产生的关系皆可借助心理语言学视角进行研究。不过，在心理语言学领域研究语言理解的实验较多，而言语产出过程的实验手段较少，大多数言语产生的数据都是靠观察获得的，如通过言语失误或失语症获得言语生成的数据。这些数据可解释言语产生过程中的某些事实，如言语失误可反映出规则知识运用的失误，知识误用导致言语计划以及言语计划执行的失误。言语计划过程是对信息进行编码的过程。因此，言语错误是观察言语编码过程的重要途径。翻译不仅是一个编码过程，同时还是一个解码过程。正如言语失误在心理语言学领域里是言语产出过程研究的对象一样，翻译失误也是翻译心理过程研究的重要组成部分。

3.2.1 翻译心理语言学的研究背景及任务

翻译心理语言学研究与翻译心理过程研究关系密切，后者应该说源于译者行为研究。列维（J. Levý）是第一位将翻译研究视角从语言学或文本研究转向译者及译者行为研究的翻译理论家。他将博弈论应用于翻译研究，认为译者选择的策略就是考虑将翻译效应最大化的问题。在列维（Levý, 2000: 148）看来，"翻译是一个决策过程（decision-making process），该过程中一系列步骤（moves）的完成皆与译者选择有关。翻译犹如博弈，译者做出的每一个选择都为下一个选择创造特定的语境，在这特定的语境中每一个选择都受到前一个选择的影响与制约"。译者的选择和决策从此受到了研究者们的关注。

翻译选择也是一个处理语言信息的心理过程。随着对翻译过程讨论的深入，译者心理活动的"黑箱"引起越来越多研究者的兴趣与关注。洛舍尔（Lörscher, 1991a）通过有声思维数据采集译者的心理活动数据，深入观察并了解译者的思维过程，在所获得的实验数据基础上进一步探索翻译理解和表达问题，以便提出有效的翻译策略。始于 20 世纪 80 年代的翻译心理过程研究是翻译心理语言学研究的"探索期"，这个时期的主要贡献来自奎因斯和洛舍尔的有声思维数据分析实验。自 20 世纪 90 年代中期开始的翻译心理过程研究进入了"发展期"，研究的对象更加具体，提出的假设更加明确，研究手段更具有交叉学科的特点。"在所有的边缘学科中，认知科学、专业知识和心理语言学对翻译心理过程研究有着直接的重要的影响，奠定了该领域的研究基础。"（Alves, 2015: 18）研究者们开始重视这些对翻译心理过程研究直接发挥作用的交叉学科，关注与知识、能力和策略相关的翻译行为研究领域。这个阶段键盘记录技术、眼动追踪技术成了窥探译者"黑箱"的主要手段，心理语言学的实验研究和数据统计对翻译心理过程与认知心理关系的观察与探索做出了重大贡献。翻译心理过程研究的第三个阶段进入了"多元互证法"（triangulation）阶段，即"同时运用两种或多种方法，如结合使用有声思维法、回溯式口头报告、键盘记录、眼动追踪、问卷调查、访谈、屏幕录制等方法，搜集多元化数据，交叉验证研究假设"（冯佳和王克非，2016）。学科的交叉、研究手段的丰富，推动着翻译心理过程研究向纵深发展，在这个阶段该领域里涌现出一批很有见地的科研成果。

翻译心理过程研究与心理学和语言学有着密切的关系，这一方向的研究任务是探索发现译者在进行双语加工时的大脑活动情况。从这个意义上讲，翻译心理语言学与心理学和语言学有着同样的任务和内容。

3.2.2 贝尔翻译过程模式

20世纪80年代中后期，认知科学领域的实证与实验方法在翻译心理过程研究中的应用和心理语言学领域的模式研究（如联结主义模式）引起了该领域研究者的兴趣。1991年，英国翻译理论家贝尔（Bell）出版了《翻译与翻译过程：理论与实践》（*Translation and Translating: Theory and Practice*），从心理语言学、认知心理学信息加工的角度提出了以语义表征为双语转换加工中介的理论假设，同时也提出了翻译转换加工机制的模式，称"贝尔翻译过程模式"。20世纪90年代后，翻译认知过程的模式或流程化研究兴起。"翻译过程模式的研究者主要通过自上而下或自下而上的方法描述翻译中解决问题和选择决策的过程。翻译过程模式的研究类似心理语言学领域里的联结主义（connectionist network）心理模式的研究……它侧重于对语言层级结构的描述。"（Alves, 2015：21-22）这类研究描述的是认知流程，认知活动与各语言层级上以及各层级之间的信息处理过程密切相关。翻译心理过程是动态的，其模式或流程的描写与实际操作细节之间存在着各种变数，从解码源语形式到语义表征的形成，从词汇搜索到目标词词义的通达或命题的通达，再到词汇选择、句子、语用、语篇的合成，这一系列的心理过程中，最重要的是要把握语言系统内部各机制间的有机联系，如语法机制、语义机制、语用机制、语篇机制等，还要把控好对两种语言系统间各层级对应机制的协调。贝尔翻译过程模式所描述的正是这种各层级认知活动之间相互牵制又相互作用的联系，其过程描述主要针对笔译的理解、信息加工和翻译语言的产生。贝尔（Bell, 2001：43）在提出翻译过程模式时称："如果要让翻译现象获得令人满意的解释，那么翻译模式必须是根据翻译过程的性质和特点提出的一些假设。此模式得益于心理语言学和人工智能在自然语言实时处理方面已取得的进展。"因此，贝尔翻译过程模式是基于心理语言学和

第3章 翻译失语症研究的心理语言学视角

人工智能理论的翻译心理过程模式,它从语言学和心理学角度解释了翻译选择、信息加工、解码与编码的过程,为译者行为以及翻译心理过程的探索提供了一个研究译者心理活动的理论视角。贝尔翻译过程模式见图3-1。

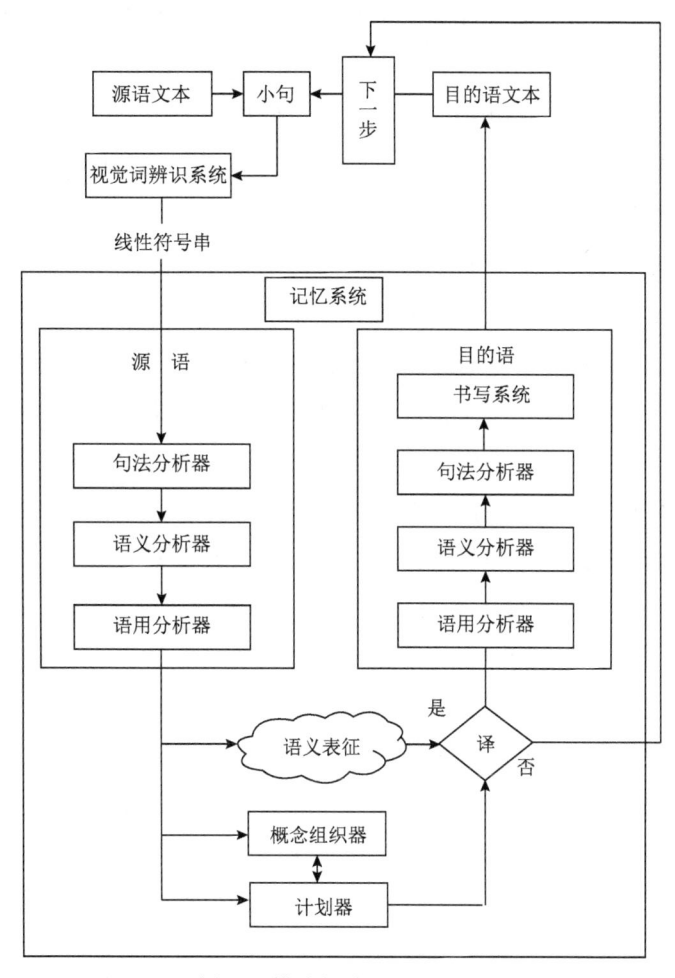

图 3-1 翻译过程模式概略图（Bell, 2001: 46）

根据贝尔（Bell, 2001: 44-45）的解释,翻译心理过程是人类信息处理普遍现象中的一个特例,这一过程发生在短时记忆（即工作记忆）和长时记忆中。翻译转换的中介是不同语言间的共享语义表征,信息处理在相应的分析器中进行：先是对源语语篇的分析与解码,解码源语语篇形式特征后以目的语语言对所获得的源语信息进行再编码,由此生成一个与源语内容相同的目的语语篇或翻译语言。解码和编码分别为理解和表达过程，每个过程中不同的信息处理器都有其各自独立的加工任务。

翻译心理过程始于视觉词辨识系统对感官信息接收、过滤、储存及初步的处理。感官信息的加工是翻译的第一阶段。在这一阶段大脑对感觉器官传入的感觉信息进行有效的分析、过滤、整合和综合处理，将所有外界传入的散乱信号整合成可供进一步加工处理的信息单元，所提炼的信息单元存入工作记忆。工作记忆包括长时记忆的一种特殊组成部分，但它又具有短时记忆的一些特征，是"执行认知任务时，短暂保持和操纵信息的记忆系统"（罗伯特等，2008：152）。工作记忆是包括"可保存和重复一些约两秒长音节"的"发音回路"（articulatory loop）、"数量上与发音环路中的音节相当、能控制少量非言语数据"的"视觉空间展板"（visuospatial scratchpad）和负责协调注意活动以及控制反应的"中央执行器"（central executive）。中央执行器："①负责协调分析信息；②负责将注意力集中于强关联性的内容，即将信息分析与正在搜索的目标信息联系起来，并运用过滤系统拒绝非关联性的信息；③负责处理从长时记忆中检索出分析数据所需的信息以及需要输入数据库的信息"（Bell，2001：233）。从中央执行器的任务和翻译过程模式概略图（图3-1）中可发现与翻译行为密切相关的特征：①抑制并排除非源语关联的信息，检索并选择拟用于编码成目的语的信息；②抑制、排除和翻译选择的依据是语义表征，共享语义表征是翻译选择的目标信息，也是双语语码转换的关键媒介；③在共享语义表征的基础上执行编码计划。翻译就是使"一种语言的语篇表征被置换为与之语义对等的另一种语言的语篇表征"（Bell，2001）。语言形式表征的置换不改变源语的语义表征。这种置换由两大过程构成：一是理解过程，译者解释并提取源语信息；二是表达过程，译者选择目的语符码传输源语信息。这两个过程的关系如图3-2所示。

图3-2是贝尔勾勒的一个翻译的理解和表达过程。这个过程涉及"由阅读和理解源语语篇的生理和心理活动转向用目的语语篇写作的心理和生理活动"（Bell，2001：20）。阅读理解源语语篇的心理特征是接收信息的信号1，识别符码1，解码信号，检索信息；用目的语表达源语内容的心理特征是选择符码2，以符码2编码信息，选择信道，输出含源语信息的符码2。理解和表达都涉及

感知和记忆这两个心理过程。由于贝尔翻译过程模式是以小句为信息加工单位，所以在此依据贝尔（Bell，2001）的这一模式及其相应的解释来说明"Alfred hit Bill with a hammer"这个小句的翻译是如何通过发生在记忆中的几个过程来实现的。

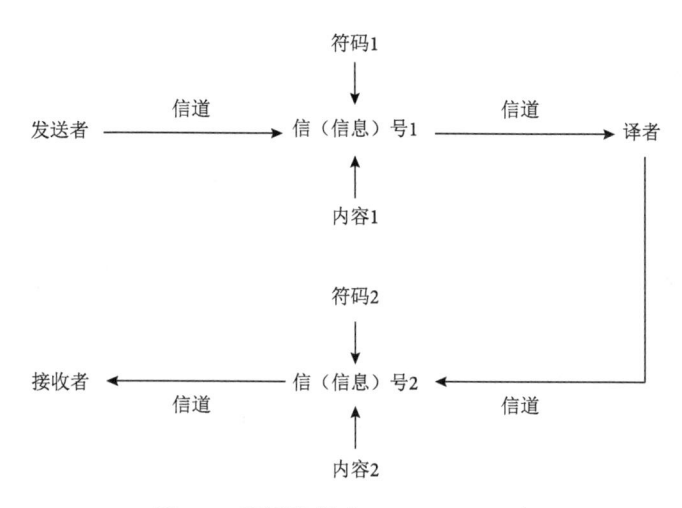

图 3-2 翻译流程（Bell，2001：19）

（1）译者接收源语信息的过程如下。

1）视觉词辨识过程：外界信息进入视觉区，辨识加工视觉信息的物理特征，过滤非文字信息，将字母串编码为单词，辨识线性符码串，提取小句"Alfred hit Bill with a hammer"。

2）语法分析过程1：识别语法特征（包括形态特征和序列特征），以小句为语言转换单位进行句子结构分析：主语（Alfred）—谓语（hit）—宾语（Bill）—状语（with a hammer）。

3）语义分析过程1：抑制非目标激活的语义特征，选择目标激活的语义特征，识别谓词（hit事件）、事件过程的参与者（Alfred 和 Bill 的语义角色关系，即识别施事和受事）以及环境成分（with a hammer）的关系，形成语义表征，提取命题。

4）语用分析过程1：负责语式、语旨、语场分析，识别并提取语用元素，分析交际情境因素，辨识作者意图，如根据交际意图安排句式结构，确定是选择施事做主语还是受事做主语。

（2）译者选择目的语符码传输源语信息的过程如下。

1）概念组织过程：在充分理解源语的基础上，进行概念组织。概念组织器根据源语言特征组织目的语语篇（如果语篇类型未知，可根据所提取的源语信息推断语篇类型），这是执行实现翻译目标策略的环节。概念组织的信息储存于计划器。

2）翻译计划过程：计划器负责计划所要实现的各种目标，如语义、语法、语篇、语用等目标。就"Alfred hit Bill with a hammer"这样一个独立小句的翻译而言，翻译计划涉及事件词 hit 与参与者关系的识别、命题的提取、信道的选择（听觉信道还是视觉信道，不同的信道处理信息的策略有所不同）。

3）语义表征：识别源语和目的语是否有共享的语义表征，识别的内容如下。第一，就词而言，须判断语义特征是否共享，即所指是否一致。第二，就命题而言，须判断谓词、参与者、环境成分的关系是否共享，即深层语义结构是否一致。第三，就语篇而言，须判断语义链是否共享，即语义的延续性和篇章的完整性是否一致。

4）语用分析过程2：根据计划器中提取的源语语用信息选择能体现源语语言效果的表达形式，如音韵效果、句式结构、语篇特征、文体特征等。

5）语义分析过程2：表达过程的语义分析如下。第一，词汇通达，根据源语词汇在语境中的所指选择目的语词义。第二，命题通达，根据源语谓词、参与者、环境成分的关系提取命题，确定句义；谓词是命题的核心元素，传递的是一个事件画面，该画面里必有参与者（图 3-3 中的"施事"和"受事"），多数情况下还有环境成分。第三，语篇通达，在与源语语义链共享的基础上构建目的语语篇。

6）语法分析过程2：表达过程的语法分析包括拒绝源语语法特征负迁移，选择顺应目的语语法规范的表达形式。语法选择涉及词类、语序、句式、语篇衔接方式等表达形式的取舍。

7）翻译语言的产出：在经历了语用分析、语义分析、语法分析几个过程后，最后是信道的选择，即以语音形式还是书写形式传递源语信息。以书写形式产出的翻译语言或语篇为笔译。

翻译表达过程中概念组织、计划过程、语义表征三者是维系目的语和源语的核心环节。概念组织须以语义分析过程1和语用分析过程1所提取的信息为中介，即翻译时处理的信息既包含语义性的（所指、命题、语篇信息），又含语用性的（意图、含义）。概念组织的信息储存于计划器。在概念组织的前提下译者实施翻译目标计划时才能有的放矢地做出翻译策略、方法和技巧的选择，才可避免盲译、胡译、死译的情况出现。语义表征共享是最核心、最基本的翻译原则，也是衡量译文是否与源语有对等语义价值的依据。没有共享的语言表征就没有翻译文本的产生。共享语义表征是原文与译文保持概念对等的衡量标准。语义表征作为维系源语文本与目的语文本的中介，作用见图3-3。

```
┌──────────────────────────────────────┐
│                记忆                   │
│  ┌────────────────────────────────┐  │
│  │            分析                 │  │
源语文本 │  │ 语法分析：主语-谓语-宾语-状语   │  │
Alfred hit Bill →│ 语义分析：施事-谓词-受事-工具   │  │
with a hammer. │  │ 提取命题：Alfred-hit-Bill-hammer │ │
│  │ 语用分析：一致式小句             │  │
│  └────────────────────────────────┘  │
│              ↓                        │
│        ╭─────────────╮               │
│        │  HIT语义表征  │               │
│        ╰─────────────╯               │
│              ↓                        │
│  ┌────────────────────────────────┐  │
│  │            合成                 │  │
│  │ 语用分析：选择一致式小句         │  │
│  │ 语义分析：施事-谓词-受事-工具   │  │  → 目的语文本
│  │ 命题通达：Alfred-hit-Bill-hammer │ │   阿尔弗雷德用
│  │ 语法分析：主语-谓语-宾语-状语   │  │   锤子打了比尔。
│  │ 词汇通达：形/音义匹配           │  │
│  └────────────────────────────────┘  │
└──────────────────────────────────────┘
```

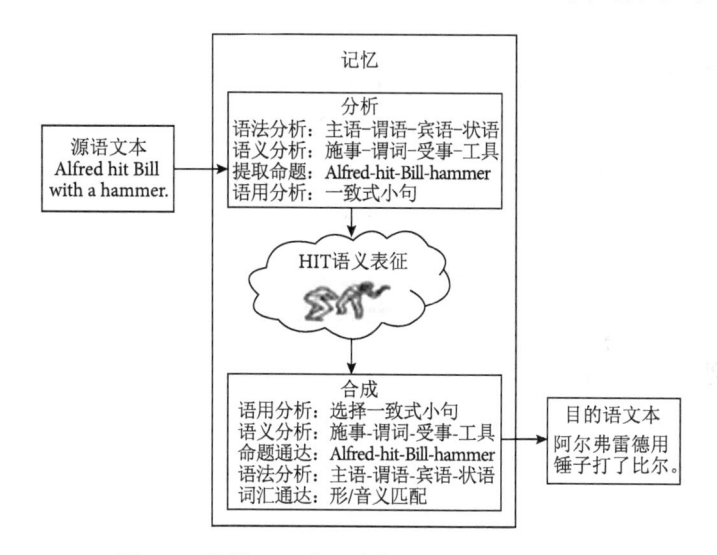

图3-3 翻译心理过程（参见Bell，2001：21）

贝尔对翻译心理过程的解释由记忆机制统领。翻译的各微观过程都是在记忆系统控制下实现的。图3-3中的"分析"是理解过程，通过语法分析将句子信息转化为抽象的语义结构（施事、谓词、受事、工具），该抽象结构中各项匹配的具体词（Alfred、hit、Bill、hammer）则是提取命题的实质性内容。命题存入工作记忆，成为双语共享的语义表征。"合成"是表达过程。表达过程的语义结构分析有以下几个目的：①确定谓词词义，正确选择目的语里的对译词；②提取命题，确定句义；③防止遗漏某些语义结构信息；④通过对语义结构的把握灵活处理目的语的语法结构，防止死译的产生。表达过程的语法分析以语义结构分析为基础，分析的目的不是复制源语的语法形式，而是要以顺应目的语语法规范的方式传递源语信息，产出符合目的语表达习惯的译文。语义结构分析和语法结构分析是翻译中最重要的、最基本的分析过程。翻译中常见的失语大多与语义分析盲区的存在有关。对语义关系或语义与词汇-语法关系认知不足往往会导致词义或句义判断的失误。贝尔翻译过程模式突出了语义分析和语义表征的重要性，呈现了译者心理活动的流程，了解这一流程有助于防止翻译思维出现认知盲点，也有助于预防硬译、死译、胡译、误译的产生。

3.2.3 小句翻译的心理过程

贝尔翻译过程模式以小句的语义表征为核心。小句的语义基础是命题。贝尔（Bell，2001：120）认为："命题对处理语篇具有至关重要的作用。某种语言或普遍意义上的语言以各种形式的句子来表达某一意义，而命题就是这些句子的基础，是普遍'语义表征'的主要成分。语篇可分解为语义表征，而语义表征又可构建语篇。语篇加工的这一过程对理解翻译至关重要。"提取共享命题或者说共享的语义表征是翻译心理过程的重要特征。如果没有共享命题表征，就没有衡量目的语和源语文本语义对等的评价标准。命题是判断目的语和源语小句意义对等的标准。小句翻译的心理过程是命题提取与表达的过程，在这一过程中将句法结构解码为语义结构，通过词汇通达使语义结构具体化为命题（见图 3-3 中"合成"部分的"语义分析"和"命题通达"的关系）。命题表征是小句的语义表征。在命题表征的基础上实施双语符码的转换，翻译转换后的小句命题与源语共享，语法则顺应目的语表达规范。在小句翻译过程中谓词与参与者的辨识是提取命题的关键。无论是谓词翻译还是小句翻译，翻译思路都是一样的，即不见参与者不译。

小句的核心是命题，命题的核心是谓词。一谓词，一命题；一命题，一小句；这就是谓词、命题、小句三者之间的关系。要处理好小句的翻译，首先要掌握谓词知识。谓词的语义结构含有槽位，槽位的填充项是参与者。参与者与谓词结合构成小句的实体，表征一个事件、一种属性或一种状态，环境成分是这一实体的背景，表征时间、空间、因果、程度、方式、比较等谓词实体的背景成分。谓词语义结构存在的槽位使谓词的词义带有很大的不确定性，这种不确定性容易导致翻译失语症的产生。要防止失语须先识别参与者，填充谓词结构的槽位。正确填充谓词槽位的参与者才能确定源语谓词词义，提取命题。确定了命题意味着确定了小句的意义。识别谓词和参与者的关系是确定谓词词义、通达命题的心理过程。因此，谓词的翻译要记住：谓词释义有空位，填空元素参与者；先填空，后取义，不见参与者不下笔。（见本书第7章"熟用技巧"口诀1）图3-3中语义表征部分的图选自贝尔（Bell，2001：118）论翻译中及物性问题时使用的插图，该图说明了谓词的认知过程是抽象概念图示化的过程，而谓词的构图元素是参与者和环境成分。

根据贝尔（Bell，2001：117）对翻译思维的解释："译者的任务是传达思想或展现一个画面，而不是寻求一个字面对等的词。因此，译者应该清晰地看到一幅图画。"翻译的构图元素大多来自语义元素。识别谓词结构的参与者是一个填图过程。图3-3中的施事、受事、工具这些概念元素都是填图元素，是确定hit词义的语境线索，也是hit命题表征形成的语义基础。动作发出者（Alfred）和动作承受者（Bill）决定了hit在汉语中对译词为"打"。在以下例[1]~例[7]中，hit的汉语对译词都是随着参与者的改变而变化的。参与者是稳定谓词词义的语义元素。不识别参与者就无法确定谓词的所指。填充参与者，谓词的语义图式才完整。大脑中完整的语义图式便是命题的表征。在命题表征的基础上，根据目的语的语法规则组织小句，由此产生的翻译小句与源语命题共享且符合目的语的表达规范。hit在以下各句的翻译中充分说明了谓词词义由其参与者来决定这一认知心理学和语义学的原理。

[1] This type of glass won't shatter no matter how hard you **hit** it.
这种玻璃你使劲砸也砸不碎。

[2] A blast of cold air **hit** him as he opened the window.
他打开窗，一股冷气迎面袭来。

[3] He was hard **hit** by the flu.
他患上了严重的流感。

[4] It was his fault that his car **hit** another one. He should take full responsibility for the accident.

他的车**撞**了另一辆车，是他错，应负全责。

[5] The COVID-19 pandemic has **hit** hard the tourism industry in Indonesia's holiday island of Bali.

新冠肺炎疫情使印度尼西亚巴厘度假岛的旅游业**遭受重创**。

[6] UK COVID-19 hospital deaths **hit** 18,738 after another 616 patients die①.

英国新冠肺炎疫情新增住院死亡病例 616 例，累计死亡病例**达** 18738 例。

[7] Why has the US become the country **worst hit** by COVID-19?

为什么美国成为新冠肺炎疫情**最严重**的国家？

例[1]~例[7]显示 hit 的词义和命题都与参与者的同现有关。参与者的变化直接影响 hit 在汉语词汇系统中的对应的搭配关系。换言之，hit 在目的语中的对等词义和对等命题都是由谓词和参与者搭配形成的语义关系决定的，而不是由 h-i-t 的形码或音码[hɪt]决定的。译者意识不到词与词之间语义相互作用、相互制约的关系，词义的检索就有困难。靠双语词典现成匹配的词义来翻译是缺乏经验的译者的通病。生搬硬套词典翻译的结果经常不是语义搭配失当就是表达违背目的语的语法规则。译文中的语义搭配错误和语法错误大都是由死译或硬译造成的，是带有普遍性的翻译失语症特征。小句翻译的信息处理过程始于谓词。决定谓词在语境中具体所指的是参与者。参与者-谓词的组合决定命题，命题就是小句的意义。可是，谓词又经常会成为翻译的认知障碍点。缺乏谓词知识难免会影响到小句的信息处理过程。事实上，在翻译过程中需要使用谓词知识的地方非常多。谓词知识涉及面很广，从词义确定（如动词词义的选择）、句义的确定、对深表结构关系的处理到翻译技巧的运用（如词义引申、显化性增词、分句与合句译法、词类转译、被动句的翻译等），都离不开谓词知识，但对多数人来说"谓词"几乎是一个陌生概念。谓词知识的欠缺容易导致翻译失语症，主要有以下几类原因。

第一类，把谓词结构混同于谓语结构。以谓词为核心的语义结构被混同于

---

① http://www.xinhuanet.com/english/2020-04/23/c_139002723.htm

以谓语为核心的语法结构。谓词语义结构形成于概念之间的联结（语义角色之间的联结，如谓词和参与者的联结），而谓语的语法结构形成于语法成分之间的联结（语法角色之间的联结，如主语和谓语的联结）。如果把谓词等同于谓语，把谓词的词义完全等同于双语词典给出的现成匹配的动词词义，那么一旦源语谓词不以动词形式出现，而是以其他的语法形式出现，就容易引发翻译认知障碍，出现翻译失语的情况。例如，谓词以抽象名词的形式出现，在句中做主语或宾语，就会增加词义确定、命题确定或小句结构处理的难度。译者需要消耗更多的认知资源才能处理好语码转换和信息加工的任务。一旦认知资源受限或使用不当，就会出现翻译失语的情况。

第二类，把深层结构和表层结构混为一谈，缺乏深层结构和表层结构的知识。在目的语不能接受源语非一致式表达的情况下，依然机械复制源语的表层结构，这会引起由死译导致的失语现象。谓词是概念结构的术语，谓语是语法结构的术语。自然句中谓词在语法结构中做谓语，构成深表层结构一致式的小句。在参与者所指具体而明确的情况下，谓词和谓语的一致式匹配意味着命题结构和小句结构存在着一致式的投射关系，这种情况下通常不会导致翻译失语症的发生，但是命题结构和小句结构之间没有必然的一一匹配的关系，如非一致式结构中谓词能以抽象名词的形式作小句的主语。如果源语的非一致式小句在目的语里不具备可接受性，这种情况下不根据目的语的表达规范调整句式结构，往往就难以避免出现翻译失语问题。

第三类，把概念逻辑关系混同于语法逻辑关系。谓词与其关联结构成分（参与者和环境成分）表征的是概念间的逻辑关系，而谓语与其关联结构成分表征的是句子成分间的语法关系。前者涉及概念和客观世界的联系，表征对象是客观世界，谓词与参与者的联结生成命题，即小句的意义；后者涉及词项和词项之间的关系，表征的是语法成分之间的联系，体现的是语法意义。对谓词结构槽位不敏感意味着对概念以及概念间的联系不敏感，不敏感就难以激活源语的心理图式。根据信息加工的认知心理学的解释，图式"是一种心理结构，是用于表示我们对于外部世界的已经内化了的知识单元。当人进行知觉活动时，有关图式接受到了适合于它的外部环境输入，它于是被激活了"（高觉敷，1987：62）。以谓词为核心构建的知识单元是外部世界存储于大脑中的语义图式。翻译时，谓词的语义图式被激活，源语和目的语有共享的语义信息单元。但是，谓语与其他句子成分联结所形成的是语法表征，而语法知识在翻译思维中是独立表征，而非共享表征。如果两种语言之间有相同的语法表征（如词序相同或句子结构方式相同），那是偶合现象，不是翻译中的必然规律，不带有普遍性。翻译中带有普遍性的规律是双语语义表征的共享。共享的语义表征可构建共享的心理图式。填充谓词结构槽位的过程是一个识别概念间逻辑关系并确定谓词所指的过程，也是一个处理小句翻译过程中实现心理图式构建的过程。

谓词知识直接影响到小句的翻译。谓词、命题和小句存在以下关系。

（1）谓词是命题的核心元素，命题是小句意义之所在，维系谓词、命题和小句间关系的是语义结构。

（2）语义结构是以谓词为核心元素的抽象表达式，用于描写谓词和参与者之间的匹配关系。

（3）语义表征是处于记忆深层的信息，包括概念和命题，是翻译中处理小句信息的中介。

（4）命题是由概念与概念之间的关系构成的思维基本单元，谓词是命题的核心。命题明确的小句是翻译转换操作的基本单位。

（5）由一个谓词构成的命题是简单命题，在小句层面表现为一个主谓结构的小句。

谓词、命题和小句间的关系是语义表征和形式表征的关系。语义表征处于深层，包括概念与命题，形式表征处于表层，包括语音形式、书写形式、语法形式。

在贝尔翻译过程模式中，记忆统领着语义表征和形式表征的信息处理过程。形式表征的转换建立在共享语义表征基础上。看不清或不了解语义表征和形式表征的关系，难免出现盲译或胡译现象。

3.2.4　记忆表征负迁移与翻译失语症的关系

表征是经过编码的外界信息在大脑中存储并呈现的方式。"表征既是客观事物的反映，又是被主观加工的客体……语言表征就是语言材料包含的信息在头脑中的存在方式。"（王瑞明等，2016：4）翻译心理过程涉及音韵表征、字形/词形表征、语法表征、语义表征、语篇表征，其中语义表征是两种语言共享的概念中介，符码的形式表征则分别属于独立的语言系统，存储于语言使用者的大脑。对译者来说，不同语言间在语义表征共享的条件下，形式表征近似度越高，翻译转换代价越小，失语的概率越低。也就是说语言间的差异越小，翻译越容易，成功率也越高。反之，翻译转换消耗大，失语的概率也高。

如贝尔翻译过程模式所示，表征形成于记忆系统。对双语者来说，从二语习得中获得的记忆（如双语词汇匹配记忆、二语语法规则记忆）都是从事翻译活动的必备条件。可是，一旦二语知识局限于语言表层记忆或现成匹配记忆，那么在双语差异较大或源语出现陌生化程度较高的非一致式句子时，记忆表征就容易产生负迁移。这种情况下，长时记忆中的表征对翻译转换的信息加工过程会产生很强的干扰作用。记忆表征负迁移干扰下产生的翻译语言或艰涩难懂，或不知所云。负迁移产生的原因主要是缺乏必要的语言知识，语言使用能力较差。由于二语知识一般是通过强化记忆、模仿与死记的方法获得的，所以双语者灵活使用第二语言的能力较弱。在翻译过程中经验少、能力弱的双语者表现为理解能力差，理解错误多，语言差异大的情况下不能也不敢灵活调整语言形式，死译居多，就像失语症患者一样，其翻译语言明显带有失语法或语法缺失特点，或带有类似韦尼克氏失语症患者的语言特点："缺乏实质性词或有意义的词"，有"词义错语"，"说的话完全不被理解"，"找词困难明显"（高素荣，2006：202）。看不清源语语言内部的关系而出现检索语义信息的障碍，不理解源语词义或句义，是翻译中常见的失语义现象，而不能用通顺流利的目的语语言转述所提取的源语信息是一种类似失语症患者的失语法现象。

以下两个案例选自检测学生理解源语句子的问卷。参与检测的是2010~2016年就读于本地高校外语学院英语专业的三年级学生。所选案例较具有代表性，有利于观察学生译者的思维障碍。

案例 1：**Dawn** met him well along the way. It was a pleasant uneventful ride.

案例 1 的检测结果主要有两种：①按句子成分翻译，把 Dawn 解读成行为者，along the way 当作状语，译作"唐在路上遇见了他"；②翻译思维出现强迫性中断，因而对此语言点弃而不译。英语中常有时间或地点环境成分作主语的非一致式句子。这类句子的语法表征容易产生跨语言干扰，译者因思维受句法结构的干扰，错认参与者，误判表事件介词短语 along the way 的语义角色。这个短语实际上是谓词，along the way 意为 keep moving in a particular direction，行为者是作宾语的 him。学生译者辨识不清命题结构和语法结构关系，只能复制源语的语法表层结构，把 Dawn 误译为人名。

就非一致式小句的翻译问题，贝尔（Bell，2001：129-130）指出："命题结构和小句结构存在一种映射关系"，但施事、谓词、受事和环境成分与主语、谓语、补语和状语之间"未必保持一一匹配的关系。译者应格外注意语内或语际间存在的'失匹配'（mismatches）现象。'失匹配'只有通过识别命题的结构成分，发现深层的命题结构在句法表层'缺失了什么'，才能理解源语"。这就是说识别命题结构和小句结构的对应关系可避免误译或死译的产生。非一致式翻译有障碍时尽可能还原一致式。小句一经还原就能发现小句的表层究竟缺失了什么。Dawn met him well along the way 还原一致式后的小句是：At dawn he was well along the way。通过显化参与者，增加介词 at 和系词 was，非一致句变成了一致式句，命题变得明确，理解更准确，翻译也就容易了许多。在与源语命题对等、语义表征共享的基础上产出的译文是"拂晓时，他早已上路了。这次旅行十分顺利，令人愉快"。

案例 2：The car mechanic listened to the engine for a few minutes, then **hauled off** and gave it a big swift kick in a certain strategic spot. The engine started humming like a kitten.

haul off 的检测结果有两种：①按英汉词典的释义来翻译，将之译作"把引擎从车里拖出来"；②凭着想象将之译作"向后退了一步"。第一种翻译的学生选择了"车"和"引擎"作为填充 haul off 槽位的参与者，但这个译文不合逻辑。引擎离开了车体，汽车如何能发动起来呢？第二种翻译的学生因为找不到填充槽位的参与者，凭主观想象翻译，完全是一种胡译行为。"The car mechanic listened to the engine, and then hauled off"这一表层形式完整的句子缺少了什么成分？这需要由表及里地检索填充命题结构槽位的参与者才能发现隐含的信息。隐含信息检索过程如下。

（1）提取谓词 haul off。
（2）识别参与者 <u>The car mechanic</u> hauled <u>himself</u> off <u>the engine</u>。[①]
（3）根据命题之间的逻辑关系推导缺省信息。

虚实表达是一种写作手段，虚与实是相对的：具体为实，抽象为虚；有者为实，无者为虚；显者为实，隐者为虚；已知为实，未知为虚等。英语里虚实相间的表述颇为常见。两个具体词夹一个抽象词，两个完整命题夹一个含缺省信息的命题，皆为虚实相间的表述方式，如 haul off 居于两个完整且具体的命题之间，其缺省信息可通过命题 1 和命题 3 推导而知，这种翻译方法称为"据实译虚法"，见图 3-4。

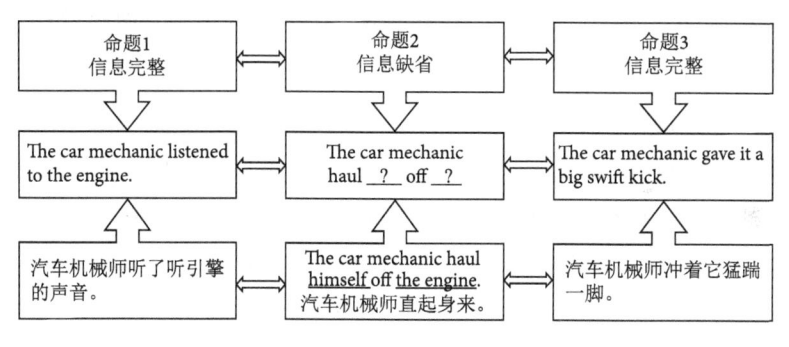

图 3-4　据实译虚法图示

图 3-4 显示从听诊引擎到引擎发动这一连贯的事件中可推导出命题 2 的完整信息是 haul himself off the engine，源语表层缺少的是决定谓词所指的参与者 himself 和 engine。提取了完整命题才能产出与源语语义表征共享的目的语小句：汽车机械师俯身听了听引擎的声音，几分钟后直起身来冲它猛踹一脚。这一脚踹在关键部位上，引擎像小猫一样哼哼了起来。任何谓词都是一幅动态图。称之为"动态"是因为该谓词所呈现的完整画面由其参与者来实现。谓词意义随参与者的变化而变化。表事件、性质、状态的词，如果没有参与者来填充其语义结构槽位，那么它所呈现出的只能是残缺的画面。失语译者看不见的往往就

[①] 本书中下划线标出的文字表示与文中黑体词同现的语言单位。

是谓词结构槽位的填图元素。因此,谓词翻译切记"不见参与者不译"的原则。

识别谓词结构的参与者,提取命题,根据命题译小句,这是加工小句信息的最基本的方法。以下案例选自《英汉互译翻译教程》(杨莉黎,1993:56)。句中 silence 译作"静寂"。这一对译词在句中是否与源语有共享表征,需要根据参与者与谓词的关系来判断。

案例3:The **silence** was so long and deep that he looked up, wondering why the Padre <u>did not speak</u>. (Ethel Lillian Voynich:*The Gadfly*)

悠长而深沉的**静寂**,使他不禁抬起头来,诧异神父为什么不说话。(伊塞尔·莉莲·沃因奇:《牛虻》)

谓词名词化后可充当名词性的句子成分,参与者隐含于深层结构。由于参与者隐含,silence 因缺乏显性参与者的搭配,语义就变得模糊而游移,容易出现歧义联想,增加理解的难度。

搭配项对目标词的理解十分重要。一个词项的出现会使与之语义关联的搭配词或概念变得更加容易通达。"语义关联"是从语义记忆中检索被激活的目标词词义的依据。根据柯林斯和奎廉(Collins & Quillian,1969)语义记忆的层次网络模型的解释:语义记忆是由概念的庞大网络组成的,这一网络包括了用一系列联想性联结联系起来的众多单元和属性(罗伯特等,2008:242)。概念网络中的任何词项的意义都是由该词项与其他词项的联系来表征的。在这一语义网络表征模型的基础上,柯林斯和洛夫特斯(Collins & Loftus,1975)又提出了语义加工的激活扩散模型。该模型理论认为激活过程在概念间的扩散或许可用于解释语义效应。语义效应指"一个启动刺激词对随后出现的相关目标词在发音或词汇确认上的促进作用"(王青和杨玉芳,2002)。谓词的语义结构带有槽位,填充槽位的是语义上与谓词有关联性的名词。这个名词(即参与者)就是确定谓词词义的语义启动刺激词。"谓词不见参与者不译"的原理也在于此。没有参与者的激活启动效应,谓词的概念就得不到确认,谓词概念不能确定,命题也得不到确定。案例 3 的译文让人感到前后缺乏逻辑性,其原因就是忽略了参与者的问题。在确认参与者的过程中可看清 silence 在文中的语义表征是什么。这一提取目标词语义表征的过程如下。

（1）检索目标词 silence 的语义特征："a state of not speaking or writing or making a noise"。该词所含语义特征皆是谓词性的，因此应按谓词而不是名词来提取其语义表征。

（2）识别 silence 在语境中的结构标记：具有结构标记性质的词汇与目标词有语义关联性，与目标词或有共享语义特征，或有语义包容关系，或有对立语义关系等，这类结构标记称作词汇结构标记。词汇结构标记能激活目标词在语境中的概念，具有语义启动效应。

（3）识别语义网络关系：the Padre did not speak 激活 silence 中 not speaking 的语义特征，两者建立共享且同指的语义联系，由此可确定 silence 的参与者是 the Padre。

（4）提取语义表征："the Padre was silent for a very long time"。由于 silence 的参与者是 Padre，所以这一目标词的命题是"神父久久沉默不语"。如果参与者是 it，那么在这个非人称代词的语义启动效应下，silence 才是"静寂"之意。案例 3 中参与者对确定 silence 命题和选择目标汉译词的促进作用见图 3-5。

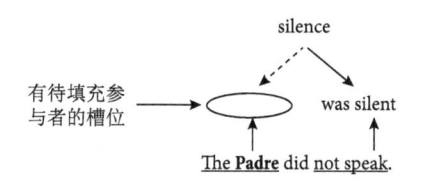

图 3-5　silence 的词义确定

激活扩散模型对概念的表征是微观的、局部性的，描写的是节点和节点之间的语义联系。一个节点聚合了概念的所有特征，这些特征存储于长时记忆。在语言的使用过程中，词的所有的或部分的语义特征会被激活并提取。激活的语义特征是维系概念间关系的语义要素。概念与概念间联结说明语义呈联想相关的启动词对目标词具有启动效应。加工目标词的过程中，概念间的连接点得到激活，这种激活沿着与节点相关的连线进行扩散，扩散的程度和效果受最初激活的强度和节点之间的语义距离影响。启动词对目标词的启动效应取决于两者的语义联想性，联想性越高，它们在语义表征网络中的连接越紧密。谓词的语义特征聚合中带有槽位，槽位是一个空位节点，激活此节点的是参与者。如果在句子中谓词的参与者隐含,那么目标词(谓词)的加工就会扩大,激活会沿着节点相关的联想扩散,直至确定填充目标谓词槽位的参与者,如图 3-5 所示。图 3-5 中的虚线箭头代表着谓词 silence 暗含一个不确定的参与者,而 the Padre 是填充目标谓词槽位的参与者,可激活 silence 在句中的语义指向。目标谓词和确认参与者的这个语义跨度是谓词信息加工的翻译单位。参与者得不到确认意味着谓词翻译单位边界未被确认,而翻译单位处于认知盲区的情况下,翻译就处于盲译状态,失语的概率很大。

根据 silence 的语义网络节点的链接关系,案例 3 的译文应是:"神父久久沉默不语,亚瑟不禁抬起头来诧异他为什么不说话。"从衔接角度考虑,将代词 he 转译为小说中的人名"亚瑟"(Arthur)。还有许多类似测验都证实:译者缺乏语义知识,遇到源语深表层结构不一致或两种语言机制相抵牾的情况很容易失语。在源语深表结构存有差异或两种语言间的词汇-语法表征存有差异的情况下,如果译者不是采用语义加工策略,不提取共享的语义表征,不把调整语言间差异建立在共享的语义表征基础上,那么很容易出现死译或误译的情况。

记忆表征负迁移之所以会引起翻译失语症,主要原因是词汇检索对长时记忆的依赖。语义启动效应体现在刺激词对目标词识别的影响方面。对双语者来说这种影响既有积极的一面,又有消极的一面。积极的一面是现成匹配的双语记忆可以缩短检索目标项的时间,消极的一面是现成匹配的使用频率越高,对双语匹配思维产生的依赖程度就越强,理解和表达不能摆脱现成匹配的束缚,译文便会出现严重的翻译症,甚至会因死译而导致误译的产生。对译者来说,记忆表征负迁移会使译者下意识地陷入匹配思维。在这种思维的惯性影响下,译者不是根据语言规律和双语转换规律来完成词汇或命题的通达任务,而是在长时记忆中检索词典的翻译(如将 haul off 机械地译成"拉"或"拖",silence 译作"静寂")或其他长时记忆项目(如固定搭配、句型、句式等)的翻译。这种思维习惯在处理一致式句子或语言间差异小的翻译任务时,速度快,准确率高,效果也好,但是在处理深表层差异大、语言间差异大的翻译任务时,记忆表征负迁移的现象很突出。负迁移思维对翻译思维的干扰性很强,极大削弱了译者的主观能动性,使其不能有效地使用动态对等策略来完成翻译任务。

3.3 本章小结

解释翻译失语现象不仅涉及生物学，而且还涉及心理语言学。经典语言脑区（布罗卡区和韦尼克区）的发现开启了语言脑机制的研究。大量研究发现大脑神经机制与语言的加工机制有关。有研究表明，韦尼克区和缘上回主要参与语义加工和语音加工的某些方面，布罗卡区在句法加工任务中被激活。翻译是复杂的语言活动。因此，语言脑区与语言加工的关系是翻译转换的生物学基础。语言脑区的分工与语言的内部机制息息相关。计算机科学及其他技术的发展为大脑工作原理、语言活动的脑机制和心理学的研究提供了技术手段和科学的方法。研究者借助先进的技术和方法观察语言的理解和产生过程，研究记忆搜索、信息提取和产出的过程。20世纪50年代，认知心理学和心理语言学是脑科学、神经科学、神经语言学、语言学交叉融合的产物。乔姆斯基语言学理论的崛起促进了语言认知机制及过程的研究，其转换生成语法理论解释了语言深层结构和表层结构的关系，揭示了语言内在的普遍原则，引起了人们对语义结构和语法结构的关注。韦尼克区负责语义的解释与加工，是激活语义表征的脑区。布罗卡区负责协调的发音程序，语法加工，是激活语言形式表征、负责言语产生的脑区。语义机制、语法机制和这两个脑区的工作机制密切相关。翻译中提取语义表征是理解过程，协调发音表征、书写表征和语法表征是表达过程。前者主要由韦尼克区负责，后者主要由布罗卡区负责。心理语言学正是这样一门研究语言的理解与产生（即表达）的学科。这一学科理论可为解释翻译认知规律提供一个理论视角。因此，翻译失语症除了可以从生物学角度加以解释外，还能从认知心理学角度予以解释。贝尔正是在认知心理学基础上提出了翻译过程的模式，并将心理语言学引入翻译心理过程研究，解释翻译过程中各语言认知层面的交互作用。

本章主要包括以下内容。

（1）梳理从心理学到心理语言学的发展过程，简述心理语言学的研究方法和任务，说明乔姆斯基的转换生成语法理论对心理语言学的影响与贡献。

（2）介绍英国翻译理论家贝尔的翻译过程模式及该模式的运作原理，解释语言结构和心理结构的关系，说明翻译活动的规律和性质。

（3）以句子翻译过程为例描写了翻译信息加工的心理过程，解释了语义表征是翻译转换中介的含义，说明谓词与谓语、命题与句子之间的深层和表层关系以及这种关系对翻译选择的影响。

（4）通过对翻译失误的案例分析说明记忆表征负迁移对翻译思维的干扰，以此说明翻译是动态的，记忆是静态的，翻译是一个灵活处理各种信息、协调各层级表征交互作用的过程。

贝尔的翻译过程模式只提到语义表征与翻译过程中其他分析器的关系。事实上，记忆系统里的表征是多层次的，包括语音、书写、语法、语义、语篇等。心理语言学有关言语的产生涉及多层次表征之间的关系。翻译作为双语转换的信息加工活动，除了语义表征共享外，翻译心理过程还涉及音韵表征、字形/词形表征、语法表征、语义表征、语篇表征。在从源语转换到目的语的过程中，这些不同层级的表征在多大程度上影响了译者的思维过程，多大程度上干扰了翻译的顺利进行，都是非常值得研究的问题。如果说顺利进行的翻译不容易让人看清楚译者加工信息的过程，那么翻译失语症研究则能打开观察译者心理活动的窗口，使人透过失语现象了解译者大脑"黑箱"的活动。这方面的研究也能为翻译心理过程模式的假设提供有价值的分析例证。

第 4 章

翻译单位边界意识缺失导致翻译失语症

翻译单位边界意识缺失是一种分析源语和组织译文的能力部分丧失所引起的翻译失语现象。单位边界意识缺失使译者不能正确提取翻译转换操作单位。由此产生的后果是或盲目翻译，或死译、硬译。翻译单位不是以语法规则为依托的句法结构单位，也不是可在源语中任意截取的线性片段，它是翻译过程中的认知单位，一个可在源语（包括源语文化背景等）中截取的、意义相对独立完整并含逻辑素可供译者重新编码的信息片段。所截取片段的大小长短不取决于源语的线性长度，而取决于源语意义单元的相对完整性、逻辑性和可操作性。单位边界意识缺失是翻译认知障碍的一种情况，表现为不能判断翻译难点，不能确定难点的性质，不能识别翻译的路径，不能做出有效的翻译决策。1979年匈牙利翻译家拉多（G. Radó）博士在国际译联会刊《巴别尔》（*Babel*）上发表了《系统翻译学概要》（"Outline of a Systematic Translatology"）一文，文章的主旨是试图确立翻译实践和翻译研究的分析单位——"逻辑素"（logeme）（罗进德，1984）。这意味着有逻辑支撑的翻译信息加工单元才是翻译单位。翻译是逻辑活动，译作是逻辑活动的产物。翻译单位边界意识缺失意味着翻译逻辑能力的缺失。逻辑即思维规律。翻译单位的识别、提取与运作都是翻译思维规律的体现。翻译单位边界意识缺失会使译者把握不住理解和表达的逻辑性，影响其做出正确的翻译决策。

4.1 翻译单位概念

拉多（Radó，1979）把翻译单位视为翻译学和翻译实践的重要概念，指出

"翻译学研究以及翻译实践工作者都要使用翻译单位",并将其定义为"根据逻辑素进行翻译操作的单位"(the unit of the logical operation of translating)。翻译单位有层次性;选择词义的单位为词级翻译单位,确定句义的单位为句级翻译单位,解决衔接、连贯、文体和语体问题的单位为篇级单位。译者甚至有权决定源语中哪个逻辑层次更重要,决定逻辑素的取舍(Radó,1979)。翻译问题的出现是使用翻译单位的起点,解决问题的关联要素是终点。起点和终点互为翻译单位边界,相互依存,二者缺一,翻译单位则不复存在。不能识别翻译单位,语码转换往往会出现语言的转换消耗(switching cost),翻译操作容易受阻或失误。语言的"转换消耗"指"双语者从一种语言转换到另一种语言的过程中会出现反应时增加、错误率增大的现象"(王瑞明等,2016:210)。双语者在做正确的选择时需要对已激活的非目标语言进行抑制,对语言的输出予以控制,在这一过程中会产生转换消耗。不能抑制非目标语言的激活往往会错误地判断翻译单位边界。翻译单位边界知识对准确识别并提取翻译单位具有极其重要的作用,具备这一知识能减少转换消耗,提高翻译速度,降低出错频率。

翻译单位边界意识缺失通常有以下两个原因:一是对问题的出现不敏感,二是不能正确判断翻译问题的性质。问题存在却视而不见,意味着翻译单位的起点被忽略,不能诊断问题的性质就难以顺藤摸瓜找到解决翻译问题的语境线索,这种情况下会出现盲译现象。"盲译"就是跟着感觉译,凭着臆想、主观经验、主观感受去翻译,而不是根据源语的逻辑分析问题,解决问题,结果是理解不到位,译文或是偏离源语的胡译,或是违背目的语规范的死译、硬译。前者曲解了源语,向译文读者传递错误的信息;后者则佶屈聱牙,不堪卒读,甚至令读者云里雾里,不知所云。

1958年,维奈(J. P. Vinay)和达尔贝内特(J. Darbelnet)提出翻译单位的概念。西方翻译理论家瓦兹奎兹-阿约拉(Vázquez-Ayora,1977)认为探索坚实可靠的分析单位和操作单位,是翻译理论存在以来最棘手、争论最多的问题之一(转引自罗进德,1984)。有关翻译单位的争论主要聚焦于以下方面。

(1)翻译单位的性质。有学者认为它是"思维单位"(Vinay & Darbelnet, 1995),有学者认为它是语言单位(巴尔胡达罗夫,1985),还有学者认为它是分析和转换单位(罗选民,1992)。

（2）翻译单位的长度。一种观点倾向于把翻译单位看作是一个封闭的结构。例如，以词为翻译单位。王德春（2006：503）认为"把词作为翻译单位是比较多的"，不过他也指出"词层次的翻译也有很大的局限性"。有学者倾向以小句为翻译单位（林语堂，1984；Bell，2001），还有学者以语篇分析的眼光看待翻译单位（Neubert & Shreve，1992）。另一种观点倾向把翻译单位看作一个开放性结构，即不以语言形式单位来界定翻译单位，而是以心理单位来提取翻译单位，将翻译单位视为翻译分析转换的一个心理跨度，是一个"源语中必须一起翻译的最小切分片段"（Vinay & Darbelnet，1995：21）。"必须一起翻译的最小切分片段"说明翻译单位是一个动态概念。"心理跨度"意味着翻译单位边界不是静止的，而是动态的，这种动态性增加了翻译单位选择和控制的难度。

王福祥和郑冰寒（2019）在其《60年翻译单位研究评述》中提到了有关翻译单位与译者经验的讨论，文中列举了相关学者对这个问题的看法与实证研究结论：在翻译单位与翻译经验关系方面，相关实验证明学生译者多以语素和词作为翻译单位（Lörscher，1993，1996），职业译者更多选用短语、小句或句子（Lörscher，1996；Séguinot，1996；Barbosa & Neiva，2003），随着翻译经验的增加，译者选用的翻译单位呈现增大趋势。基拉里（Kiraly，1995）发现，翻译单位大小不受翻译经验的影响，职业译者和翻译新手所用翻译单位在大小方面无明显差异。基拉里的发现与多数学者的看法不同，但从逻辑上讲这种说法是有道理的。翻译单位是客观存在，不是由翻译主体的经验决定的。"翻译单位的大小"是什么意思？是指语言线性片段的长度吗？如果是这样，这个长度的起点和终点又是由什么决定的呢？这就是翻译单位边界研究要考虑的问题。显然，决定翻译单位边界的不是译者的经验，而是源语的意义单元，意义单元是源语中存在的客观实体（心理实体），也是决定翻译单位跨度的逻辑素。意义和逻辑素不会因译者的经验而有所不同。那么，译者的经验究竟与什么有关呢？确切地说，译者的经验与翻译思维受阻产生的频率以及"注意力焦点"的跨度有关。巴西米纳斯吉拉斯联邦大学的翻译学教授阿尔维斯（F. Alves）长期专注于翻译过程和心理语言学研究。他借用认知科学中的认知单位（cognitive unit）概念来解释翻译单位的动态性问题，说明翻译单位是一个心理单位、一个思维片段。"翻译单位可视为源语中无特定形式和大小有时会成为译者注意力的聚焦点的信息片段,这种信息片段往往根据译者的认知和处理信息的需要而发生变化。"(Alves & Goncalves,2003:10-11)这段表述中两个关键概念直指翻译单位的性质。

第一,"信息片段"说明翻译单位不是根据语法规则切分出来的单位,不是简单地与词、词组、句子、段落这类线性语言单位画等号的单位。翻译单位是从源语中动态提取的信息加工和语码转换思维片段。

第二,翻译单位伴随着译者的注意力焦点的产生而显性化。注意力焦点出现,翻译单位的意识被激活,信息加工进入显意识过程,译者以注意力焦点为翻译单位起点,由此开始搜索注意力聚焦的边界(翻译单位的终端),边界的确定意味着切分翻译单位片段的任务完成,这个片段便是译者为了生产出一个对应的译文片段,而有意识地放入自己注意焦点当中的一个原文信息片段(王娟,2015)。这个片段也是译者理解源语并组织译文的依据。

阿尔维斯对翻译单位的解释与基拉里有关翻译单位大小不受翻译经验影响的发现相吻合。源语意义单元和逻辑要素作为翻译中的客观实体,都不会因译者的经验不同而有所不同。翻译单位因人而异的原因是译者之间翻译思维受阻的频率和注意力聚焦的跨度不同。有经验的译者翻译时难点少,思维顺畅,注意力聚焦的起点与终点的跨度大,自动翻译程度高,翻译的线性片段较长,因而显得翻译单位跨度很大。反之,缺乏经验的译者在翻译过程中频频遇到难点,思维不断受阻,注意力聚焦片段就很小,翻译的线性片段较短,所以显得翻译单位跨度很小。这样就给人一种有经验的译者翻译单位大,缺乏经验的译者翻译单位小的错觉。注意力聚焦差异是影响翻译单位大小的因素,决定注意聚焦跨度的是翻译单位边界。边界意识缺失就会出现词词对应的死译、偏离源语内容或功效的胡译、有意无意的漏译等现象。因此,研究翻译单位或使用翻译单位更应该注意到翻译单位边界问题,单位起点与翻译策略和翻译转换片段的选择息息相关。

4.2 翻译单位的标记性

翻译单位不是静态的语法结构单位,而是动态的思维单位,但并非所有的思维单位都要出现在译者显意识加工信息的聚焦过程中。有经验的译者翻译自动化程度高，多数情况下翻译单位的选择和使用是在无意识中完成的，译者本人未必意识到翻译单位的存在。在以下两种情况下可发现无意识使用的翻译单位存在于译者的认知过程。

（1）通过有声思维数据分析检测会让译者意识到自己是根据被激活的翻译单位加工信息的，他会说明自己做出翻译选择的语境线索是什么，这个线索就是翻译单位边界，也是翻译单位的逻辑素。

（2）在评析解释翻译产品中某个语言点的时候也能清楚地发现该语言点的翻译单位边界，能够看出译者决策所依据的翻译单位。这种在翻译过程中未被察觉到但实际存在的认知片段叫作"非问题单位"，非问题单位也叫作"无标记翻译单位"。

基拉里（Kiraly, 1995: 75）从翻译思维性质上把翻译单位分为"非问题单位"（non-problem unit）和"问题单位"（problem unit）两类。从操作特点上看，运作"非问题单位"是埃里克森和西蒙（Ericsson & Simon, 1993: 127）所说的"自动处理信息"（automatic process）的行为，运作"问题单位"则是"非自动处理信息"（non-automatic process）的行为。自动处理信息是译者无意识使用翻译单位的行为，非自动处理信息是翻译遇阻时有意使用翻译单位的行为。在自动翻译的情况下，译者思维连贯，语码切换的操作没有障碍。在非自动翻译的情况下，译者因思维遇阻而中断，翻译过程出现显意识中的注意力聚焦片段，这种语言片段称作有标记翻译单位。有标记翻译单位出现，翻译进入显意识思维过程。此时，译者有意地启用翻译单位来完成信息加工任务。

遇到有标记性语言点时启用翻译单位。源语中导致译者思维中断的难点是有标记语言点，标记性语言点即翻译单位的起点，是需要得到符合逻辑解释的被解释项。上下文中能够在逻辑上给予标记性语言点合理解释并凸显其交际价值的语言单位或言外因素是翻译单位的终点。具有解释和被解释关系的起点和终点形成的跨度就是翻译单位的长度。分析源语语言单位间的逻辑关系，解读标记性语言点的意义，然后按照目的语的语言规范对所提取的意义进行编码，这便是翻译单位的运作过程。

4.3 翻译单位的特征

翻译过程是一个对被激活并提取的源语信息进行译语编码的认知过程。解释项作为语境线索，可激活被解释项中与语境相兼容的信息。被激活提取的信息便是译者选择再编码的信息。源语中解释与被解释的关系是翻译单位形成的逻辑基础。据此逻辑，翻译单位可定义为：由源语中被解释项和解释项构成的理解源语并可实现语码转换的操作单位。被解释项与解释项互为翻译单位边界，构成一个信息相对完整可独立操作的语言转换单位，其间的跨度即翻译单位的长度。被解释项和解释项之间的跨度不代表翻译单位的大小，只代表解决问题的思维跨度。

翻译单位不同于语法单位。翻译单位的划分以内容为主，重逻辑性、内容的连贯性和完整性。单位切分原则是形式服从内容。内容或功能与源语保持一致性或近似性，语言形式顺应目的语的表达规范。了解翻译单位的特征有助于提高使用这一转换操作单位的熟练度和有效度。翻译单位有以下几个特征。

4.3.1 连贯性和独立性

翻译单位是一个意义连贯而又相对完整独立的思维片段，是翻译过程中不可分割的最小操作单位。敏雅尔-别洛鲁切夫（R. K. Minyar-Beloruchev）给出的定义是"翻译时不能分割，具有相对的独立性而要求单独处理的连贯言语的片段。翻译单位就是连贯言语大小不一的片段"（转引自罗进德，1984）。"大小不一"说明翻译单位是动态的，而非静态的语言结构单位。"不可分割、相对独立"说明翻译单位是意义相对完整的"思维单位"（Vinay & Darbelnet, 1995：21）。这样的思维单位意味着翻译单位可以是一个所指明确的词、一个命题完整的句子或一个主题连贯而完整的段落或语篇。总之，在某一微观层级上意义相对完整且明确的思维片段是在翻译过程中分析理解源语、选择目的语表达形式的操作单位。

[1] **Primitive peoples** have long believed that comets have been the harbingers of famine and death.

原始部落的人长期以来都认为彗星是饥荒和死亡的先兆。

例[1]中完成式 have verb+ed 排除 primitive 是"原始人"的可能性，primitive 又排除了 peoples 作为"民族"这个相对现代概念的可能性。primitive peoples 两词同现，语义相互制约，意指"原始部落"。例[2]和例[3]的 indigenous peoples 需要根据同现关系才能选择恰当的目的语词汇。下划线的语言单位是确定词义选择的依据。

[2] The world's **indigenous peoples** have preserved a vast amount of humanity's cultural history.

世界各地的**土著部落**保存了大量的人类文化历史。

[3] **Indigenous peoples** and conquerors gradually coalesced into the present-day population.

土著居民和征服者逐渐合并成现在的居民人口。

以上例句显示，黑体词的意义在下划线词项的制约下而变得明确。黑体词是需要其他词来确定所指的被解释项，下划线语言单位是解释项。两者互为边界，构成了意义相对连贯而独立的思维单位，即确定词义的基本操作单位，也是确定词义所必需的最小切分，这个切分片段叫作词级翻译单位。词级翻译单位（即词义确定单位）以确定词义选择对译词为目的。词义确定是句子翻译的一部分。确定了句中每个语义模糊词的确切意义后，才能完成整个句子的翻译。

4.3.2 可解释性和逻辑性

翻译单位作为"源语中必须一起翻译的最小切分"（Vinay & Darbelnet，1995：21）不是由静态的词、句、段作为划分依据的，而是由语言单位之间的意义关联性和逻辑性来决定的。关联性体现在语言单位之间可互为解释的关系上。在整体翻译中语言单位间各种关系能得到符合逻辑的解释，可解释性是翻译单位的逻辑基础。对译者而言，不具备可解释性的任何语言片段都没有可操作性，也不能成为加工双语转换信息的翻译单位。

[4] Clement Attlee's broadcast the next day **packed** the wardroom. Every officer not on watch, and all staff officers and war planners, gathered in the wardroom around one singularly ancient, crack-voiced radio.

译文 A：次日，克莱门·艾特里的广播讲话**充斥着**军舰上的军官起居室。所有不值班的军官、全体参谋人员和制定作战计划的人员都聚集在一台老掉牙的、杂音很重的收音机周围。

译文 B：次日，军舰上的军官起居室里**挤满了**前来听克莱门·艾特里广播讲话的人。起居室里所有不在岗的军官、全体参谋人员和制定作战计划的人员都聚在一台老掉牙杂音很重的收音机周围。

在意义不能自足的情况下，小句不能成为独立的翻译单位来运作。尽管 Clement Attlee's broadcast the next day packed the wardroom 主谓宾俱全，句子结构完整，但脱离下文它就语义晦涩，命题不明，句义得不到合理的解释。这种句子的语义表征带有槽位，信息量不足，不能作为独立使用的小句，这一点从 pack 的词义表征（put sth. into a box, a bag, etc.）看得很清楚。pack 的语法表征和语义表征对比见表 4-1。

表 4-1　pack 的语法表征和语义表征对比

句子	Attlee's broadcast	next day	packed	the wardroom	
语法表征	主语	状语	谓语	宾语	
命题	Attlee's broadcast	next day	packed	?	the wardroom
语义表征	动因	时间	谓词	受动者	地点

表 4-1 中形式和内容的对比显示语法结构完整的小句在语义层面缺少一个受动语义结构成分。语义结构成分的缺失使得小句的命题不完整，句义就不明（徐莉娜，2004）。要获得完整命题需要跨句检索填充命题槽位的信息，方法是根据词汇链发现语义结构的补足项，小句间的词汇承接逻辑如图 4-1 所示。

第 4 章　翻译单位边界意识缺失导致翻译失语症

```
┌──────────────┐   承接关系   ┌──────────────┐
│   第一句      │ ⟷           │   第二句      │
├──────────────┤   联立关系   ├──────────────┤
│Attlee's broadcast│ ⟷        │crack-voiced radio│
├──────────────┤   近义关系   ├──────────────┤
│   packed     │ ⟷           │   gathered   │
├──────────────┤   复现关系   ├──────────────┤
│ the wardroom │ ⟷           │ in the wardroom│
├──────────────┤   补足关系   ├──────────────┤
│      ?       │ ⟷           │officers not on watch、│
│              │              │staff officers、war planners│
└──────────────┘              └──────────────┘
```

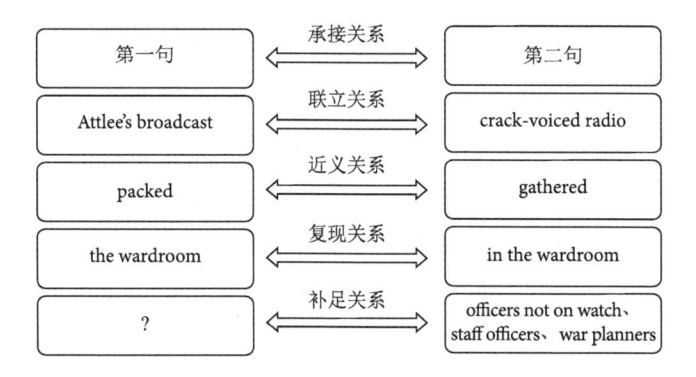

图 4-1　小句间的词汇承接逻辑

以上词汇的承接关系显示第二句是对第一句的解释。pack the wardroom 的翻译单位边界是跨句级的，第二句中的 officers not on watch、staff officers、war planners 是第一句语义表征缺省的补足项，是补足完整命题的语义要素，也是解释并激活第一句句义不可或缺的同现要素。命题完整才能使小句成为能独立运作的翻译单位。语义表征缺省，命题就不完整；命题不完整，句义则不明。任何含语义表征缺省的小句或语段都不能成为具备可操作性的翻译单位。在第二句提供了补足信息的情况下，第一句的翻译才能与源语命题保持语义对等的关系。

译文 B 中的下划线文字显示第一句的语义在第二句中得到补充和延续，译文保持了源语的语义连贯效果，显化了源语第一句的完整命题。翻译单位被认为是源语"在译语中具备对应物的最小（最低限度）的语言单位"（巴尔胡达罗夫，1985：145），而事实上这种具有对应物关系的"最小语言单位"和源语中必须一起翻译的"最小片段"可理解为"解释项和被解释项之间的最小跨度"。图 4-1 显示第二句中的 officers not on watch、staff officers、war planners、in the wardroom 是解释第一句 pack the wardroom 命题的最小切分单位。两者间的跨度便是确定第一句命题的翻译分析和理解单位，是源语和目的语之间具有共同命题表征的最小对应单位。正是根据这个必须一起翻译的跨度，译者才能决定某个词或句在语篇中的意义和功能，这个跨度决定了翻译单位的长度。翻译单位这个长度不是由译者经验的多少决定的，而是由语言单位间的内部关系决定的。有经验的译者思维跨度大，能在无意识中用第二句线索词激活第一句的语义表征缺省。缺乏经验的译者如果不知道如何在上下文中搜索能激活语义表征缺省的解释项，就会陷入死译的困境。这种情况下的死译往往是导致误译的根源。翻译单位的跨度无论大小，都是在语码切换过程中意义连贯而又相对完整的最低限度的翻译转换单位。翻译单位是动态的，具有认知属性，单位的跨度取决于解释项与被解释项的距离。解释项离被解释项越远，翻译单位的跨度就越大，反之则越小。如果解释项涉及文化背景，那么翻译单位的跨度是超语言性质的。带有文化标记的语言点通常脱离文化背景就容易译错或出现文化错位的翻译现象。所以说翻译单位的类型不应由语言形式单位的长度来决定，而应由语言单点的性质（即被解释项的性质）来决定。被解释项对解释项的依赖关系决定了翻译单位的类型。解释项于被解释项的作用体现在以下几个方面：①对语义模糊所指不明词项的解释；②对命题不明小句的解释；③对多谓词句中命题间逻辑关系的解释；④对概念表征缺省现象的解释；⑤对语篇中语义链接关系的解释；⑥对话语意图的解释；⑦对"前景化"语言形式的解释；⑧对文体和语体特征的解释；⑨对带有文化标记的语言单位的解释。

必须一起翻译才能对上述问题给予逻辑上解释的最小切分片段是译者在加工并转述源语信息的操作单位。拉多所说的"逻辑素"应理解为具有逻辑要素的片段，此片段才是翻译的基本单位。根据分析源语所包含的各种逻辑关系，选择符合目的语表达习惯的语言形式再现源语的意义或逻辑关系，由此而产生的译文才能保持与源语的对应关系，才能有逻辑性和可读性。

4.3.3 动态性和层级性

解释与被解释的关系决定了翻译单位是动态的。语言结构具有多层级性，单位的选择发生在语言结构的不同层级上。就翻译单位层级问题，研究者持有不同的观点。事实上，翻译单位的层级不能简单地以词、句、段定为单位选择的依据，因为音位、词、词组、句子、语段、篇章都是静态的语法结构单位，这类单位都是以形式特征和语法规则划分的结果。翻译单位则是动态的，动态性直接影响到层级的划分。翻译单位以概念、逻辑、关系作为划分的依据。单位的切分因人而异，因文而异，在单位层级设置方面有以下几个特点。

1. 根据关系确定翻译单位的层级

翻译单位的大小由被解释项和解释项间的跨度来决定。解释项是能为另一个语言单位提供释义或理解含义的语境线索,是解决翻译问题的切入点。被解释项指需要得到解释以明确语义表征或语用含义的语言单位。就"问题翻译单位"而言,被解释项是翻译过程中译者有意识聚焦自己注意力的源语信息片段,这一片段也称"注意力单位"(attention unit)(Lörscher, 1993: 209)。"注意力单位"始于思维障碍的出现、翻译问题的产生。每个翻译单位所针对的问题是具体的,解决问题的跨度是动态的。这个跨度的动态性与"必须一起翻译的最小切分"的确立有关,或者说与翻译单位边界确认有关。翻译单位切分的关键:一是判断翻译难点的性质和层级,检索解释难点的语境线索(即解释项);二是根据解释项与被解释项之间的关系分析理解原文,激活并提取被解释项在语境中的意义,并确定目的语中相应的表达形式。

翻译单位的层级应以解决具体问题为定位标准。所针对的具体问题是命名翻译单位层级的关键。例如,解决确定词义问题的叫作"词级翻译单位",解决确定句义问题的叫作"句级翻译单位",解决主题义、衔接与连贯或文体问题的叫作"篇级翻译单位",需要文化信息来解释源语难点项的叫作"言外翻译单位",解释作者或说话人意图的叫作"语用翻译单位"。无论属于哪个层级,无论单位的跨度有多大,翻译单位的分类都应以被解释项和解释项的关系、性质以及源语的难点是否能得到充分的解释为依据。

[5] <u>Drug traffickers</u> and their **clients**, burglars and receivers of stolen property, arsonists for fire, and bribe-takers would no longer have the advantage of using untraceable currency. Electronic "money" would leave incriminating trails of data, resulting in more arrests and convictions.

毒贩和购买毒品者、入室盗窃者和窝藏赃物者、受雇纵火者和受贿者不能再利用难以跟踪的货币去作案。电子"货币"会留下显示犯罪痕迹的数据,更多的嫌疑犯可因此而被捕、定罪。

client 词义宽泛,泛指由一种职场关系而确定的身份,其具体词义须根据职场身份明确的一方来确定。在此 drug traffickers 是解释 client 的语义定位词，也是选择 client 汉语对译词的依据。两者同现的跨度是实施 client 语码转换的最小切分。

2. 根据意义的充分性和连贯性判断翻译单位的性质

翻译单位的性质分为两大类：一是根据意义自足程度分为无标记翻译单位和有标记翻译单位；二是根据语境的性质分为言内翻译单位和言外翻译单位。无标记翻译单位是那些意义相对自足、语义或逻辑关系明晰、源语和目的语形式差异较小的言语片段。无标记翻译单位难度小，可译性大，自动翻译程度高，译者思维连贯性强，语码转换过程顺畅而连贯，不带有标记性。无标记翻译单位一般都能以词或小句作为基本操作单位，语篇翻译层面大多可顺译，无须将过多的注意力放在词义或句义选择、衔接手段调整、维持连贯性的问题上。有标记翻译单位一般都是"问题翻译单位，具有需采用翻译策略来完成语码转换任务的特征"（Kiraly，1995：75）。这类翻译单位意义自释自足程度低，对语境依赖性强，两种语言的形式或文化差异大，陌生化程度高，需要译者具备较好的翻译专业知识和百科知识来解决翻译转换中的问题。有标记翻译单位受限程度高，可译性低，不易采用直译或顺译法。有标记翻译单位对译者的双语能力、逻辑思维能力、翻译实践经验、翻译策略和技巧的要求较高。难点的出现使翻译单位的运作由无意识进入显意识，译者行为从自动翻译变成了非自动翻译，这种信息处理过程叫作"有标记翻译过程"。言内翻译单位意味着翻译单位选择的依据来自语言内部因素，也就是说，翻译单位的跨度受语言内部因素的制约，制约因素有音韵、语法、语义、语篇等，这些控制翻译单位跨度的因素都是支撑翻译单位的"逻辑素"。音韵受制于词的概念（即能指受制于所指，没有所指的音韵是无意义的），语法结构受制于语义关系，语篇效果受制于连贯程度，这些"受制"因素便是解释项与被解释项之间相互制约的逻辑素。言外翻译单位意味着翻译单位选择的依据来自语言外部因素。决定翻译单位跨度的是非语言因素。非语言因素包括语用因素和文化因素。交际时间、地点、场合、意图、参与交际者和所涉及的话题都是会影响到文本信息的充分性、语篇的连贯性和交际有效性的语用因素，也是影响翻译单位的切分和译者决策的逻辑素。文化因素同样会影响到文本信息的充分性和连贯性。因此，言外翻译单位的使用可提高表达的交际效果,还可用于解决源语和目的语由文化差异而导致的信息差问题。

言内和言外翻译单位可以是无标记的,也可以是有标记的。无标记翻译单位意义自足性较强,连贯性较好,对策略和技巧的要求不是太高,信息处理过程较直接,所以该翻译单位的使用价值不容易得到凸显。反之,由于有标记翻译单位对语境依赖性强,其使用价值就格外突出。有标记翻译单位中被解释项的意义自足性弱,对解释项的依赖性很强,因此译者需要将注意力放在搜索解释性的语境线索上。识别解释项,根据解释项和被解释项之间的关系选择意义和表达形式,是处理有标记翻译单位的必要程序。对比例[6]和例[7]两句中 Milky Way 的汉译,可看出处理无标记和有标记翻译单位的方法完全不同。

[6] You have two eyes, each composed of 130 million phortoectepor cells. In each of those cells, there's 100,000,000,000,000 (100 trillion) atoms— that's more than all the atoms in **the Milky Way** galaxy.

人有两只眼睛,每只眼睛包含超过 1.3 亿个感光细胞。每个感光细胞由大约 100 万亿个粒子组成,这个数字超过了银河中恒星的数量。

[7] A broad and ample <u>road</u>, whose <u>dust</u> is gold,
　　And <u>pavement</u> stars—as stars to thee appear
　　Seen in the galaxy, that **milky way**
　　Which nightly, as a circling zone thou seest
　　Powder'd with stars. (J. Milton, *Paradise Lost*)

A.【原译】	B.【改译】
一条广大富丽的<u>路</u>,	大道阔又宽,
<u>尘土</u>是黄金,<u>铺</u>的是星星,	<u>尘土</u>金灿灿,星星铺路面,
像所见的,天河中的繁星,	如同你所见:
就是你每夜所见的,腰带般的<u>银河</u>。	<u>弧状银道带</u>,繁星夜空闪。

例[6]中的源语和译文语序对应程度高,Milky Way 语义明确,自释力强,

语境关联度高。两种语言对应程度高的话，词可直译，句可顺译，词句本身就是翻译单位。在这种情况下翻译单位的使用不易为译者所察觉，翻译过程没有任何明显的标记特征。例[7]翻译的关键问题是意象的连贯性。源语的黑体词所形成的是一个意象和谐、语义连贯、主题清晰的语义链。但是，中国文化里有关"银河"的典故不包含"路"（way）的元素，所以在带有"路"元素标记的情况下 Milky Way 不宜译作"银河""天河"。以上原译中的"路、尘土、铺、星星、天河、银河"不能形成和谐的意象组合，意象混乱导致逻辑混乱。根据《中国大百科全书》（中国大百科全书总编辑委员会《天文学》编辑委员会 中国大百科全书出版社编辑部，1980：500-501）的解释，银河是"横跨星空的一条乳白色亮带。银河在星空勾画出轮廓不很规则、宽窄不很一致的带，叫作银道带"。为了与"路"意象保持和谐性，再现源语语义的连贯性，改译中采用了"银道带"来处理 Milky Way 的翻译。

必须一起翻译的"最小源语片段"是依托逻辑或语义关系构成的基本操作单位。这个切分出的最小源语片段与文字的多少或篇幅的长短没有必然联系，决定这个片段取舍的是问题语言点（注意力焦点单位的起点，即被解释项）与其解释项的距离，是解释项决定这个跨度。如以上例子所示，解释项不仅是言内语境中涉及"路"的各元素，而且还涉及文化元素。就词而言，Milky Way 只是一个很小的语言片段，但它并不是作为翻译单位的"最小源语片段"。作为处理语码转换单位，Milky Way 所需要的信息涉及文化背景。因此，这个词级翻译的"最小源语片段"其终端边界是文化背景信息。撇开翻译单位边界去谈单位的长短大小没有任何实际意义。

翻译单位作为最小的言语片段，应是意义相对完整的最小信息单元。在以上例子中，黑体词 Milky Way 是难点项，是翻译注意力聚焦单位的起点，例[7]中的下划线词语和文化背景信息都是解释难点项的语境线索，即解释项。难点项和解释项之间的关系是理解源语并在目的语里选择"对应物"的逻辑依据。

了解翻译单位的性质、作用及使用方法有助于解决翻译过程中遇到的难点问题，提高解决问题的针对性和有效性。翻译单位的使用因人而异。有经验的译者自动处理信息的程度较高，其问题单位出现的频率较低；反之，问题单位出现的频率较高，自动处理信息的程度较低，翻译转换是一种非自动化的过程，即有标记翻译过程。认识并学会使用翻译单位，可以提高解决翻译问题的有效性。从显意识地使用翻译单位过渡到无意识地使用翻译单位，是一个从非自动翻译到自动翻译的过程，一个翻译技能逐步提高的过程。

4.4　翻译单位边界意识障碍的 TAPs 检测

翻译过程是一个认知过程。维奈和达尔贝内特（Vinay & Darbelnet，1995）将翻译单位定义为"思维单位"意味着翻译单位具有认知属性。翻译课堂上的观察显示翻译单位边界的识别与大脑的信息加工活动存在着密切的关系。翻译单位的识别和提取是认知活动的结果。提取翻译单位的障碍与翻译单位边界意识缺失关系密切。通过采集的有声思维数据可发现，不能识别翻译单位边界会导致盲译的发生。

有声思维数据分析法（TAPs）源于心理学研究，始于 20 世纪上半叶，也称"有声思维资料分析法"，即让被试将大脑思维活动有声化，并将被试的思维记录下来转化为书面材料，所记录的资料用于心理过程研究。目前有声思维记录广泛用于语言研究（如第二语言习得、语言过程等）、文学阅读研究（尤其用于接受理论和读者反应批评）、翻译研究（如翻译规律、策略、步骤及翻译单位等）。有声思维数据分析法目前成了探索"黑箱"的唯一途径，也是观察译者大脑思维过程，发现翻译规律、策略，从而研究翻译内在过程的途径（苗菊，2005）。采用有声思维数据分析手段检测学生译者的翻译单位边界意识可以发现翻译单位识别、提取和操作的规律。

4.4.1　研究问题

TAPs 实验旨在验证以下假设：①不能确定解释项和被解释项的关系会影响翻译选择的准确性，大概率会出现盲译；②被解释项对解释项有语义依赖性，翻译单位边界意识缺失以及语义知识的匮乏都会导致翻译转换消耗；③语义知识匮乏会影响译者对翻译单位边界的选择控制。

4.4.2 研究设计

实验以非一致式句、抽象词检测为目标，选择含有移就格的小句和含有抽象词、隐含命题且翻译单位跨度较大段落为检测语料，以此考察学生译者是否具备翻译单位意识；是否能根据语义、逻辑等关系识别翻译单位边界；是否能用解释项激活被解释项在语境中的意义，并根据激活的意义较好地完成翻译转换任务。本实验旨在观察学生译者对语义知识的掌握程度，看他们在语言转换过程中是利用共享语义表征加工信息，还是依赖双语匹配思维加工信息。通过有声思维数据分析法检测学生译者的翻译心理过程，发现他们在什么情况下会出现源语语言负迁移，分析翻译认知障碍产生的原因，探索双语转换的认知规律，提出翻译对策和翻译教学的要领。

4.4.3 研究方法

1. 被试

从本地高校外国语学院英语专业的本科生和研究生中随机选择 20 名被试，分别接受不同的实验任务。2018 级上过一个学期翻译课的三年级本科生 13 名、2018 级一年级研究生 7 名接受段落翻译任务。本科生都获得了英语专业四级证书，研究生都获得了英语专业八级证书，所有被试都有较好的英语基础。

2. 检测工具及方法

提前下发检测试题，被试先笔译，后口述思维受阻点，并说明本人当时处理转换信息的想法。以录音方式记录被试处理思维受阻的思维过程，将录音内容转换为文字，以供分析被试的思维特征，揭示失语原因，探索翻译单位使用的规律、翻译策略和教学对策。

4.4.4 翻译过程及结果分析

翻译过程分为源语理解、语言转换和译文产出三个环节：①译者在源语理解阶段需要对分析源语后输入的信息进行语义加工，以语义单元的形式提取被激活的信息；②在语言转换阶段需要将所提取的语义单元与目的语的词汇和语法表征相匹配；③在译文产出阶段需要根据目的语的语篇衔接与连贯规则输出所提取的语义单元。本实验的目的便是发现在这样一个"输入—转换—输出"的过程中，语言差异对翻译转换思维的影响。

译者是特殊的双语者，语言转换对译者来说即翻译转换。在双语语言差较大的情况下，译者经常会遇到转换思维受阻、注意力焦点产生、语言转换消耗增加的情况。翻译转换消耗突出体现在加工注意力聚焦的语言单位上。焦点语言单位一般会使翻译活动出现反应时长增加、错误概率增大的现象。这种带焦点标记的语言单位正是需要得到其他语言单位解释的被解释项。源语中被解释项和解释项间的关系越隐晦，两项间的距离越大，翻译转换消耗就越大，翻译错误的概率也越大。本实验拟通过被解释项对解释项的语义依赖性，证实翻译单位边界意识缺失会增加翻译转换消耗，并以此印证翻译单位的存在以及检索翻译单位边界的思维习惯对提取语义单元实现翻译转换的重要性。

第一个检测用以观察判断翻译单位性质的能力对翻译操作是否会有影响。

检测一：Professor Smith is leaving the school. That is **a stupid loss**.

从被试的翻译选择来看（表 4-2），其翻译问题都集中在 stupid loss 的搭配上。就源语的这一搭配，被试反馈的共同问题如下。

表 4-2　句级翻译单位边界意识检测

过程与分析	被试 1	被试 2	被试 3
笔译作业	史密斯教授离开了学校，这真是一个巨大的损失	史密斯教授要从学校离职。（对学校来说）这是一个非常遗憾的损失	太遗憾了！史密斯教授就要离开这所学校了
翻译思维过程回顾	一开始看到句子的时候，看到 loss，没有看懂是对于 Smith 先生来说是个损失，还是对于学校来说是个损失，然后就想那种情况下就写是个"巨大的损失"算了。不太懂 stupid 到底是形容这个决定是比较愚蠢的，还是别的什么	我觉得翻译成"愚蠢的损失"在汉语里讲不通的。然后，我就想变换一个能符合句意的词，于是就翻译成"遗憾的损失"	我觉得 stupid 应该是表示遗憾或者真讨厌这种情感，所以就把它译成"太遗憾了"来表示这种比较强烈的情感。如果译"这个损失真是不明智"，就感觉很奇怪，不像是中文，所以就着重表达"遗憾、太可惜"这种情感，loss 就不翻译了

续表

过程与分析	被试 1	被试 2	被试 3
翻译思维特点	a. 不清楚 loss 的对象是什么，故不明示对谁是"损失"；b. 不清楚 stupid 的评价对象，认为不符合汉语搭配，故有意识漏译 stupid	认为源语词组不符合汉语搭配，因而不顾 stupid 的语义表征，以母语搭配取而代之	a. 不顾 stupid 的语义，凭主观经验措辞；b. 认为不符合汉语搭配，有意识漏译 loss

（1）判断不出焦点语言单位的性质，不知道 stupid loss 是移就格，所以不能按照移就格的结构原理和认知规律识别翻译单位边界。

（2）不能识别 stupid loss 的命题表征以及这两个词之间的逻辑关系。

（3）以母语思维取代对源语的理解。

（4）对自己的翻译理解缺乏自信，翻译选择带有不确定性，翻译决策带有很强的主观性、随意性和盲目性。

第二个检测旨在检测学生译者识别宽幅度翻译单位边界的能力以及边界意识缺失与翻译转换消耗的关系。被试译者完成指定句子翻译的情况见表 4-3。

表 4-3 翻译单位边界识别对 transition 信息加工的影响

A 类	B 类	C 类
能指出 transition 边界并根据解释项对该词做具体化处理（18%）：	对 transition 边界不确定，只能用模糊语言翻译该词（35%）：	错误选择 transition 的边界导致翻译失语问题（47%）：
这一倒一起她几乎用了不到一秒钟。	她在这个过程中几乎没有耽搁一秒钟。	她不能在回家路上耽搁哪怕一分一秒。
从摔倒到爬起，她几乎一秒钟也没停。	她几乎没有在这次意外的事故中耽搁一秒钟。	她好像没有翻过车一样，压根没有浪费一点时间。
从摔倒到重新骑上车的过程中她一秒也没有耽搁。	在这个过程中她丝毫没有犹豫。	掉头转向几乎没用了一秒。
	在这次意外中她几乎没有耽搁一秒钟。	她差一点就被炸弹炸飞了。
	她在这个过程中几乎没有耽搁一秒钟。	在这个过渡中，她几乎没有错过一秒。
	整个过程连一秒钟都没浪费。	这个转弯的过程，她几乎是一气呵成。
		在回家的归途中，她几乎没有再耽误时间。
		在这电光石火的时刻她没有犹豫。

第4章 翻译单位边界意识缺失导致翻译失语症

检测二：A young English woman pedaled her bicycle at a steady pace up the roadway. It was already past 6:00 P. M. and she wanted to get home to her two young children. She had brought them into this world of chaos as a result of her love for a young Canadian corporal. While he was off doing his war bit, the woman was holding up her end at home by working as a telegrapher during the day and as mother and candle-burner at night.

With the first spit of the air-raid siren, Kathleen made a choice. Rather than stop to seek shelter, she would plunge on homeward in the hope that it was just a warning and not a full blown air raid. She knew that the odds favored her slightly, and she just wanted to be home with her children at all costs.

She pedaled harder as siren sounded again, this time with much more urgency. Her bicycle slipped as she rounded the corner, just a half mile from her children, who by this time would be huddled under the stairway with their cousins and their aunt. The pavement seemed to jump up and bite her knee, opening it up to the sullen exposure of the early evening. Red blood spewed steadily from the scrape. Kit, as her friends knew her, took a punishing hold of the handlebars of her bike and returned its wheels to the pavement. She hurled herself and the bicycle forward with a sense of urgency. She hardly missed a second in the **transition**.

【目标译文】

一位年轻的英国女士不停地蹬着自行车沿街前行。此时已是下午六点多了，她要回家照看两个年幼的孩子。来到这个乱世上的两个孩子是她与一个年轻的加拿大下士的爱情结晶。丈夫上前方打仗，妻子支撑着这个家庭，白天干电报员工作，晚上熬夜干活儿。

第一遍空袭警报时，凯思琳决定不下车躲避空袭，而是加速往家赶。她觉得可能只是一次预警信号，不是真的空袭。虽然这种可能性很小，可无论如何她只想回家和孩子们待在一起。

空袭警报再次响起，这次警报声更加急促，凯思琳奋力向前蹬着车子。在拐弯处自行车滑倒了，这时离孩子们只有半英里路，此时他们一定和姑姑、堂兄妹一起挤在楼梯底下。路面好像跳了起来撕咬了她的膝盖，将伤口暴露在阴森森的黄昏中,鲜血从擦伤处不断渗出。就像她朋友所了解的那样,凯紧紧地握住车把<u>扶起自行车</u>,<u>飞身上车急忙赶路</u>。从倒下到上车她几乎连一秒钟也没耽搁。

检测二虽然为段落翻译,但任务仅是针对 transition 命题的提取和信息加工心理过程的检测。根据被试的翻译结果和思维特点将检测结果分为三类。

A 类翻译基本符合目标译文的要求,transition 的命题表征与源语的相一致。B 类翻译语义模糊,翻译选择带有不确定性,译作"过程"的被试表示自己不是很清楚 transition 的指向,译作"意外"的被试表示知道这个词与"自行车滑倒"事件有关,但不知怎么表达,所以就以"意外"含糊其辞地应付一下。C 类翻译皆偏离了源语。虽然其翻译选择依据也都在文中出现,但所选的都不是源语中必须一起翻译的最小切分。根据被试的选择,C 类的翻译选择依据有以下几种:①两人选择回家情节,故译作"回家路上";②两人选择 return 命题,故译作"掉头"和"转弯",但事实上这两人对 return 命题的理解都是错误的,所以相应的译文也是错误的;③两人以防空警报情节为依据,其译文就与轰炸相关;④一人选择了自行车滑倒情节,遗憾的是忽略了"车倒下"和"扶起车继续前行"之间的联系,找对了翻译单位的一个边界,但却对另一个边界视而不见,这也是翻译单位意识缺失的表现。

意义产生于解释过程,解释是译者大脑"黑箱"经历的思维过程,本有声思维数据分析检测发现以下内容。

第一,翻译单位边界不明的情况下,翻译选择的主观性偏大。译者不确定解释与被解释关系的时候,其翻译过程的陈述中会出现一些不确定、猜测、犹豫的字眼,如"我觉得""应该是""我想"这类不确定、带有猜测的用语。这说明在找不到解释项的情况下译者的翻译带有很大的主观猜测的因素,盲译的成分较大。

第二,翻译单位边界不明的被试给出的翻译结果实质性差异较大。由于找不到语言难点的解释项,被试往往凭自己的感觉或经验取代对源语语义或意图的分析与提取。他们给出的翻译结果通常带有明显的母语思维负迁移特征,或者直接硬译、死译,不考虑任何逻辑性。

第三,翻译单位边界选择错误直接影响译文的准确性。做出错误翻译选择的主要原因是:对语言点性质判断不准确,不能识别语言内部关系,不能激活语义表征，不能有效确定被解释项和解释项之间的联系，不能给予翻译焦点单位以符合逻辑的解释。

翻译单位边界意识缺失意味着从源语中提取有效信息用于翻译转换加工能力的欠缺。提取有效信息能力不足往往使翻译过程出现语言转换消耗。转换消耗不仅会引起翻译反应延时，而且还会增加出错的概率。

4.5 检测语料及翻译过程的分析

以上有声思维数据分析检测的结果表明，正确判断翻译单位边界对译者把握翻译路径和翻译选择影响极大。确定翻译单位边界的过程也是翻译认知的心理过程。找到翻译单位边界，正确识别翻译单位的起点（即引起注意力聚焦且需要给予解释的语言点）和终点（解释项）之间的关系有助于把握解决问题的路径。路径清晰，翻译转换才会变得目的性明确，针对性强，准确率高。在此用以上两个检测案例的翻译过程分析说明翻译单位边界的检索方法、步骤以及翻译单位作用于翻译转换的信息加工过程。

无标记翻译单位不会影响翻译思维的流畅性，处理信息是自动化的、隐性的。一旦遇到有标记翻译单位，即问题单位，信息加工的流畅性就会受到影响，翻译思维中断。翻译思维的中断说明翻译单位的使用将进入显意识且非自动化的过程。译者的注意力聚焦于中断思维的语言单位（被解释项，以下简称"焦点项"）和解释注意力聚焦的语言单位（解释项），两者间的跨度便是翻译单位的长度。显意识信息加工过程的环节如下。

（1）诊断问题翻译单位的性质。判断翻译单位的性质需要确定焦点项和解释项之间的关系，这是决定翻译策略、方法和技巧使用的第一个环节，也是翻译过程的第一步，不了解语言点的性质就不能做出正确的翻译选择。

（2）检索焦点项在语境中的意义。意义的检索是一个分析理解源语的过程。译者需要根据解释项和焦点项关系的性质，即翻译单位的性质，来完成源语信息的输入与加工任务。正确判断语言点的性质才能有效地理解源语。理解源语的特点是用解释项激活焦点项在语境中的意义，这是一个在翻译单位边界控制的范围内检索被激活意义的过程，由此从源语中提取的意义在语境中具有很好的稳定性、可释性和语境关联性。

（3）根据目的语的话语行为规范对激活的意义进行再编码。源语信息的再编码是翻译表达过程，其特点是语义表征或语用表征与源语共享，语法表征则顺应目的语规范。由此产出的译文内容与源语保持最大限度的一致性，表达在目的语里具有可接受性。

本章的两个检测语料可供观察翻译单位作用于翻译转换的过程。检测语料一涉及移就格的翻译，检测语料二涉及抽象词词义确定与表达的问题。由于这两个语料的焦点词都是谓词，所以这两个语料中的翻译单位都与命题表征有关。

检测语料一的翻译转换过程分析是关于移就格的翻译。辞格翻译涉及语言点性质判断、辞格结构知识、翻译转换知识、翻译策略知识等。不具备上述知识，翻译往往是盲目的，容易产生误译。翻译程序及辞格知识如下。

第一，判断语言难点的性质。在翻译思维受阻时，首先要判断语言难点的性质——是语法、语义、语篇、修辞性的，还是语用或文化性的。检测语料一引起译者思维中断的语言点是移就格 stupid loss，属于修辞类翻译障碍，导致思维受阻的原因是语法表征和语义表征的非一致式关系。

第二，根据移就格的修辞逻辑搜索翻译单位边界，以边界为理解辞格的依据。要找到移就格的翻译单位边界就必须对这种辞格的语法和语义两种表征的关系有清晰的认识。移就格的语法表征为"修饰语-中心语"（modifier-head，缩略式为 MH）结构，语义表征为"谓词+环境成分"，谓词充当修饰语，环境成分充当中心词。语义表征是理解移就格的关键。根据语义表征的类型，移就格分为单命题移就格和复合命题移就格两大类。单命题移就格指依托谓词和环境成分关系发生修饰语转移的超常规偏正表达式。支撑 MH 结构的语义表征是"谓词+时间"（如 a sleepless night）、"谓词+地点"（如 on the painful pillow）。复合命题移就格指依托两个命题间的逻辑关系发生修饰语转移的超常规偏正表达式，语义表征为"谓词+谓词"，语法表征是一个谓词修饰另一个谓词，但两个谓词之间并不存在语义上的搭配逻辑。复合命题移就格有三种类型：①两个谓词为主从增强关系，其中一个谓词为中心命题，另一个谓词是说明中心命题的时间、地点、原因、结果、目的等的从属命题；②两个谓词之间是并列逻辑，因此其命题表征为并列关系；③两个谓词为动状关系，一个谓词为中心命题，在小句结构中做谓语，另一个谓词为修饰性或说明性的命题，在小句结构中做状语。无论单命题还是复合命题，移就格的结构都含有谓词（图 4-2）。

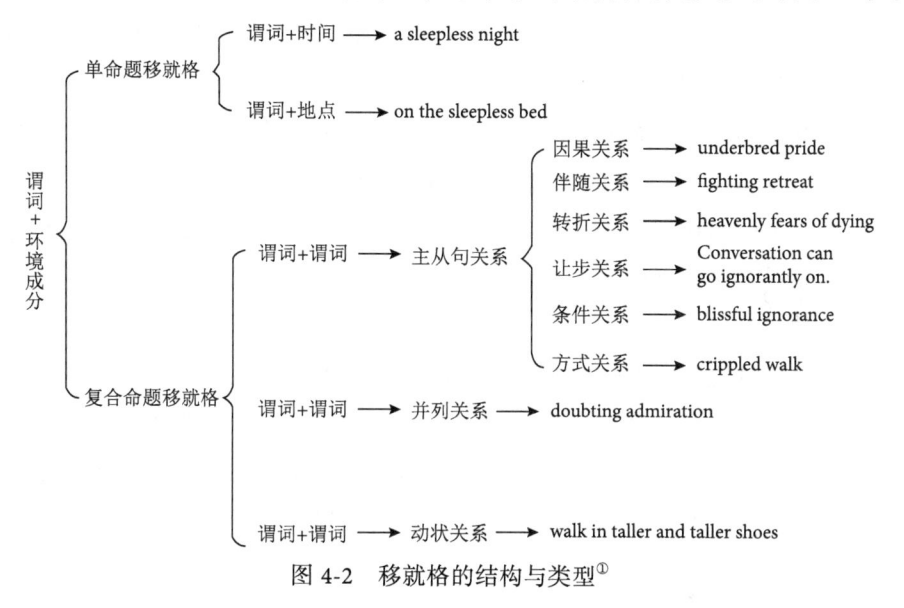

```
                    ┌ 谓词+时间 ── a sleepless night
         单命题移就格 ┤
                    └ 谓词+地点 ── on the sleepless bed

谓词                                    ┌ 因果关系 ── underbred pride
 +                                      │ 伴随关系 ── fighting retreat
环境                                    │ 转折关系 ── heavenly fears of dying
成分      ┌ 谓词+谓词 ── 主从句关系 ──┤ 让步关系 ── Conversation can
         │                              │              go ignorantly on.
         │                              │ 条件关系 ── blissful ignorance
复合命题  │                              └ 方式关系 ── crippled walk
移就格   ┤
         │ 谓词+谓词 ── 并列关系 ── doubting admiration
         │
         └ 谓词+谓词 ── 动状关系 ── walk in taller and taller shoes
```

图 4-2　移就格的结构与类型[①]

移就格的识别与理解关键在于对语法的偏正结构及其语义逻辑的解读。不具备语义知识容易出现辞格判断的失误。移就格有以下几个显著的特征。

（1）移就格形成于"谓词-环境成分"结构，而非"参与者-谓词"结构，也就是说，MH 结构如果还原为常规表达式后是主谓结构，那么它就不是移就格。例[8]和例[9]说明相同的句法表征不是判断辞格的依据，判断辞格的关键是语义表征。

[8] I like a **soft pillow** to rest my head on.
我喜欢枕软枕头。

[9] Mother simply couldn't fall asleep on her **painful pillow**.
母亲很痛苦，躺在床上简直无法入睡。（采用借代格译法，以"床"代"枕头"）

---

① 有关 Conversation can **go ignorantly on** 的理解与翻译见《语义"匹配"与翻译教学》（罗选民和徐莉娜，2007）。

例[8]和例[9]两个句子都是定中结构，但两者的语义关系则不相同。例[8]中，定语和名词的语义关系是"谓词-参与者"结构，soft 说明 pillow 的性质。这种语义关系的定中结构可转化为独立命题，生成主谓小句"the pillow is soft"。例[9]中，定语和名词的语义关系则是"谓词-环境成分"结构，painful 的说明对象不是其修饰的中心词 pillow，而是做主语的 mother，这种语义关系的定中结构本身不能构成独立命题，不能转化为小句。如果中心词是名词，移就格只能转化为动状结构（"couldn't fall asleep **on her pillow**"），而非主谓结构。移就格转换为主谓结构的话产出的便是一个语义搭配错误的句子，如"the pillow is painful"。所以移就格的语义层面是"谓词-环境成分"逻辑，而非"参与者-谓词"逻辑。

（2）移就格的结构边界是作为主语的参与者，也就是说，主语是移就格的翻译单位边界。没有主语，MH 结构的命题不完整，缺乏自释力，语义不明，不能作为短语级别的翻译单位。非移就格的 MH 结构一般可作为短语级别的翻译单位，没有主语和谓语依然可以保持完整的命题，短语本身语义明确，自释力强。

[10] They stood there in **amazing silence**.（MH）
　　They stood there in silence. **The silence was amazing**. ⎬ 非移就格还原常规表达后是主谓小句，修饰语（M）说明的对象是中心词（H）。

[11] They stood there in **amazed silence**.（MH）
　　They stood there **in silence. They were amazed**. ⎬ 复合命题移就格还原常规表达后是两个小句，修饰语（M）说明的对象是主语，而非中心词（H）。

amazing silence 可直接转化为语义明确、命题完整的小句，所以可作为一个短语级别能独立操作的翻译单位。可是，amazed silence 同样是 MH 结构的短语，但却不是一个能独立操作的翻译单位。其原因就是谓词 amazed 在这个短语中不能形成一个完整命题，不具备语义明确且相对独立的条件。只有补足谓词的参与者，amazed 的命题才完整。移就格在句中"表行为性状的修饰语语法指向环境成分，语义则遥指充当小句主语的参与者"（徐莉娜和汤春梅，2020）。因此，移就格的翻译单位边界是句中做主语的参与者。

（3）翻译遇到转换障碍时可将移就格还原为常规表达，如环境成分还原为状语，谓词还原为谓语或原为修饰动词的状语。将源语的移就格转译为常规表达就完成了移就格的理解过程。理解了移就格的语义逻辑后方可进入翻译转换的编码过程。

[12] After **an unthinking moment**, I put my pen into my mouth.

过了一会儿，我不知不觉地把钢笔噙在了口里。

[13] This new book by Gordon Rottman examines pictorially this long **fighting retreat** of German forces, with the focus being on the closing years of the war from 1944-1945.

戈登·罗特曼的这部新作生动地描述了德军长期边打边撤的场面，描写的重点是1944—1945年战争末期那两年的历史。

例[12]中做定语的谓词 unthinking 转译为方式状语"不知不觉地"。例[13]中做定语的谓词 fighting 转译为伴随状语。例[8]~例[12]都显示，移就格中做定语的谓词其语义结构的边界都是参与者，而不是受它修饰的中心词。显然，移就格的 MH 结构不具备意义相对完整可进行独立翻译操作的条件。从检测反馈中发现：被试都不能判断 stupid loss 的语言点性质，也都不具备移就格的修辞学知识，不能正确提取翻译单位并根据翻译单位的逻辑进行翻译。他们只凭汉语搭配习惯，感觉直译不是可取的翻译策略，为此置 loss 的命题于不顾，或随意舍弃这个词的翻译，或跟着感觉走，盲目措辞。

翻译移就格的第一步是判断 MH 结构的语义关系。在分析理解源语的基础上提取源语语义表征或情境表征，然后根据源语的语义关系选择顺应目的语规范的表达形式。没有对源语的正确理解就不可能做出得当的翻译选择。移就格的翻译操作的程序如下。

第一，判断两种语言是否有相同的移就格表达式，形义共享的辞格可直接翻译，保留源语的修辞手段，如：a healthy and happy old age（健康幸福的晚年）。

第二，判断目的语里零对应的移就格表达式是否可为读者所接受，具有可接受性的修辞格应尽可能地保留源语形式以再现源语修辞效果，如：a listening tour（倾听之旅）。

第三，源语移就格在目的语里不具备可接受性的前提下需要解码移就格的 MH 结构，将之还原为常规表达。移就格的翻译单位起点是被解释项 MH 结构，终点是作为小句主语的参与者，还原常规小句便可提取边界完整且命题充分的小句翻译单位，而后根据源语小句的命题选择可为目的语读者所接受的表达形式。

总之，移就格翻译的策略是：顺应目的语的可直接翻译，不能顺译的可采用还原译法。还原常规表达的操作方法如下。

（1）单命题移就格转译成小句，谓词充当小句的谓语，环境成分充当小句的状语，如"I must write one line out of my **dreary bed**…"（我躺**在床上，心情忧郁**。我必须起来写点什么……）。

（2）复合命题移就格须根据逻辑关系选择顺应汉语习惯的表达方式，常见的表达形式有：①MH 结构转译成主句+状从关系句；②MH 结构转译成动状偏正结构；③ MH 结构转译成并列关系句。在检测一（"Professor Smith is leaving the school. That is a stupid loss."）中，a stupid loss 是复合命题移就格，命题间为并列逻辑，因此需要按并列逻辑来加工汉语小句。

His leaving the school is **a loss**.
His leaving the school is **stupid**.

两个命题共享说明对象，即都用于说明同一个主语，都是评价语，故为并列关系。

译文：史密斯教授要离开学校，这对他来说**是个损失，很不明智**。

检测语料一对移就格翻译过程的分析表明，识别翻译单位边界是理解源语的一个不可缺失的环节。无论在提取命题还是在翻译小句的时候，谓词和参与者总是互为边界的，翻译思路是：谓词不见参与者不译，命题不明不翻译小句。但凡移就格都含有谓词，所以移就格翻译属于小句范畴，识解移就格须以谓词激活参与者。参与者的激活才能显示移就格的心理现实，还之以完整命题。再现源语完整命题的译文才能实现两个文本语义表征共享的目标。

与检测语料一同理，检测语料二翻译转换的第一环节也须判断翻译单位的性质和翻译障碍的类型。焦点项 transition 语义模糊，翻译单位跨度大，单位边界的检索具有一定的难度，这一检索过程即译者理解源语的心理过程。检测语料二的翻译转换过程分析如下。

第一，判断语言难点的类型。检测语料二引起译者思维中断的语言点是抽象词 transition，属于抽象词语义表征模糊引起的提取命题障碍，这是一种因缺乏语义知识而引发的语义特征检索认知障碍。这种认知障碍是导致抽象词翻译错误的主要原因之一。

第二，抽象词不同于具体词。这类词的词义游移，边界模糊，语言转换消耗大，通常采用以解释项激活焦点项语义特征或识别参与者的方法来提取抽象词的命题表征。根据抽象词命题表征的规律，提取抽象词语义表征的过程是：①识别抽象词释义中不稳定语义特征。语义特征作为最小的语义结构成分是检索词义、激活命题的依据。②以语境中的具体语言单位激活抽象词的不稳定语义特征，确定其语境中的所指，提取抽象词的命题表征。具体词或语义具体的语言单位是抽象词的解释项，也是抽象词的翻译单位边界。检索语义具体的词项或语言单位是对抽象词进行语义编码的最有效方法，可使抽象词的语义由模糊变得明确，语义表征由不确定变得确定。

在此以 transition 为例说明具体词激活抽象词中不稳定语义特征提取命题的信息加工过程。根据《剑桥国际英语词典》(*Cambridge International Dictionary of English*)（1997）的解释，transition 指 a change from one form to another。该释义中的稳定语义特征是 change，不稳定语义特征是 from one form to another。要确定 transition 所指的事件就须检索能解释并激活不稳定语义特征的具体词或具体表述。意义具体明确的语言单位可为译者提供有效的编码信息，是唯一可解释抽象词词义的语境线索。具体表述与抽象表述是"必须一起翻译的最小切分"。检测语料二中的划线句子都是能激活不稳定语义特征的有效线索。transition 的命题表征如图 4-3 所示。

```
                a change from one form to another
                              │
         ┌────────────────────┼────────────────────┐
         ↓                    释义                    ↓
   bicycle slipped         transition         hurled herself and the
                                               bicycle forward
         ↓                   提取                    ↓
      自行车倒下              命题                  蹬上自行车
                              ↓
              She hardly missed a second in the transition.
              从倒下到上车她几乎没耽搁一秒钟。
```

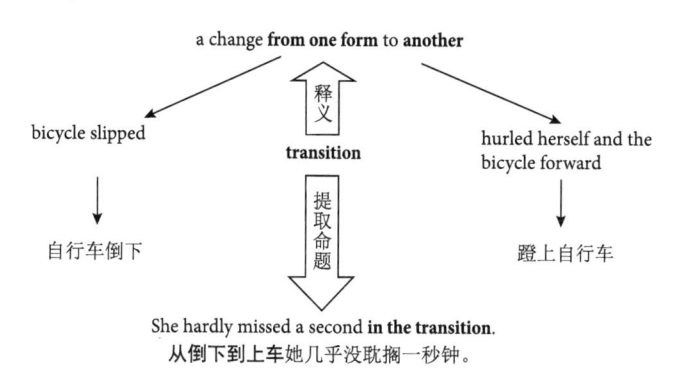

图 4-3　transition 命题的提取过程

第三，根据激活的语义特征提取语义表征并按目的语的语言规范对所提取的语义表征进行编码，再编码后的译文与源语词汇-语法表征有所不同，但语义表征共享，见图 4-4。

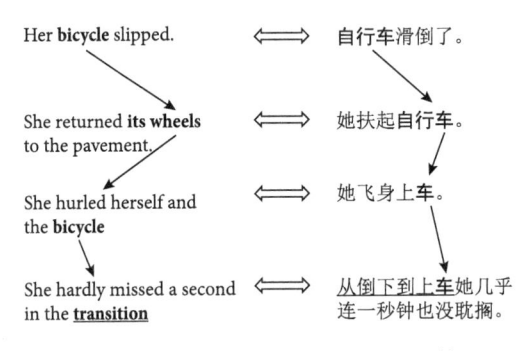

```
Her bicycle slipped.          ⟺   自行车滑倒了。
      ↓                                ↑
She returned its wheels       ⟺   她扶起自行车。
to the pavement.
      ↓                                ↑
She hurled herself and        ⟺   她飞身上车。
the bicycle
      ↓                                ↑
She hardly missed a second    ⟺   从倒下到上车她几乎
in the transition                  连一秒钟也没耽搁。
```

图 4-4　源语和目的语语义表征对等

图 4-3 显示抽象词 transition 释义中不稳定项的激活意味着翻译单位边界的确定。在翻译单位的跨度内对抽象词进行语义再编码，根据目的语的编码规范组织译文，这是一个翻译理解和表达的全过程。语义编码是按节点将与语境关联的信息联系起来的信息加工过程，节点的连接可形成语义网络，如图 4-4 箭头线条所示，transition 受到 bicycle 关联信息的激活，语义表征由模糊变为明确。译文再现源语语义网络各节点间的联系，就意味着成功地完成了对源语语义表征的再编码。经过语义分析而生成的译文与原文有不同的表层结构，但命题相同。命题相同，两个文本语义对等。

命题是小句翻译的核心。小句被认为是翻译单位，但实际上命题才是句子翻译单位的实质性内容。命题不完整，句子就不具备可翻译的条件。翻译单位是"思维单位"，命题又是思维活动的基本意义单位，因而只有命题完整且意义明确的句子才能作为翻译单位使用。本实验用的两个检测语料皆涉及命题的识别与翻译的关系。从表层形式看，语料一检测的是 MH 结构的翻译，语料二检测的是抽象名词的翻译，但实际上这两个语言点涉及 stupid、lost 和 transition 三个命题。被试缺乏命题意识，不能提取完整命题，于是不能正确理解源语。"语言理解模型认为，文本材料在记忆中被储存的潜在单元是命题"；该模型还预测"命题复杂度高的句子会比命题结构简单的句子更难理解"（罗伯特等，2008：307）。语言理解模型的预测在本检测及长期对学生译者翻译行为的观察中都得到了证实。对学生译者翻译的长期观察结果显示：命题知识欠缺导致翻译单位提取失败、理解源语失误的现象很突出。失误基本上都是以源语表层形式为翻译操作单位所致。从命题意识与翻译单位的关系可说明："必须一起翻译的最小切分"是对思维片段的切分，而不是对表层结构单位的切分。当表征结构与深层结构（概念结构）关系一致时，翻译单位的提取变得容易，翻译单位是无标记的。当深表结构不一致时，翻译单位带有标记性，单位的边界识别难度增加，以表层结构的切分来提取翻译单位就容易导致对源语理解的错误。翻译单位是"思维单位"这一定义表明必须从深层结构或概念结构来把握翻译操作的"最小切分"单位。

4.6 本章小结

翻译单位的价值突出体现在两种语言发生冲突或两种文化存在差异的时候。语言和文化差异影响译者正确理解源语和得体选择目的语表达形式的时候，翻译单位的使用就成了一个不可或缺的认知手段。根据洛舍尔（Lörscher, 1996）的解释，翻译单位是"译者从原文中提取作为一个信息加工整体译成目的语的片段，翻译单位是译者注意力聚焦单位"。无论是语言差异还是文化差异都会使译者的注意力聚焦于某个影响思维流畅性的语言点。由这个语言点引发的一个解决问题的心理活动单位便是翻译的注意力焦点单位。译者的注意力由此转向搜索能解释焦点单位意义的另一个端点，即翻译单位的终端。忽略对终端的搜索，信息加工是盲目的；终端选择错误，产出的译文必定是错误的，是偏离源语的。因此，翻译单位研究的意义就在于解决如何识别单位边界的问题，以避免翻译失语症的发生。

就翻译活动而言，翻译单位的作用是显而易见的。其作用体现在以下方面。

（1）译者通过识别翻译单位边界能够划定解决问题的范围，这样可以避免盲译、死译、胡译、错译的产生。

（2）从对翻译单位的使用情况能看出译者翻译经验的丰富与否。有经验的译者往往是无意识地使用翻译单位，遇到问题时会显意识地寻找翻译单位边界，有效地切分出信息加工所必需的操作单位;缺乏经验的译者翻译思维的跨度小,思维过程频频为翻译问题所打断,问题单位多,显意识翻译频率高,诊断问题性质的能力弱,出现问题后经常不能准确地检索到翻译单位的终端边界(即解释问题的语言单位),盲目翻译或凭主观解释进行翻译的情况突出。

(3)翻译教学和译员培养的过程中皆须使用翻译单位。翻译单位是翻译教学中案例分析的依据,与翻译策略、方法和技巧的使用有着直接的关系。

总之,翻译单位边界意识是语境意识,但语境是一个宽泛的概念,而翻译单位边界的检索则是精准把握语境线索最可靠的方法。遇到翻译难点须启用翻译单位。如果翻译单位边界意识缺失,就难以确保译文的思维片段与源语对等,而边界不对等的思维片段所表征的思维内容必定是有差距的。因此,翻译单位一定是能体现源语思维跨度、内容与源语相对应、逻辑关系一致的翻译转换操作单位。

本章主要内容包括如下方面。

第一,在梳理有关翻译单位性质讨论的基础上,根据维奈和达尔贝内特提出的"必须一起翻译的最小切分"的观点,本书将翻译单位定义为"由源语中被解释项和解释项构成的能理解源语以实现语码转换的翻译操作单位",该定义将重点放在有解释和被解释关系的思维片段上,以此突出翻译单位边界与思维的整体性和逻辑性的关系。

第二,强调翻译单位是一个动态的不能以语言形式单位为切分逻辑的开放性的心理结构,应将之与语言形式单位区分开,强调翻译单位边界意识对提取与运作翻译单位的重要性,认为翻译单位翻译应是一个能够体现源语思维逻辑和翻译中语码转换规律的操作单位。

第三,通过有声思维数据分析法对学生译者进行翻译单位边界意识的检测,验证解释项与被解释项关系对理解源语正确性的影响,实验结果显示翻译单位边界意识缺失对翻译选择的正确性有显著的影响。

现有翻译单位的讨论主要聚焦于翻译单位的性质和大小方面,过多地受制于语言形式和单位的对应关系,忽略了思维活动、心理跨度与翻译单位跨度之间的动态关系。机械地按语言形式切分提取操作单位不仅不能凸显翻译单位的使用价值,而且还容易使译者为源语形式所束缚,亦步亦趋,不敢越雷池一步,死译、硬译频现，甚至出现误译、错译。缺乏翻译单位边界意识还可能使译者在努力摆脱源语束缚的同时，天马行空，导致翻译失语现象的出现。翻译单位知识能够使译者提高逻辑思维能力，增强问题意识和解决问题的能力，这也是每个译者应具备的专业能力。

第 5 章

翻译失语症的类型

本书的前两章提到的失语症分类涉及的主要是经典的分类（如感觉性失语、运动性失语、传导性失语、命名性失语等）和从语言学角度的分类。实际上，从大脑功能定位学说提出以来，对失语症的分类多种多样，不同分类方法"反映了对不同失语症状发生的研究立足点不同"（唐菱，2003），但是"无论从何种角度对失语症进行分类，都是探索失语症患者有缺陷的外部言语表现跟发生病变的内部神经机制之间的联系"（王德春等，1997：142）。通过对大脑工作的一些外部表现研究语言和大脑间的关系是观察人脑处理语言加工情况的重要途径。

翻译是一种极为复杂的以双语语言系统为媒介进行双语认知加工的心理活动，涉及解码源语符码、提取其意义并以目的语符码对所提取的意义进行再编码的一系列心理活动。根据翻译活动的性质，从语言学角度对翻译失语现象进行分类更有助于说明有问题的翻译语言的性质、类型及其与内部神经机制的关系。翻译脑处理双语转换的过程不能被完全直接地观察到（笔译尤其如此），但可以通过对翻译中语言障碍的研究来揭示双语转换和大脑之间的关系。通过译者的语言障碍可逆推对源语话语的理解和目的语话语生成的心理过程，这个过程都与神经机制密切相关。例如，语义性的翻译错误是深层失读症的表现。深层失读症的存在表明理解源语的心理过程须经过语义性通路实现，支撑语义性通路的生物学基础是神经网络系统。以词语的理解为例，文字形状通过视觉皮层处理被转换成语言编码，并由神经通路传送到音素分析区进行音韵信息的处理，处理后的信息进入语义分析区进行形-义匹配加工（参见图 2-3）。译者根据该词语与其他词语的联结关系提取该词语在语境中的意义。如果词语的形状不是经过语义分析区的加工获得的意义,而是通过双语词典给出的释义获得的,在两种语言词汇用法差异较大的情况下就很容易出现词义失读问题,表现为词义的选择或偏离源语,或搭配牵强,词不达意。词义失读是因为在理解源语的过程中出现了认知障碍。译者在词义选择方面的错误大多是语义性的。错误选择词义或是因为语义分析能力欠缺不能确立词与词之间的联结关系,或是因为无法抑制负迁移的干扰信息。翻译失写症既有语言学问题,也有社会学和文化学问题。前者的语言障碍涉及对两种语言语法和语篇组织规则的加工处理问题,后者涉及对两种语言符号信息的语用意义和文化意义的加工处理问题。翻译失写即目的语的表达不得体,有失规范,不宜或不能为目的语读者所接受。从语言学角度对翻译失语症进行分类,不仅能使人认识翻译过程中认知障碍产生的原因,辨识问题译文的性质,为译者有针对性地解决问题或纠错防错提供较清晰的思路,而且还能依托语言学的科学体系将翻译失语现象纳入一个系统的研究领域,为翻译错误研究提供一个分析体系和术语系统,由此一改散论式的翻译错误研究思路和方法。

病理性失语症表现为语言的理解和表达能力的障碍,翻译失语症也表现在理解和表达困难这两方面。病理性失语症和翻译失语症不仅表现形式相似,而且失语原因也有很强的关联性。病理性失语症是大脑语言中枢受损导致信息处理能力下降或缺失的结果,翻译失语症则是因译者对语言各层级的关系以及语言间的差异不敏感而出现的语际信息加工能力缺失的结果。译者对语言和义化信息的不敏感实际上是一种认知缺陷。这种缺陷与神经机制和心理机制缺陷有着密切的关系,它会直接影响译者的认知能力和翻译转换中信息加工与处理的能力。认知过程出现障碍会使译者看不到他本应该而且必须看到的东西,理解和表达能力因此而降低或丧失,翻译失语症由此产生。

5.1 翻译失语现象的分类

翻译过程是一个复杂特殊的认知过程。无论是理解中的语义表征提取、句法分析、语篇分析,还是目的语表达中的词汇通达、命题的转述、语用信息的传递、语篇的组织，都包含着一系列复杂的认知活动。认知过程中"翻译控制是起着极其重要的作用"（颜林海，2015：38）。任何一个信息处理环节发生认知障碍都会出现相应的翻译失控制状况。翻译失语症是译者对语际信息传输过程失控制的直接结果。不能理性地把控翻译过程就容易出现死译、胡译或盲译的情况。因此，"译者必须把自己的翻译过程作为意识对象，积极地加以监控，并且能够在必要的时候采取适当的补救策略去解决翻译中出现的问题"（颜林海，2015：38）。翻译补偿手段，如翻译方法与技巧，都是译者理性控制翻译过程的体现。翻译失语现象的出现说明译者对翻译过程失去了控制，失控情况可出现在翻译过程中的各个环节（图 5-1）。了解失控所涉及的环节对把控翻译过程、有的放矢地采用翻译补偿手段解决问题或防止翻译失语问题的出现大有裨益。

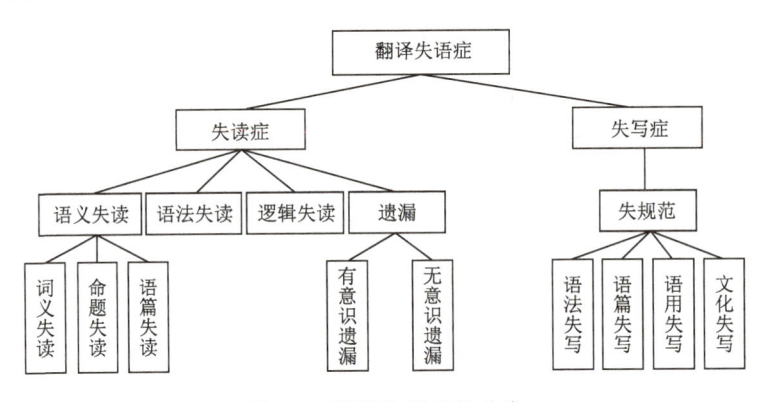

图 5-1 翻译失语症的分类

翻译失语症主要由差异所致，差异存在于语言系统内部和语言系统之间。语内差异存在于深层结构和表层结构之间。深表结构出现的非一致式关系陌生化程度越高，失语的可能性就越大。这种情况下翻译失控主要发生在理解环节。译者在理解源语的过程中会产生认知障碍，不能准确地提取源语语义表征。非共享的语义表征起不到双语转换的中介作用。两种语言语义表征不一致，概念表征就不一致。根据语义翻译的原则，概念表征不一致应视为翻译失读症。不能正确解读源语的形式与病理性失读症近似。失读症大多为"形音失读"，表现在朗读过程中的"近音错读""近形错读"等方面。这类失读症更常见于口译过程。笔译中的失读症近似于病理性失语症中的"读理解障碍"，即"形义失读","患者不能正确理解字词、句子、篇章段落的意义"(高素荣,2006:98-100)。抽象词阅读障碍是阅读理解障碍的一种情况。"在抽象词(abstract word)/实词(concrete word)阅读作业中表现出明显的分离现象,即读抽象词的错误率明显高于读实词,有人称其为实词效应(concreteness effect)。实词也称为高度可图像化的词、具体词,抽象词则指低想象力的词。"(高素荣,2006:103)翻译中的实词效应也很突出。实词与抽象词的翻译相比,前者的反应时长较短,准确率较高;后者则反应时长增加,准确率较低。另外一种阅读障碍病例是"深度失读",表现为"患者读名词较修饰词(形容词和副词)更好,而这些词比动词读得更准确"(高素荣,2006:105)。在语义分析系统,名词的语义角色是参与者,在自然句中通常做主语、宾语或表语,其表征的形成是靠语义特征聚合形成的概念,如第2章中图2-2所示,apple的概念指向语义特征聚合所表征的物体,语义特征和语音或书写形式的结合才能实现词汇的通达。与名词不同,形容词、部分副词或动词是谓词属性。这些词语义表征的形成规律是填充谓词语义结构中的参与者,通达命题,其词义确定是在搭配的基础上实现的,根据搭配项确定谓词的词义。深度失读就是由对谓词的搭配关系认识不清导致的对形容词、副词或动词的理解失误。动词、修饰词、抽象词理解障碍都是"深度失读"的表现,这是一种由深层语义结构理解障碍所导致的失语现象(高素荣,2006:125-126)。就翻译而言,深度失读意味着出现了理解源语、提取源语词义或命题的障碍。在图5-1翻译失语症的分类中,语义失读和遗漏都与翻译深度失读有关。翻译中的语义失读指因语义知识缺失而不能正确提取源语词义、句义或主题义的情况,遗漏指的是由不能推导源语隐含信息而导致欠额翻译的情况。无论哪一种情况发生,译文的语义表征在某种程度上都会与源语的语义表征不相符。这类由不能正确理解源语而导致的翻译错误称为翻译失读症。

病理性失语症中,除了阅读障碍外还有表达障碍,即失写症。失写类型有语音性失写、词汇性失写、字词写错、语法错误、完全性失写(高素荣,2006:138-141)。这五类失写症中与笔译表达障碍最切近的是"语法错误"。语法错误型失写症表现为选词不当、语序混乱,运用语法和逻辑规则的步骤有执行障碍。根据高素荣(2006:11)的观察,失写患者的"有些作业字词几乎完全正确，语法结构却混乱不堪"。笔译中也会出现选词不当及语序、语法结构或逻辑混乱的现象，这些都是常见的翻译表达障碍。病理性失写症大多与布罗卡区书写的运动中枢受损有关，而翻译中的失写症则与表达形式的选择是否顺应目的语语言规范有关。翻译中的表达是在理解源语的基础上产出目的语文本的过程，这一过程中顺应的是翻译选择的基本原则。顺应目的语的语法规范、语用规范、语篇规范和文化规范，是确保翻译语言流畅通顺、提高译文可接受性的翻译策略。翻译中的失规范意味着译者选择表达形式的过程中出现了认知障碍，这类表达性的认知障碍称翻译失写症。

5.2 翻译失读症

翻译失语症是由语言或文化差异干扰导致的理解和表达障碍。差异是引起失读和失写的根本原因。差异小，双语加工的难度低，翻译过程容易控制且自动化程度高。因此，在双语语言系统差异小的情况下通常不会发生失语的情况；反之，翻译的难度就大，需要使用更多的认知资源、合适的翻译策略和技巧来处理双语转换信息。如果认知资源受限，处理信息的策略和技巧使用不当，通常就会出现翻译失语的情况。

翻译中最常遇到的问题是如何处理语言或文化间的差异。差异对翻译理解和表达的影响是显而易见的，不同性质的差异可导致不同性质的翻译失语情况。翻译失语症像病理性失语症一样也分为失读症和失写症两大类。脑损伤性失语症和非脑损伤性的翻译失语症有相似的表现。

病理性失读症，也称视觉性失语症，患者可以识别文字的书写和读音形式，但不解其意。"失读症（dyslexia）是各种对书面语言理解缺陷的总称，又被称为字盲症、诵读困难，一般指由于大脑器质性损伤或病变而无法接受和理解书面语言的症状。"（崔刚，2015：49）就笔译而言，"对书面语言理解缺陷"是造成翻译失读的主要原因。理解缺陷是认知资源受限造成的，如缺乏理解源语所需要的语义、语法、语篇及百科知识等。译者认知资源受限，遇到双语差异大的翻译任务时就会出现由资源受限而导致的翻译失读症，表现为不能通达源语语境关联的语义表征（即语义失读），不能读取源语语法结构或语法结构标记的意义，不能辨识源语中的逻辑关系，遗漏源语中实质性的信息。

5.2.1 语义失读

语义失读的突出特点是译者对源语单词或句子并不陌生，但却不知所熟悉的词句在文中的所指是什么。双语者和译者不可避免地都会遇到此类问题。语义失读最常见于语感和译感皆差的双语者。初涉译事者尤其不善于辨识语篇中单词在语境中的所指，经常出现曲解源语词义、词义检索耗时多、反应时长增加等情况，这与病理性失读症状很相似，尤其与有命名障碍的失语症状相似。马歇尔（Marshall，1976）研究失语症患者对话过程中搜索词汇的行为时发现，患者在搜寻词汇的过程中会出现以下问题：反应时间长；语义或音位错乱；迂回曲折表达；使用不确定词，如 the one、stuff。此外，患者通常要花费大量的时间来搜索目标词。这种行为与语义失读的译者行为很相似。例如，在"使用不确定词"方面，缺乏经验的译者通常会忽略不确定词与语篇中具体词的联系，以不确定词译不确定词。这种机械复制源语不确定词的做法往往会破坏译文的语篇连贯效果，产出前言不搭后语的译文。翻译中出现的这种识其形而不解其意的现象叫作"语义失读症"。根据不同的语言点性质，语义失读症可分为：词义失读、命题失读、语篇失读三大类。其中，任何一个环节出现失读问题，译文和原文的语义链都不能建立共享的语义表征。语义失读研究应从词义选择开始，由词到句、由句到篇地观察可能导致失读症发生的各种情况。由于语篇失读与失写紧密相连，不宜分割，所以本书将语篇失读问题放在 5.3.4 小节语篇的失读与失写部分讨论。

1. 词义失读

词义失读是翻译中词义选择错误的现象，这是最常见的语义失读情况。翻译中的词义失读指能识别词形与读音，但不能确定该词在语境中的意义，表现为：①译者遇到笼统词、抽象词、概括词和同形异义词时出现的误读和死译现象。这种现象在病理性失语症里称作"形、音、义失读症"或"形、义失读症"（高素荣，2006：119）。顾名思义，这是一种患者因阅读中枢的语义分析系统受损而丧失了建立形和义联系能力的语言障碍。②译者只知某个词的辞典释义，但不知其语境意义，不知它在语境里具体指什么，这种情况一般与不善于参照语境线索解读词典释义有关。词义失读一般是由以下几种情况引起的。

第一，两种语言词义不完全对等时容易出现词义失读问题。

词义不对等表现为相对应的词项所含的语义特征不完全对等或义项不完全对等，这两种不对等情况直接涉及搭配问题。搭配是确定词义的重要语义依据。翻译时须根据搭配项确定目标词的词义。不善于在搭配项和目标词之间建立语义联系，以搭配项激活目标词在特定语境中的意义就会出现词义的理解与选择错误。纽马克（Newmark，2001：180）曾就搭配问题说：把一语译成二语的人"每次出问题不在语法方面，他的语法可能比一个受过教育的本族人还要好些；也不在词汇方面，也许他掌握的词汇比本族人还要多些。他的问题出在搭配上，搭配无法令人接受"。事实上，一语译二语容易犯搭配错误，二语译一语（即外语译母语）也容易出现搭配障碍。"搭配"完全受到词所含的语义特征的限制。一个词的语义特征包含的数量和涵盖的范围都直接影响它对搭配词的选择。搭配词可激活目标词的某些语义特征或某个义项，被激活的语义特征或义项就是翻译理解过程中搜索并提取的词义。忽视这种语义激活关系，照搬双语词典的翻译很容易出现误读源语词义的情况。如果两种语言间相对应两个词之间词义不完全对等，加上认知资源受限，语义知识薄弱，词义的确定与表达就会带有很大的盲目性。在此，以 introduce 为例说明在双语词义不完全对等的情况下如何根据搭配来选择目标词词义。以下有关 introduce 的释义选自于《牛津高阶英汉双解词典（第四版）》[*Oxford Advanced Learner's English-Chinese Dictionary*（4th edn）]。表 5-1 显示只有义项 1 和义项 2 与汉语"介绍"的语义特征相同，潜在的搭配选择项也相同，其余 6 项都不在汉语"介绍"的语义范畴内，这就是词义不完全对等的情况。遇到双语对应词间义项不完全对等的情况时，理解要点是：以语义明确的搭配项确定目标项的词义。

表 5-1　英汉词义部分对等关系

introduce 义项一览表

义项 1	使相互认识；引见	义项 5	初次投入使用或运作；使某人开始采用或体验某事物
义项 2	（向听众或观众）宣布并介绍广播节目等的细节	义项 6	引进；推行；采用
义项 3	提出（新问题）供讨论	义项 7	将某物放或插（入某物）
义项 4	引导或带领某人接触事物的主体	义项 8	作为（一段音乐、一本书、一场戏等）的开头

双语的词项词义不对等时可通过搭配词间的语义关系确定词义，以此选择目的语的措辞。忽略搭配关系，容易出现死译和误译问题。

[1] First of all, probably we should **introduce** higher taxes for black items, like black cars and black suits.

首先，我们可能要对黑色产品——如黑色汽车和黑色套装——征收更高的税金。

搭配项 taxes 激活汉语的"征税"概念表征。在语义搭配制约下义项 6 被激活，introduce 引申为"征收"。

[2] Relative pronouns **introduce** adjective clauses.

关系代词引导定语从句。

用于语法规则阐释，义项 8 被激活，根据语法语域的措辞规则，introduce 引申为"引导"。

[3] Dressing designers **introduce** new fashions each year.

服装设计师每年都推出新的款式。

与产品和市场同现，义项 6 被激活，目标词引申为"推出"。

[4] For example, we will be able to create heart cells from your skin-derived stem cells and **introduce** them into your system through the bloodstream.

譬如说，我们能够从皮肤中提取干细胞来培养心肌细胞，再经由血液循环将心肌细胞回输到你的体内。

heart cells 和 into your system through the bloodstreem 激活义项 7，与"血液"搭配，introduce 引申为"回输"。

[5] For instance, Philips, an electronics firm, plans to **introduce** wirelessly controlled lighting systems for commercial buildings in around five years' time.

例如，菲利普，一家电子公司，计划在大约 5 年的时间里为商业建筑研制无线控制照明系统。

introduce 用于科技研发语境，义项 5 被激活，引申为"研制"。

以上例句显示翻译中目标词词义的通达非简单地从心理词库提取现成匹配的对译词即可实现的。两种语言词义不完全对等是常态。根据搭配确定词义，选择目标词对译词是语义思维活动，控制搭配的是词与词之间的语义联系。缺乏搭配意识不可避免地会产出"搭配无法令人接受"的译文，忽略搭配项对目标词词义的激活还会出现曲解源语的情况。对命名性错误的研究结果显示，"对缺失中等程度的患者来说，75%的错误是语义联系错误"（崔刚，2015：166）。翻译中搭配错误是一种常见的语义失读现象。根据搭配项灵活提取词义才能避免由语义联系错误导致的失读症，也才能获得语义动态对等的翻译效果。

第二，源语的概括词、笼统词、抽象词在目的语里找不到具体所指的情况下容易失读。

崔刚（2015：170）介绍的德·格罗特（de Groot，1989）、弗兰克林等（Franklin et al.，1995）的研究成果表明：有命名障碍的患者"对具体性词汇的处理能力要好于抽象性词汇"，"具有阅读障碍的失读症患者也表现出同样的现象"，"受试者在处理具体名词时的速度和准确率要明显高于抽象名词，只不过该现象在具有语言障碍的患者身上表现得更加明显而已"。语义的具体性效应在译者身上也表现得很突出。译者理解具体词的速度和准确率明显高于抽象词、笼统词和概括词。博瑞丁等（Breedin et al.，1994）解释具体性词汇和抽象性词汇的习得方式差异时说："在具体性词汇的习得过程中，感觉经验起着关键性的作用，而抽象性词汇缺乏具体的感觉输入，它们的习得只能靠语境。"（转引自崔刚，2015：173）这一观点不仅解释了这两类词汇习得的方式不同，而且也解释了这两类词词义通达的路径不同。语境依赖性说明抽象词的理解需要具体性词汇的配合。因此，抽象词、笼统词、概括词的翻译要领是：不见具体词不译，忽略具体词对抽象词语义指向的控制作用就容易出现语义失读的情况（见本书第 7 章"熟用技巧"口诀 1 和口诀 2）。

[6] The first step toward change is **awareness**. The second step is **acceptance**.

　　面对变化的第一步是**意识到**变化，第二步是**接受**变化。

学生译者对例[6]的翻译是：

A. 面对变化，首先要**有清醒的认识**，其次要学会**接受**；

B. 改变的第一步是**自觉**，第二步是**自知**（命题与源语不符）；

C. 自我改变的第一步是我们要有**自知之明**，第二步则是我们**要认可自己**。（填空项选错，命题则错；命题错，译文与源语的语义表征不一致）。

英语中以名词形式表示动作、状态、品质或其他抽象概念的词叫作抽象名词。抽象名词有概括性强、搭配域宽、语义模糊、对语境依赖性强等特点，所以很容易成为理解难点。英语里的形容词、动词以名词形式出现在句中充当名词性的句子成分时，译者容易受到抽象名词的词类语法特征以及所充当的句子成分的影响，将注意力放在句法形态而不是语义表征上，因此不能正确处理抽象名词的语义信息。抽象名词大多是谓词性的。谓词性抽象名词的理解与翻译要按加工谓词信息的程序来操作，即识别谓词语义结构的参与者，不见参与者不译。参与者是抽象名词的语境线索。根据语境线索填充 awareness 和 acceptance 语义结构的空位，将之转化为 be aware of the change 和 accept the change。谓词语义结构空位不填，命题不完整；命题不完整，小句语义残缺，句义不明。反之，命题完整，语义饱满，句义则明。命题是抽象名词在语境中的所指。例[6]A、B、C 三个译文选自学生作业，从中可看出 A 的理解正确，A 译者采用的是汉语主题句句式来翻译。主题语（面对变化）可控制其后同指名词"变化"的省略，读者能依据主题语回补句中被省略的信息。B 和 C 中的黑体词不能体现抽象词 awareness 和 acceptance 的具体所指，即命题，所以是误译。误译的原因就是没能通过回补填充语义结构上的空位信息来通达源语抽象名词的语义表征。

[7] For their part, Americans are now buying smaller cars, and walking more. More and more of them are **cooking "from scratch"** instead of using prepared food.

现在美国人买的车越来越小，步行的时间越来越多。如今越来越多的美国人用生菜、生肉自己动手烹饪，而不食用现成食品。

[8] Fifteen grand buildings, including a new foreign ministry and a constitutional court, were to be built **from scratch**.

十五座大楼将拔地而起，其中包括一座外交部大楼和一座法院大楼。

除了抽象名词外，笼统词也容易成为理解的难点。激活笼统词语境义的依然是具体词。from scratch 本义是 from the beginning，在使用过程中往往是义随境生，理解时须因文取义，取义的切入点是词汇链上与其语义有关联的具体词。忽略了具体词就容易出现误读和误译现象。例[7]和例[8]显示只有参照下划线的文字才能确定 from scratch 在不同语境中具体指什么。

第三，"假朋友"，貌合神离，诱人望文生"译"，导致词义失读。

false friends 源自法语 faux amis，主要指表层形式相似或相同但实际意义不同的词汇、成语和句式。"假朋友"往往使人不深究其意，望文生"译"，想当然地以母语概念取代源语概念，从而产生翻译失读。翻译中常见的"假朋友"有以下三种类型（分别见表 5-2、表 5-3、表 5-4）。

表 5-2　词汇类"假朋友"

源语词汇	实际意义	误读
hot bed	冷床	热床
busboy	餐馆勤杂工	公汽售票员
busybody	爱管闲事的人	大忙人

表 5-3　成语类"假朋友"

源语成语	实际意义	误读
bring down the house	博得全场喝彩	推倒房子
handwriting on the wall	不祥之兆	大字报
pull up one's socks	鼓起勇气	提上袜子
eat one's words	收回前言	食言
walking skeleton	骨瘦如柴	行尸走肉

表 5-4　句子类"假朋友"

源语句子	实际意义	误读
You don't say!	是吗!	你别说!
I haven't slept better.	我睡得好极了。	我从未睡过好觉。
It has been four years since I smoked.	我戒烟4年了。	我抽烟4年了。
It's a long lane that has no turning.	再长的巷子也有转弯处。	长巷子没有转弯处。

遇到两种语言有近似的表达形式时应注意以下三点：①查词典，判断两种表达形式之间是否有相同的义项，或所含语义特征是完全相同、部分相同，还是完全不同。语义特征部分相同或完全不同都可能导致误读与误译。②析语境，译文在语境中不具备语境关联性，译文语义延续性受到了一定程度的破坏，这说明对源语的理解出了问题。③看逻辑，判断译文在上下文中是否具备逻辑上的可解释性，如在炼钢语境中 hot bed 就不能译为"热床"，hot iron 应译为"铁水"而非"热铁"（张富，1998）。

[9] He was sure that he could pass the examination, while later he **ate his words** and said it was far more difficult than expected.

A. 他认为自己能够通过考试，可后来就**食言**了，并说考试难度远远超乎预料。

（"食言"为望文生"译"，译文命题与源语不符，前后句缺乏语义上的延续性和逻辑上的可解释性。）

B. 他很有把握地说自己能够通过考试，可后来就**收回所说过的话**了，并说考试难度远远超乎预料。

确定词义三步走：查词典，析语境，看逻辑。例[9]中，eat one's words 的语义对等词是否是"食言"可从三个方面来判断：①判断两者概念是否相同，eat one's words 的概念是 to take back one's statements，多用于表示歉意的场合，而"食言"意为不履行自己的承诺，两者概念表征不同；②从语义的连贯性看，his words 所涉及的词汇链与"承诺"无关；③从逻辑关系看，前后文中没有"承诺"和"失信食言"的转折逻辑关系，所以 eat one's words 与"食言"不是一对概念对等的翻译转换单位，而是貌合神离的"假朋友"。"假朋友"照字面翻译必导致误译。

第四，词汇空缺导致选词困难与误读。

"词汇空缺"指源语词汇在目的语里找不到有语义关联性或部分语义特征共享的现象。词汇空缺主要是由生活环境、经历、风俗、习惯、宗教、信仰等文化或语言差异造成的。许多引进的词汇在目的语里找不到具有共享语义表征的对译词，这种情况下就会出现跨语言文化交际中的词汇空缺现象。

词汇空缺容易引起类似命名性失语现象。"命名性失语"指命名不能，又称"遗忘性失语"。命名性失语患者"表现有不同程度的命名障碍，都有找词困难"（word finding defect）问题（高素荣，2006：250）。患者的语言特征有："缺乏实质性词""空话、赘语""不能表达信息""可出现词义性错语"（高素荣，2006：251）。翻译中也有类似的情况。译者找词困难有多种原因，词汇空缺便是原因之一。译者经常会因找不到现成匹配的对译目标词而出现言语累赘、盲目措辞、词不达意的情况。

[10] Further evidence, if needed, that the **petroholic era** is screeching to a halt.

A. 如果需要的话，还可以进一步证明，**石油时代**正在走向停滞。

B. 如果需要的话，这可以进一步证明，**大量对石油进行滥采滥用的时代**正在飞速地走向停滞。

C. 如有必要，还可以进一步证明，**狂采滥用石油的时代**就要戛然而止。

petroholic 是 petroleum 与 alcoholic 的缩合形式，在汉语里没有可直接对译的词。在《柯林斯 COBUILD 高级英汉双解词典》(*Collins COBUILD Advanced Dictionary of English*) 里 alcoholic 的定义是：someone who cannot stop drinking large amounts of alcohol, even when this is making them ill。定义中 cannot stop drinking large amounts of alcohol 是激活 petroholic 所指的重要语义特征，意为 cannot stop exploring large amounts of petroleum。译文 A 直译为"石油时代"是欠额翻译，遗漏了"狂采滥用"的语义特征。译文 B 用词繁琐，其中"大量"与"滥采滥用"概念冗余，实属赘语。此外，译文 A 和 B 中的 screeching to a halt 都出现了误译。译文 C 借助阐释译法来处理 petroholic era 这个在汉语里零对应的名称，充分传递了源语的意义，语言也简洁、通顺、流畅。

翻译中遇到词汇空缺的情况可采用适当的翻译方法来转述源语信息，常用的翻译方法有：音译法、阐释法、直译法或形象+阐释法。由于是名称翻译，所以无论采用哪种方法，应尽量做到两点：①阐释应言简意赅，措辞简洁；②所指应与源语一致，避免歧义联想。词汇空缺通常用的翻译方法见表 5-5。

表 5-5 词汇空缺的处理方法

方法	示例			
音译法	nylon 尼龙	logic 逻辑	humour 幽默	clone 克隆
阐释法	piano 钢琴	violin 小提琴	e-mail 电子邮件	clock-watcher 看钟表等下班的人
音译+类名	beer 啤酒	jeep 吉普车	pizza 比萨饼	Dink 丁克族
直译法	wallflower 壁花	crocodile tears 鳄鱼的眼泪	armed to the teeth 武装到牙齿	honeymoon 蜜月

词汇空缺的确会带来理解和表达的困难，但只要意识到两种语言之间词汇是零对应情况并能够采用相应的翻译方法，通常都能解决词汇空缺带来的翻译问题。

就词汇选择而言，双语转换过程中词义激活的复杂程度远远大于单语词义的激活。在两种语言词义不完全对等、词义模糊（如抽象词等）、"假朋友"、词汇空缺的情况下，词义激活加工更为复杂。上述几种情况都容易导致译者理解偏差或表达障碍，容易出现词义误读和盲目择词的现象。这种无法准确理解源语词语或找不到正确的对译词是词汇层面的语义失读现象，即词义失读。语义失读的另一种情况发生在句子层面上，涉及命题表征通达障碍，这类语义失读情况称"命题失读"。

2. 命题失读

单词的语义表征是语义特征的集合。"一个单词的意义不是不可分析的单位，它是可由一组语义特征集合加以表征的。"（Smith et al., 1974）理解单词的词义需要激活与语境关联的语义特征，通过被语境激活的语义特征确定该词的所指。提取命题表征不仅需要分析单词的语义特征，而且还需要分析命题的语义结构。翻译中因不能正确提取源语命题而导致理解错误的现象称命题失读。命题失读的结果是：目的语句义失信于源语的句义。

命题是组成句子的抽象结构。尼尔·史密斯（Neil Smith）和达埃德尔·威尔逊（Deirdre Wilson）将命题定义为"撇开句法形式和音位形式，旨在表现语义结构的抽象的东西"（史密斯和威尔逊，1983：161）。美国著名的信息加工心理学家安德森（Anderson，2010：123）将命题定义为"可以作为独立陈述的最小知识单元"。根据安德森和鲍尔（Anderson & Bower，1973：153）对命题表征的解释，"在人的长时记忆里命题是表征知识的主要单位"。命题知识包括以下一些内容：①命题表征是深层认知结构，是基于概念关系的编码，用于编码意义或语义信息；②命题表征的编码是抽象的，如"命题'Bill, John, 打'并没有规定究竟是谁打了谁，被编码的内容仅仅是：John 和 Bill 与打人这件事情有关联"（罗伯特等，2008：248）。语言形式的编码（包括顺序的编码）是语法编码。根据自然顺序编码，施事在表示关系的谓词"打"之前，受事在"打"之后。命题内容（即概念）经过排序后就形成了一个表示完整陈述或判断的小句。同一个命题可以有不同的句子形式。命题相同、语法形式不同的句子称同义句。就小句翻译而言，两种语言的共享语义表征就是命题。相同的命题可用不同的目的语形式进行编码。翻译的结果是译文和源语有共享的命题表征，但语言形式不同（参见图 3-3）。语言形式包括语音、书写和语法形式。命题表征是小句翻译的中介。源语和目的语的句子之间命题相同，句义对等。命题的核心是谓词，谓词匹配参与者就形成了完整的命题表征。

命题是深度认知表征，这一信息加工过程容易产生认知障碍。译者缺乏命题知识或命题意识就会把注意力放在表层的信息加工过程中。在双语语法表征差异很大的情况下，译者不能识别命题，可导致失读；译者不能根据命题表征和语法表征的关系进行编码，可导致失写。失读者不能正确读取源语信息，失写者或许能理解源语，但却不知如何用通顺的目的语来编码源语的命题，通达句义。

"语言理解模型认为，文本材料在记忆中被储存的潜在单元是命题。"（罗伯特等，2008：308）金茨和基南（Kintsch & Keenan, 1973）针对上述观点设计了一个实验，用以验证命题复杂度与阅读难度关系的假设。该实验要求被试阅读10个句子，所有句子的单词数几乎相同，但句子的命题数差异很大。有些句子只有4个命题，另一些则包含高达9个命题。实验结果表明，命题复杂度高的句子比命题结构简单的句子更难理解，这一结果证实了实验设计者的假设（罗伯特等，2008：308）。笔者对翻译实践的长期观察也发现：源语句子命题数量越多，理解的难度越大，失读的概率越高，而且翻译转换加工的难度也大，失写的概率也很高。引起命题失读主要有三个原因：①不能提取完整的命题表征导致失读，如例[10]；②不能识别非一致式句子的命题表征导致失读；③不能识别句中各命题之间的关系导致语义连贯的失读（原因②和③见例[14]的说明）。

[11] When you walk, do so purposefully as if you belong.

在例[11]中，源语语法表征是完整的，但语义表征却是残缺的，缺失的信息是谓词belong语义结构槽位的填充项。防止命题失读，首先要具备谓词知识。谓词是命题的核心元素。谓词、命题和句子的关系是：一谓词，一命题；一命题，一小句。如果大脑中储存着这三者关系的知识，就容易掌握加工命题信息的程序性知识。提取命题、理解源语句子的程序是：①识别谓词；②填充谓词语义结构的参与者；③提取命题表征；④根据目的语的语言规范对所提取的完整命题进行语形编码。前三项是读取源语句子信息的过程，第四项是产出目的语句子的过程，即表达过程。belong命题信息的提取首先要填空。空不填不译，填空才能提取完成的命题。填空项须是语义具体词的词汇。walk词义明确，是唯一可选的填空项，填充空位后的语义结构是as if you belong to walking。根据这一完整的语义结构可提取命题"走有走相"。填空项不同，命题则不同，如例[11]~例[13]。

[12] When you sit, do so purposefully as **if you belong**.

坐有坐相。

[13] When you eat, do so purposefully **as if you belong**.

吃有吃相。

[14] When you sleep, do so purposefully **as if you belong**.

睡有睡相。

在学生的翻译作业中，对于例[11]，as if you belong 或是不译，或是凭着想象将之误译为"昂首挺胸""你的走路风格"。比较例[12]~例[14]，学生对例[11]的翻译显然是错误的，有悖于源语命题。谓词语义结构槽位的填充项是构成命题认知图式的语义元素，是确定谓词词义的语境线索，即谓词的最小翻译单位边界，这也可以解释贝尔关于"通常小句可作为翻译单位"的观点（Bell, 2001：29）。只要命题完整，语义明确，有自释力，那么小句就可以作为一个相对独立的翻译操作单位，而自释力强的命题因其语义明晰，一般不会出现命题误读的情况。命题误读最常发生在句子含有语义空位而填空信息不明确的情况下。

[15] Airey Neave was aware that many believed that the bushy-browed hypochondriac who had once served as Hitler's secretary was insane but harmless. **They had argued that his** *enforced absence* **disqualified him as a war criminal.** （Roland: *The Nuremberg Trials*）

例[15]黑体文字的句子的特点是：多命题句及历史事件命题隐含。抽象名词短语 enforced absence 隐含了 enforce 和 absence 这两个含历史事件命题之间的逻辑关系。所批改的 20 份研究生的作业显示翻译错误都集中于黑体文字的句子，学生译文有很强的趋同性。他们都将这句话译作：**他们认为由于他*被迫缺席*，所以不应认定为战犯**。其误读集中出现在 enforced absence 上。

此句的理解应按如下程序进行。

（1）按"一谓词，一命题"的规律拆分命题。

命题 1：They had argued.

命题 2：He was enforced by_____?

命题 3：He was absent from the war.

命题 4：He was disqualified as a war criminal.

（2）检索谓词语义结构空位的缺省信息。命题 2 暗含一个历史事件命题，这个历史事件才是补足完善命题 2 信息的翻译单位边界。只有通过这个事件对命题中缺省项的解释才能提取完整的命题表征。enforced absence 指纳粹党副元首赫斯驾机独往英国进行停战谈判，被软禁在伦敦塔，没有直接参战。因此，命题 2 和命题 3 是一组基于因果逻辑的复杂命题，意为：在战争期间被扣押在英国，没有参战。

（3）根据命题间的逻辑关系编码所提取的语义信息，由此产出的译文是："这个长着浓眉的疑病症患者曾经是希特勒的秘书。艾瑞·尼夫知道许多人认为这个人有些疯癫，但并没有攻击性。**他们认为他当时*被扣押在英国没有参战*，所以不能算是个战犯。**"（罗兰德，2015）

学生译者的翻译错误源于误读。误读的原因是认知资源受限而又未能扩大资源检索范围，不能提取加工该抽象名词短语信息的翻译单位，在缺乏足够命题信息的情况下直接翻译词汇的表层意义及语法意义，译文因此形似而神离，属"欠额翻译"，不仅遗漏了源语隐含的命题，而且遗漏了重要的历史背景信息。

在命题与句子的记忆和理解问题上，安德森和鲍尔（Anderson & Bower, 1973：366-373）做了"人-地点"（the person-location experiment）的实验。实验为被试显示 5 个陈述句，构句元素（人和地点）出现一次、两次或三次：

  A hippie is in the park.

  A policeman is in the park.

  A sailor is in the park.

  A sailor is in the store.

  A judge is in the church.

被试学习了"人+地点"的句子后会看到一些检测句。他们要尽快地说出这些检测句是否在所显示的句子清单中。

实验的预测是"人们会把这些关于一个人或一个地点的命题放在同一个节点里。在检测时他们首先找到所提及的人和地点（如 hippie 和 park），然后再到所有的命题里找寻这两个元素，一直到找到和检测句相同的句子。要找寻的命题越多，时间就越长。"judge 和 church 在句子清单中只出现过一次，受试的反应时最短，而 a sailor is in the store 这个句子的反应时最长，因为 sailor 出现过两次，park 出现过三次。实验结果符合预测，"这些句子是作为命题单位储存在记忆里的。在检测时，受试搜索的是这些命题单位，而不是句子清单"（转引自桂诗春，2000：408）。

安德森和鲍尔在谈命题表征问题时说，"我们选择主谓结构作为记录长时记忆中有关世界的各种事实、事件和状态的主要结构"，而命题正是"关于世界的陈述和判断"（Anderson & Bower，1973：156，3）。"命题是组成句子的抽象结构"（罗伯特等，2008：245），是句子深层的语义内容，命题结构是理解句子语义结构的基础。"在命题表征中，主谓结构是最重要的信息存储结构。"（罗伯特等，2008：245）因此，对译者来说，理解源语句子的关键在透过表层结构识别命题，提取语义信息。命题作为句子的理解和记忆的基本单位，识别语义信息完整的命题是理解源语句子意义的重要环节。如果译者的认知域中出现命题知识盲区，认知资源受限，就会出现语言转换加工的障碍。参与者（如人元素 sailor）是命题认知资源的组成部分。参与者不明，句子理解就会出问题。在处理参与者-谓词关系时应注意两个问题。

一是要善于感知谓词的语义结构空位。如果不能察觉语义结构空位的存在，就不能有意识地在语境中搜索填充空位的词项，翻译也因此而容易出错。语义结构完整，命题则完整，句义明确。命题在句法层面上通常呈现为主谓结构。

二是用以填充谓词语义结构的参与者须是语义具体的词项，因为只有词义明确的参与者才能使命题得以明确。参与者不同，命题则不同。

防止翻译出现命题失读现象须使用参与者-谓词的语义知识，操作要领是：谓词不见参与者不译。操作程序是：①感知谓词语义结构的空位；②识别谓词，识别参与者；③以参与者填充谓词的语义结构空位，提取命题；④根据目的语的语言规范对命题进行语形编码，产出小句；⑤多谓词句即多命题句，一命题译一小句，然后根据小句间的逻辑关系排列顺序或整合句子（见本书第 7 章"熟用技巧"口诀13）。谓词是命题语义结构的核心元素，也是句子翻译的核心要素，所以按照谓词翻译的程序操作可有效地防止由命题失读而导致的句子翻译的失误。

5.2.2 语法失读

翻译中的"语法失读症"指由两种语言语法系统差异干扰所引起的读取源语语法信息的障碍。语义失读是因不能识别源语的语义关系、词的所指或句子的命题而产生误读源语的现象，而语法失读则是因不能识别源语语法逻辑或语法意义而导致的误读源语的现象。耐斯浦劳斯等（Nespoulous et al.，1992）给出了病理性语法缺失的几种情况："①语速放慢；②在大多数，甚至是全部的语句中，语法标志词丢失；③动词的屈折变化丢失，偏爱使用不定式或者动名词形式，而不是定式动词形式；④句法结构的数量和复杂程度下降；⑤患者产出电报式的语句；他们更喜欢使用并列手段来连接句子，很少使用嵌入成分。这些症状也经常伴随着理解的缺陷。"（转引自崔刚，2015：177）以上几种情况中，与笔译失语法相关的是后四种，其中二、三、五种更适合描写汉译英的失语法现象。汉语是意合语言，没有屈折变化词素，很少使用语法形态标记手段。因此，汉译英表达过程中语法标记词素丢失的情况十分普遍。就英译汉而言，这些语法标记词素的丢失主要表现在理解过程中。习惯意合阅读模式的译者在读形合语言的文本时，很容易忽略语法标记词素所承载的信息。忽略实质性的语法或语义信息都会导致语法失读。失语法四的情况（句法结构的数量和复杂程度下降）对汉译英者来说是书写复杂句能力的下降，对英译汉者来说是理解复杂句能力的下降。失语症研究者认为："在句法方面，失语法患者对可逆被动句的理解较主动句困难，对复杂语法句的理解较简单句困难，其原因可能与'痕迹'删除有关（Grodzinsky，1995a，1995b），也可能与失语法患者存在工作记忆障碍有关，语法信息衰退较快，导致各语法成分加工去同步化，从而影响语法结构的正确判断和理解。"（转引自高素荣，2006：163）这两种说法都可解释英译汉中语法失读现象。下面从三种语法意义的角度来说明翻译中常见的语法失读问题。

1. 不能辨识源语的句法结构关系可导致语法意义的失读

结构意义反映的是词语之间的结构关系，如主谓关系、动宾关系、偏正关系等。名词的格变化也反映词语之间的结构关系。如果不能对源语句子内部的结构关系做出正确判断，很容易产生违背源语语法逻辑的解读。

[16] Go, I give you back your promise **not to go without me**.

走吧，我把你的诺言还给你，**不要管我**。（命题与源语不符）

例[16]误译的原因是没搞清楚源语的句法结构逻辑。not to go without me 和 promise 是同位结构关系。you promised 发生在 give you back your promise 之前。如果按源语的语法顺序翻译，译文命题间的时间逻辑与源语的不符。值得注意的是，命题编码是"与信息顺序无关的"（罗伯特等，2008：248），而命题的顺序编码则与语法有关。语法上 promise 是宾语，位于动词之后，可语义上则是一个先发生的事件。意合语言倾向按照事件发生的自然顺序编码。因此，英译汉需要根据汉语表达习惯调整语序。正确的译文应该是：**你曾说过决不弃我而去，现在收回你的诺言，走吧**。

[17] Caroline has known me all my life. It was my privilege to **see her out of hers**. （William Faulkner: *Mammy Caroline Barr*）

我一生下卡洛琳就陪伴着我，能**为她送终**是我莫大的荣幸。

要知道 to see her out of hers 指什么，须辨析文中名词性物主代词所有格的句法结构关系。根据前文形容词性物主代词 my 的定中结构可推导出 hers 是 her life 的省略结构，因此该动词不定式短语指"为她送终"。忽略了 hers 和 my life 的联系就容易出现理解错误的情况。

2. 语法功能意义不明可导致因误读源语词语组合关系而出现的失读现象

功能意义即词语组合功能所反映出的语法意义。名词、动词、形容词，名词性短语、动词性短语等都反映了其各自的词语组合功能。组合功能包括充当某种结构成分的功能，如名词可充当主语，动词可充当谓语，动词能带宾语等，也包括与某类词语组合的功能，如名词能加冠词、形容词和动词能加副词等。对体现功能意义的语法形式不敏感，往往会曲解源语。

[18] The surface of the skin is unaffected by **mildly** <u>irritating chemicals</u> that would be destructive to living cells.

温和的、有刺激性的化学品不会对皮肤表层造成伤害，但对活细胞极具杀伤力。（对词的语法组合关系理解错误导致措辞不当）

源语中的 mildly 是副词，修饰 irritating，不修饰 chemicals，因此不能译成"温和的、有刺激性的化学品"，应该译为"刺激性不强的化学品"。例[17]可改译为：**刺激性不强**的化学品对皮肤表层不会造成伤害，但对活细胞却极具杀伤力。

"不同语言的语法有差异，例如英语用动词的词形变化（形态）、名词的格变化、不同的成分表示……词的句法功能；汉语里的词没有表示句法功能的形态，词在句子里充当什么成分，主要靠语序来表示。"（高素荣，2006：29）词类标记在英语里有很强的结构功能作用，但以汉语为母语的译者对词类的句法功能及其所标志的词与词之间的逻辑关系不是非常敏感。不能正确理解词类与句子成分或词序之间的关系就会产生误读，如例[18]所示。语法的功能意义涉及词类、词序、句子成分和搭配组合关系，所以翻译时须注意词类、词序和搭配对理解源语的影响，要防止语法词素成为理解源语的认知盲区。

3. 不能辨识源语的称述意义和情态意义也会导致语法失读

称述意义反映语法形式与所指事物或现象之间的关系，是从词汇意义中进一步抽象出来的意义，如名词表示事物、动词表示行为这类解释叫作称述意义。此外，数、性、人称、时态、语态等这样一些语法范畴的意义也是称述意义的一种类型。情态意义反映语法形式与说话人的感情、态度及表述意图的关系。句子的各种语气、语式和语态范畴都属于情态意义。英语是形合语言，其称述意义和情态意义主要是通过屈折变化、助动词和情态动词来体现的。汉语是意合语言，表达称述意义和情态意义的语法形式不多，尤其是汉语没有屈折变化，只能用词汇手段来表达英语屈折变化词素所承载的数、时态、语态等语法意义。因此，忽略了英语语法形式的称述意义和情态意义就可能出现漏译或误译问题。

[19] You will be informed **when they will leave for New York**.
他们动身去纽约时会通知你的。（命题与源语不符）

例[19]译文中，把由 when 引导的从句看作时间状语从句，显然是误译。根据语法规则，时间状语从句中的谓语动词不用将来时态，而用一般时态。如果例[18]的从句是时间状语，那就该是：when they leave for New York。既然从句用的是将来时，那么该从句就不是状语从句。因此，译文应改为：会通知你**他们动身去纽约的时间**。

[20] It had been a fine, golden autumn, a lovely farewell to those **who would lose their youth, and some of them their lives**, before the leaves turned again in a peacetime fall.

那是个天气晴朗、金黄可爱的秋天，美好的秋色为那些青年们送别。待到战后和平时期，黄叶纷飞的秋天再度来临时，**昔日的青年有的已经失去了青春，有的丧失了生命**。（连淑能，2010：74）

例[20]的语言难点之一是 would 的理解与表达。要正确理解句中表时间的语法功能词应仔细分析文中的时间逻辑，识别事件间的时间关系，根据时间逻辑调整语序。时间词汇链 had been、would、before 和 turned again 标示出不同时间段发生的事件：第一个时间段描写的是"送别"情景，第二个时间段描写的是"战后"情景。英语语法时间标记词素清楚地标示出每个时间段相应的场景。作者以第一时间段（had been）为视角描述将会发生的事件，would 和 before 凸显了作者的叙事视角。汉语缺乏屈折变化，语言单位的时间逻辑不是用屈折词素的变化而是用词汇词素和语序来编码。只有解读了源语语法功能词的称述意义，才可灵活处理译文的语序，按汉语的叙事逻辑安排命题顺序：先交代时间，后交代人物与事件，before 命题先于 would 命题翻译，以第二个时间段的视角编码 would 命题，并以"昔日"传递源语过去将来时的语法意义。学生译者处理 would 命题时皆不能摆脱源语叙事视角的限制，将之译作：他们中有些人***将要***失去青春，有些人***将要***献出生命。把源语的叙事表述改为了预言表述，这一翻译错误就是由忽略了源语的时间逻辑所导致的。

　　英译汉中这类语言形式调整都是在正确解读源语语法意义的基础上完成的。译者不能辨析源语的语法意义可直接导致语法失读，但亦步亦趋地模仿源语语法特征的翻译也可能导致翻译错误。要避免翻译错误首先要能正确地解读源语的语法意义，包括语法结构的逻辑及意义、语法词素的意义。阅读理解包括对词义、命题的提取，还包括对词与词之间语法关系的识别。不能正确理解语法关系，就不能正确地理解句子和语篇的整体意义。要防止语法失读不仅要掌握第二语言的语法知识，对语际间的语法差异保持高度的敏感性，而且还要知道如何避免不同语法机制的差异对双语语码转换加工过程的干扰。

5.2.3　逻辑失读

　　逻辑失读是一种译文与源语逻辑不符的翻译失语现象。逻辑即思维形式的规律。人们说"这个想法似乎不合逻辑"，意思是这个想法不符合规律。翻译思维应是符合逻辑的思维。逻辑思维是人们在认知过程中借助概念、判断、推理等思维形式反映客观现象的过程，其表现形式是从概念出发，通过分析、比较、判断、推理等形式得出合乎逻辑的结论。符合逻辑思维的翻译才能产出在内容与风格上最贴近原作的译作，译作才能得到符合逻辑的解释。翻译经常涉及的逻辑问题有概念判断、事理逻辑、时空逻辑、顺序逻辑、指代逻辑、搭配逻辑、语法逻辑等。逻辑失读意味着译者曲解了源语的逻辑关系，误读导致误译。

　　思维附着于特定的语言形式得以体现。英语重形合，注重用各种有形连接手段组织话语，句子结构严密，层次分明，逻辑关系一般有显性的句法标记。显化的逻辑关系容易辨识，所以使用连词、介词这类有形连接手段组织起来的话语相对容易理解，但缺乏明显逻辑关系标记的文字读起来就比较费力。逻辑关系为隐性，不宜识别，容易产生误读。翻译中的逻辑失读通常有以下几种情况。

1. 源语逻辑关系无显性标记容易导致对源语的误读

连词、介词等语法功能词用于标识句子成分及命题间的逻辑关系。带此类语法标记的行文逻辑关系是显性的，通常不容易出现理解错误。反之，逻辑关系为隐性，容易导致误读。

[21] The "modern British cuisine" promoted by a regiment of **television chefs** borrows freely from Tuscany, Japan, California and even Morocco.

"现代英国饮食文化"大量借鉴了托斯卡纳、日本和加利福尼亚，甚至摩洛哥等地的烹饪技术，由一大批**厨师**在**电视**上加以推广。

[22] **Saloon bar patriots** may be happy to read tabloid newspapers which take every opportunity to hurl abuse at continental neighbors.

那些不失时机谩骂欧洲大陆邻国的通俗小报也许会让**沙龙酒吧里的爱国者们**读起来很开心。

例[21]和例[22]中，television 和 saloon bar 在句中是定语，但不能译作"电视厨师""沙龙酒吧爱国者们"。定语翻译要分析其语法和语义角色的关系。在语法系统中，"定语"作为术语，表示的是语法范畴意义，即定语是用来修饰、限定、说明名词或代词的品质与特征的语言单位，其语法角色是修饰语。但是就词汇意义而言，作定语的词与其他词的搭配须满足语义选择条件的限制。因此，定语的语义角色和搭配项的关系较为复杂，有一致式关系和非一致式关系。例如，表领属、表特征、表性质的词作定语，修饰名词，通常为一致式偏正结构。一致式偏正结构以常规的语义逻辑为其搭配基础，容易理解，也好翻译（见本书第 7 章"熟用技巧"口诀 7）。例如，television technology 中的"电视"是表属性的定语，用以说明"技术"的属性，这是自然搭配，容易翻译。再如，television advertising 中的"电视"虽然是表地点的定语，非表特征和属性，但"做广告"是表事件的词，地点和事件在语义上也是自然搭配，即 advertising on television，所以好理解，易翻译。但是，如果是非一致式偏正结构而英汉语表达习惯又不相同，那么这种定语和中心词的表达形式就容易引起误读，television chefs 中的"电视"是表地点的环境成分概念，说明厨师所处的地点，而非厨师的属性。表环境成分的词（即地点、方式等概念的词）直接作定语，不带有任何语法标记词（如介词），这种情况下定语和中心词是非一致式搭配，词汇间的语义逻辑关系是隐性的，不易被识别。如果不能察觉这类定语和名词间的语义逻辑关系，就容易出现翻译错误。处理这类非一致式定语的方法是：①辨识定语和名词之间的语义逻辑关系；②环境成分作定语，可译限度大，不宜直接翻译，可根据目的语行文需要采用还原译法或显化性增词法。

（1）还原译法：将非一致式的定中结构还原为一致式的状中结构，将定语译成状语。如例[21]所示。

（2）显化性增词法：以定语译定语，但须在目的语中增加环境成分标记词，如"在……里""里"等，以明示源语隐含的语义逻辑关系，如例[22]中的 saloon bar patriots 译作"沙龙酒吧**里的**爱国者们"或"光顾沙龙酒吧的爱国者们"。

如果例[21]以 on 作为地点标记，如"The 'modern British cuisine' promoted **on television** by a regiment of chefs borrows..."，逻辑关系很清晰，就不会出现误读源语的情况。

[23] Dad's remarried? What was going on? A hollow feeling clawed its way into the pit of my stomach.

As soon as we were in the truck, I turned to Dad, "Tell me".

The story came out. You could have knocked me over with the **proverbial** feather. My dad was married to Ted's mom. Oh, my gosh! I had a crush on my brother! Well, actually, my stepbrother.（Nancy Baker: A Kiss in the Dark）

爸爸又结婚了？怎么回事？我心里空落落的。

一上了卡车我就扭过头去对爸爸说，"告诉我"。

爸爸说了事情的原委，简直把我惊倒了，**就像谚语说的那样**，一根羽毛就能把我打倒在地。爸爸娶了特迪的妈妈。啊，天哪！我爱上了我哥哥！噢，确切地说，爱上了继母的儿子。

proverbial 也是定语，但语义上是表出处概念的环境成分，指某种说法的来源。常规句中的状语表达式是 as the proverb goes。翻译时采用还原法，将定语转译为状语便能再现源语的逻辑关系。

无显性逻辑标记词素的表达形式容易引起理解错误。如果源语以介词标识修饰语和被修饰语的逻辑关系，理解就不会出现偏差。语法逻辑与语义逻辑不一致时特别容易引起失读。正确解读源语深表层的逻辑关系对防止翻译失语的发生有着至关重要的作用。

2. 不能识别源语的隐含信息容易出现误读

凡是含蓄表达都需要进行推理才可获得符合逻辑的解释。不善于推理或不能感知言外之意是一种由于认知资源受限而导致的理解缺陷。

[24] A ship **does** not sail with **yesterday's** wind.
　A. 船舶无法于昨日的风浪中航行。
　B. **昨日**的风无助于**今日**行舟。

例[24]中，译文 A 的问题在于没表现出 does 和 yesterday 之间的时间对比关系。"风助船行"这一常识是理解时间与行船事件间逻辑关系的前提。译文 B 增加"今日"一词以体现 does 所隐含的时间概念与 yesterday 的对比逻辑关系。

[25] Words **and** feathers are tossed by the wind.
　A. 言语和羽毛，风刮到处飘。（选自《英谚译介》）
　B. 词语**像**羽毛，随风四处飘。

[26] Eating **and** scratching wants but a beginning.
　A. 吃饭和瘙痒，只需开个头。（选自《简明英汉谚语词典》）
　B. 吃饭**如**瘙痒，只需开个头。

[27] Time **and** tide wait for no man.
　A. 时间与潮流不等候任何人。（选自《英语格言菁华》）
　B. 时间**如**潮水，不等任何人。

例[25]~例[27]译文 A 的误读是由于不了解英语特殊句式所蕴含的类比逻辑。and 通常连接的是同类概念，但用于连接两类截然不同的概念时就会产生类比含义。这是一种特殊的隐喻形式，用以突出两类事物之间的相似点，相似点是两个不同认知域等同并列的语义基础。汉语的"和"不具备这种类比功能，因此将 and 译作"和"自然会让目的语读者感到译文的并列结构不合逻辑。处理这类句子，只需在两个不同认知域的概念之间增加"像""如"等的类比标记词，把隐喻转译成明喻即可保持译文和源语的逻辑对等关系。

[28] It is wise to apply **the oil of refined politeness** to **the mechanisms of friendship**.

有时类比结构比较复杂，一下子看不透，需要经过分解推理后重新用目的语的表达形式加以转述。例[28]就是这样一个例子，句中隐喻环环相扣，将连环比喻拆分开后才可看出其间的逻辑关系和设喻逻辑。句子的分解过程如下。

the oil of refined politeness 礼貌好比润滑剂。

the mechanisms of friendship 友谊好比机器。

apply the oil to the mechanisms 润滑剂用于维护机器。

apply refined politeness to friendship 礼貌用于维持友谊。

it is wise to apply politeness to friendship 以礼待人是明智之举。

由此可产出译文：礼貌之于友谊好比润滑剂之于机器，以礼待人乃明智之举。

"翻译是逻辑活动。"（Radó，1979）翻译作品是逻辑活动的产物，要想让译文符合逻辑，首先必须学会按符合规律的思维去解读源语。理解时应注意源语的思维习惯和语言形式的关系，表达时应注意目的语的思维习惯和语言规范，根据目的语的语言规范再现源语的逻辑关系，这样才能使译文具有可读性和可接受性。

5.2.4 遗漏

"遗漏"是导致漏译的原因，主要指那些被语境激活在源语中有其所指的词、命题或表意功能强的语法标记词不留任何痕迹地脱离译文的现象。有实质性意义的文字被有意或无意地从文中删除的结果是：①出现欠额翻译，译文的信息量与源语的信息量不对等；②删除不当，致译文的语义不明，逻辑混乱。判断漏译的依据是：①被删除的语言单位是否在源语中具有重要的语义或语用价值；②被删除的有实质性意义的语言单位在译文中是否有可供推导其含义的语境线索，即从字面上删除的语言单位是彻底脱离语篇，意义丢失，还是意义由显性表述内化为隐性表述，内化的信息借助语境线索具有可推导性。

在解释省略作为正常语言现象和病理性现象的区别时，崔刚（2015：197-198）指出："通过省略而形成的一个简洁有力的表达方法"，这"不是什么语误"。语误是不符合语言规范的表达形式。省略不符合所使用语言的规范就属于语误。作为病理现象出现的省略是语法缺失性的语误。对此，伊德弗雷等（Indefrey et al., 2001）采用PET技术的研究发现："与产出完整的句子相比，说出省略动词的时态、一致性等限定成分的句子对于大脑的激活程度要小。省略假说与时间匹配假说具有相同的思路和理论基础，它们都认为大脑损伤会导致患者语言处理的认知资源受到限制……为了适应自己语言处理资源的不足，减轻大脑的工作负担而过分使用了这些省略结构，从而导致语法缺失现象的出现。"过度省略单词或语法功能词素，严重影响交际效果的语言现象是病态性的、非正常的言语行为。就翻译而言，译者把减词作为一种语法修辞或语篇修辞手段加以运用的，不属于遗漏性翻译错误，但在处理双语转换的过程中，因语言差异导致认知资源不足而遗漏源语中有价值的语言信息的现象则为"漏译"。"漏译"是由阅读源语遗漏了重要信息而导致的翻译结果。要避免漏译首先要防止在阅读源语过程中出现认知盲区，要防止视而不见的阅读习惯。"遗漏"分为有意识遗漏和无意识遗漏两种。前者指因源语理解难度大而有意删除源语信息的现象，后者指理解过程中因为不能感知源语中的缺省信息而产生的翻译遗漏现象。有意删除源语信息也分为两种：一是因语言处理的认知资源受限而删除，这种情况为遗漏性失语；二是因为源语与目的语的语言规范或意识形态规范相冲突而采用的删除，这种情况为策略性处理语言转换信息的行为，不属于翻译失语症研究的内容。区分遗漏性失语与策略性删除才能对译文质量的优劣给出正确的评价。

1. 有意识遗漏

刘新民（1998）在《误译、漏译、多译——〈螺旋〉译文失误评析》一文中评析了美国 19 世纪享有盛誉的现实主义作家詹姆斯（H. James）的中篇小说《螺丝在拧紧》（*The Turn of the Screw*）（詹姆斯，1992）汉译本中的翻译错误。刘新民指出了译作中导致翻译错误的三个原因：①不求甚解，误译；②粗率失慎，漏译；③画蛇添足，多译。根据作者的解释，译作中误译和漏译"为众"。在此以其中两个案例来说明漏译的情况。

[29] This child, to my memory, really lives in a setting of beauty and misery **that no words can translate**.

漏译译文：在我的记忆中，这孩子实际处在美好与痛苦之中。

补译译文：这孩子的确生活在**一种无法用言语表达的**美好与痛苦之中。

完整译文：在我的记忆中，这孩子的确生活在**一种难以言表的**美好与痛苦之中。

[30] "I'll tell you if you'll tell me—" I heard myself say, then heard the tremor in which it broke.

漏译译文：我可以告诉你，要是你愿意告诉我。

补译译文：**我听到自己说，接着听到那酒杯在震颤中破碎了。**（作者注：根据上下文，这里的 it 应指上文提及的"酒杯"。）

完整译文："我可以告诉你，要是你愿意告诉我。"**我听到自己说，接着听到那酒杯在震颤中破碎了。**

译者把黑体文字部分的整个命题从文中抹掉，这不得不说是一种有意遗漏的翻译失语行为。

2. 无意识遗漏

翻译过程中的无意识遗漏通常是由认知资源受限导致的。阅读理解是一个复杂的过程，译者需要在工作记忆中进行信息的存储与提取，需要综合处理词汇、语法、语义、语篇等各方面的信息。作为双语者，译者处理阅读信息的过程更为复杂，因此对认知资源的需求很高。在处理语言信息的过程中，某个环节的资源被抑制，这一环节就成了认知盲点，被译者所忽略。汉语是意合语言。以汉语为母语的译者，容易忽略功能词的标记性和表意性。如果被忽略的功能词在文中是重要的语法和语义标记词，那么这种忽略就会成为遗漏性语义失读的原因。英语省略句是最容易导致失读的一种情况。

不能感知空位信息可导致遗漏源语的实质性信息。"空位"指句子成分省略后句法结构中留下的槽位。任何语言中都有省略现象，但各语言的省略规则不同，因此，翻译时经常不能复制源语的省略形式。省略句之所以会成为翻译障碍，是因为译者对源语中省略结构不敏感，忽略了文中被省略的信息。只有回补填充空位上的信息才能完成理解过程。在省略问题上翻译失读的原因有两点：①忽略空位的存在导致译文不能充分传递源语的信息；②不能根据句子的结构标记准确检索被省略的信息，因而将错误信息填入槽位，致使误译的产生。第一种情况下产出的是漏译译文，即欠额翻译，译文的信息量小于源语的信息量；第二种情况不仅是欠额翻译，而且还是超额翻译，译文不仅没有传递出源语的信息，而且还添枝加叶，增加了源语中没有的信息。因此，省略句翻译最重要的一点是正确判断源语中被省略的成分，探明缺省信息。

[31] <u>Your happiness is in your hands.</u> Maybe not all of it and maybe not all the time, but **mostly it is**.

你的幸福掌握在你自己的手中。也许你不能掌握幸福的全部，也许你也不能一直掌握它，但**大多数情况是这样的**。（语意模糊，所指不清）

例[31]译文行文累赘生硬，所指不清，"大多数情况是这样的"究竟指什么？要准确、清晰、充分表达源语思想，应在译文中回补被省略的信息。原译可改为：

幸福掌握在自己手中。也许你不能完全拥有幸福，也不能永远拥有幸福，但大多数情况下，**幸福就掌握在你自己的手中**。

[32] She ate little. <u>Food sickened her</u>, and I think **much of life** too.
A. 她吃得很少；她厌恶食物，我觉得**生活也是如此**。（语意不明）
B. 她吃得很少，<u>厌恶食物</u>，我觉得她也<u>厌恶生活</u>。

译文 A "也是如此"所指不清，语意不明，容易引起误解。much of life too 之后省略了动宾成分 sickened her，补足空位上的信息才可充分转述源语中的缺省信息。如果不能识别被省略的成分就容易产生误读，出现欠额翻译。如果填充的并非源语的省略成分就会出现误译。省略是一种以无为有的表达手段，用得好行文紧凑，可提高语篇连贯的效果，但翻译时处理不当则会误译和漏译，所以翻译时要善于感知源语的空位信息，必要时回补空位信息，以保证译文不出现漏译或误译的情况。

英汉语都有省略现象，但这两种语言省略的规则异大于同，翻译时经常不能照搬源语的省略结构。通过增词将源语中被省略的信息显化是省略句翻译的常用方法。针对省略句的增词实际上是一种将源语省略句还原为完整句的翻译方法，化隐为显可有效地防止失读和漏译现象的发生。

[33] Tourism <u>benefits</u> not only airlines, hotels, restaurants, and taxi drivers, among others, but also ∧ many commercial establishments and even ∧ the manufacturers of tourist commodities.
旅游业不仅<u>有利于</u>航空公司、酒店、餐饮、出租车等行业，而且也<u>有利于</u>许多商业机构，甚至<u>有利于</u>生产旅游商品的制造业。

例[33]源语省略结构的空位用∧标示，benefits 省略后留下的缺省空位在译文中得到信息的回补。如果保留源语的省略结构不会让译文出现漏译、误译、语义晦涩等情况，那么就无须回补被省略的信息；反之，则须通过增词完形填空，提取完整的命题。句子命题完整通常不会出现失读问题。对比例[34]的两个译文可以发现，A 的误译恰恰由忽略了源语省略句的隐含信息而产生。

[34] One **can't think of** Africa **without thinking of** Egypt, the cradle of an ancient civilization, **nor** ∧ **of** Egypt **without** ∧ the Nile.
A. 想到非洲，人们不可能不想到作为古代文明发祥地之一的埃

及；而一个没有尼罗河的埃及，那也是不可想象的。

　　B. 人们想到非洲，就不可能不想到作为古代文明发祥地之一的埃及，而想到埃及，也不可能不想到尼罗河。

英语省略句的汉译经常采用显化译法，操作程序如下。

（1）感知结构空位。保持对省略留下的空位的敏感度，可避免失读（以上例句中的∧符号表示感知空位）。

（2）识别空位结构标记。结构标记是搜索被省略成分的语境线索，即删除省略成分后留下的痕迹（of 和 without 是语法结构标记）。

（3）搜索被省略成分。以结构标记激活省略句和目标句之间的联系。目标句和省略句之间必定有相同的语法结构标记或词汇结构标记。目标句一定是完整命题，是为省略句提供回补空位的语境线索。根据相同的标记能迅速检索到被省略的成分。

（4）完形填空。以被省略成分回补填充结构空位，由此获得命题表征完整的句子。只要命题饱满就可以避免失读的发生（见本书第 7 章"熟用技巧"口诀 5）。

按照以上操作程序可确定例[34]的目标句（即命题完整的句子）是：One can't think of Africa **without** thinking of Egypt。它是省略句的翻译单位边界，即检索缺省信息的语境线索。根据语境线索，该省略句复原后的完整句是：One can't think of Egypt **without** thinking of the Nile。遇到英语省略句，熟练地运作以上操作程序可有效避免省略句的失读与误译。运作翻译程序的自动化程度越高，翻译失语症发生的概率越低，翻译能力就越强。当然，对程序的运作要有灵活性。关于此程序的运作要说明两个问题：①理解源语时须有空必填，只有填了空才能提取完整命题。识别源语中被省略的语言成分是必须执行的理解步骤。理解源语的一个重要原则是：空不填不译。②省略句翻译的信息处理过程是一个灵活决策的过程。"灵活决策"指翻译省略句时候可以目的语的省略句形式编码输出，也可以完整句的形式编码输出，选择哪一种表达形式取决于目的语的语言规范。

在省略句翻译问题上，最容易出现的问题是：①对空位不敏感，忽略源语句法结构中的空位，照字面翻译，导致漏译；②虽然意识到空位的存在，但却不知如何检索被省略的句子成分，找错了目标句，译文的语义就会偏离源语，导致误译。识别空位和正确填充空位信息是省略句翻译的关键。

翻译过程中理解出问题为失读，而表达出问题为失写。失写问题大多由语言差异所致，但凡有翻译经历的人都会有这样的感受：能理解源语，但却找不到合适的表达方式。除理解外，表达也是一门必须掌握的技能。如果不能以符合目的语规范的形式转述源语的内容，那么译文就会丧失可读性。不具备可读性的译文绝对不是一部好作品。

翻译失读是理解问题。如果能了解语言难点的性质，有针对性地去解决问题，理解源语的困难是可以克服的。以上从语义、语法、逻辑和遗漏四个方面解释了翻译失读的原因。了解有哪些因素会影响翻译思维，有利于克服翻译的盲目性，提高理解源语的能力。

理解失误无疑要引起表达失误，但理解正确却未必一定会产出令人满意的译作，毕竟读与写是两项不同的技能。就翻译而言，失读必然导致失语，而不失读却未必不导致失语，其中的原因就是善读者未必是善言者，理解源语未必意味着能准确、通顺地转述原作的信息。正如季羡林先生所说的那样"懂外语不等于懂翻译"。翻译是一项同时需要理解和表达的活动。善读、善言，而且善于将这两项技能结合得尽如人意者才堪称优秀的译者。

5.3　翻译失写症

格兰特（M. Grant）在其所译的《西塞罗选集》前言中写道："译者的主要任务之一是使译文通顺（readable），否则就没有人看，也就不能达到介绍原作者的目的。"（转引自庄绎传，1992）不通顺、没有可读性的译文经常是因为不能根据目的语的表达规范对源语信息进行编码。西塞罗（M. T. Cicero）所著《论神性》（On the Nature of the Gods）的译者麦格瑞格（H. C. P. McGregor）在"译者的话"中写道：任何一篇译文都包含着妥协（compromise）的成分。一个句子在这种语言里通顺流畅，在另一种语言里就会拖沓累赘。一个精彩的短语如果按字面译成另外一种语言就可能不像样子。一个单词在另一种语言里也可能难以找到相应的词（转引自庄绎传，1992）。美国翻译理论家奈达和泰伯（Nida & Taber，1982：5）也说过："要保留源语信息的内容，必须调整语言形式。"照葫芦画瓢的语码转换难以称作真正意义上的翻译。不能够调整语言形式以顺利转述源语内容的情况在翻译实践中屡见不鲜。译者表达失当行为与运动性失语症状有诸多相似之处，因此可将表达失当和表达困难的翻译行为称作"翻译失写症"。

与表达有关的病理性失语症总称为运动性失语症。运动性失语症是一种言语产出障碍的疾病，分别为语词、发音、用语、语法、书写功能障碍。书写困难的失写症是其中的一种类型。除了书写困难外，其他运动性失语症表现为说话缓慢，似乎像初用外语说话的人，边说边想单词，句子结构错乱或用词不当，常用一些不相关联的名词作为主题词，缺乏谓词的正常表达方式，上述言语问题也常常出现在翻译表达过程中。就笔译而言，用词、语法、语篇等表达障碍都是书面表达问题，所以把翻译语言产出过程中各层面的表达障碍命名为"翻译失写症"。在翻译中"失写"实质上是一个失规范问题，即产出的翻译语言或语篇不符合目的语的语言规范，不符合读者群体的价值判断原则，不具备可读性和可接受性。

5.3.1 翻译规范说对翻译失写的解释

"翻译规范"是 20 世纪八九十年代提出的概念，它标志着翻译研究的一个转折点。"规范"原为一个社会学概念，以色列学者图里（Toury，1995）将之引入翻译学，从描写的角度创建了翻译规范的理论体系，界定规范概念、类型及其价值取向，将翻译研究关注点由源语取向转至目的语取向。

图里（2001：56）认为"翻译是一种受制于规范的活动"。规范决定翻译的策略，决定翻译是源语取向还是目的语取向。"规范在翻译行为和翻译活动中处于中心地位"，规范是"将某一特定社会里所共享的价值观……转化成在特定情况下恰当的、正确的行为原则"（Toury，1980：57；谢芙娜，2007：5-6）。译文的产出过程是译者行为受制于目的语规范的信息加工过程。因此，译文是受规范制约条件下译者做出翻译选择的产品。

图里规范理论中的几个核心概念可解释本书中翻译失规范的含义。规范决定翻译是"目的语取向"（target-oriented）的活动（图里，2001：24）。翻译发生于目的语文化，难免会受到目的语社会各种规范的制约，对译文的接受者来说，可读性和可接受性是至关重要的，只有顺应目的语社会的价值准则才能提升译文的可接受性。规范概念对翻译活动的影响有以下几点。

（1）规范决定翻译对等的关系。根据图里的对等观，"规范决定实际翻译所标志的对等类型和范围"（图里，2001：61）。规范视角下的"对等"不是单一的、静态的语言结构或要素的对等观，而是特定历史条件下用以界定源语和目的语某种关系的动态对等观。"'对等'是一个'功能—关系概念'，即指从文化的角度区别翻译操作模式得当与否的问题。"（图里，2001：86）图里所说的"对等"概念是动态的。"对等"标志着在具体语境中译文和源语某种关系的对应程度。关系对等即翻译对等，关系又是动态的，随着规范的变化而变化。如果源语和目的语的规范或观念不同，那么译者面临的就是决策取向问题，在翻译策略上是取向于源语还是目的语。不同取向导致不同的翻译策略和翻译产品。从接受的角度来讲，等值就是实现译文和源语间一种可接受关系的对等，即像源语读者接受承载某些规范或价值观的文本一样，目的语读者也能接受译文所承载的规范或价值观。可让读者接受的对等关系标志着译文实现了某种价值关系的对等。

（2）规范制约翻译策略的选择。图里（2001：56）认为"翻译是受制于规范的活动"。译者的每一个决策都会受到某种规范的制约或影响。在翻译中引入"规范"这个社会学的概念意味着把翻译当作社会活动来实践、观察、研究。"翻译规范"是译者决策的基础，翻译选择也就是对规范的选择。规范反映一个群体的共同价值观或思想，如对正确与错误的看法等。规范不一定就是策略，但会导致某种策略的选择或给予某种策略合理的解释。

（3）规范是译文质量的评判依据。社会学家和社会心理学家长期以来将规范视为一个社会群体在特定环境中评判适度性和可行性的共有价值标准或观念，如作为正确与错误、得体与不得体的评判标准。

根据上述翻译规范的概念，本书中的失规范指在两种语言的某种规范存在差异的情况下，译者忽略目的语规范盲目取向源语规范导致译文丧失可读性或可接受性的翻译现象。不同语言文化的规范是影响翻译选择的重要因素，选择不当直接影响译文的可读性和可接受性。翻译产品的可接受度受制于特定社会群体的语言习惯和共同价值观。顺应目的语语言和社会规范的译品才有可接受性。翻译规范不等于翻译策略、方法和技巧，但会影响译者在这些方面的选择行为，如为了顺应目的语读者群体的价值观和语言的习惯性，译者会采用归化策略，为实现归化策略所设定的目标价值取向，译者就需要采用引申、增减词等补偿性的翻译技巧，通过技巧的实施来协调两种语言规范或文化规范之间的冲突，以此提高译文在目的语文化中的可接受度。

列维（Levý, 2000: 148-159）谈及"生成模式"时说：翻译活动"自始至终"（at any moment）都是一个"做决策的过程"（a decision-making process）。"自始至终"一词意味着翻译过程的任何一个阶段的信息加工都涉及选择，包括对源语信息的选择、翻译策略及技巧的选择。翻译过程中的遣词造句、篇章布局都是译者选择的结果，但选择是有限度的，非随心所欲的。限制来自双语语码切换的规律、不同社会规范的差异等。要让翻译作品能为目的语读者所接受，顺应策略是理想的选择。

两种语言间的语言规则与社会规范的差异是最大的翻译障碍。遇到差异，译者就面临着取舍抉择。翻译选择是在规范的约束下进行的。图里（Toury, 2000: 202-204）把译者选择所依循的规范分为三类：①预期规范（preliminary norms）决定译者整体的翻译策略和文本的选择；②初始规范（initial norms）制约译者在忠于源语还是忠于目的语的两极之间进行选择，取向源语为"充分性"（adequacy）翻译，取向目的语为"可接受性"（acceptability）翻译；③操作规范（operational norms）控制译者所做的具体决策，此规范又进一步分为"母体规范"（matricial norms）和"篇章-语言规范"（textual-linguistic norms）。母体规范决定译文的宏观结构，如是全译还是部分翻译等；篇章-语言规范涉及译文的微观结构，比如句子结构和词汇的选择等。在以上规范中，与失规范直接有关的是：预期规范中的策略选择、初始规范中的目的语取向的"可接受性"选择和操作规范中的篇章-语言规范的选择。翻译失写发生在表达过程中，失写的根本问题就是失规范。面对文化、意识形态、社会规范等方面的差异，译者要做出异化还是归化的翻译策略选择,前者为源语取向,后者为目的语取向;面对词汇、语法、语篇等语言方面的差异,翻译选择就涉及篇章-语言规范问题。源语和目的语存在差异的情况下,顺应目的语规范是较为理想的选择。翻译失写的最大特征就是表达不符合目的语社会的规范,如语言规范、语用规范、文化规范等。语言规范涉及语言材料的组织方式,语用规范涉及语言使用的得体性和可接受性问题,文化规范涉及政治、历史、习俗、意识形态等的顺应性问题。翻译表达违背了目的语的规范则称为翻译失规范。失规范大致分为以下几种:不符合目的语语言文字表述规则的语法失写、不符合目的语言语行为规则的语用失写、不符合目的语篇章布局规则的语篇失写、不能充分传递源语文化信息或文化信息处理不当的文化失写。出现上述任何一方面的失规范问题都是翻译失写症的下位概念。

5.3.2 语法失写

语法失写指在两种语言规则差异明显的情况下复制源语语法特征产出有悖目的语语法规范且不具备可读性语句的翻译现象。与语法失读不同的是语法失写者理解源语没有障碍,但表达却出现翻译选择的困难,表现为不能摆脱源语句式结构的干扰,行文佶屈聱牙,句式累赘,语序混乱,缺乏逻辑性。我们对历届英语专业研一学生访谈结果几乎相同,得到的反馈是:"我觉得翻译很难,因为我汉语不好。"面对二语译一语的翻译任务时,把读得懂外语但不能通顺产出译文归咎于母语不好,是一种对翻译失写的概括说法,即不知如何才能以通顺流畅的语言形式表达源语的内容。事实上,失写的主要原因是不知道如何处理语言间各种规范的冲突。

语言是由语音、语义和结构关系三者构成的统一体,三者相互作用,相互制约,缺一不可。语音是语义的外壳,词是语音和语义的集合体,语法涉及语言单位关系的处理。语法规则是符码与符码的组织规则。任何语言都有一套语法规则体系,用以指导语言使用者按语法规则去组织符码,组词造句,组句成篇,表达思想。翻译是用目的语加工源语信息以表达源语思想的跨语言跨文化的交际活动。符合目的语语言规范的表达形式赋予译文可读性和可接受性。语法失写意味产出的文本不具备可读性，缺乏可读性的行文必然没有可接受性。语法失写分为语义性失写和结构性失写两大类，前者涉及受语义规则限制的词汇搭配问题，与词义选择有关，后者涉及符码组织的形式规则，与词类、词序、句子的结构方式有关。语义性失写的结果是出现搭配不当的语病，结构性失写的结果是译文佶屈聱牙，晦涩难懂，有时甚至逻辑混乱，令人不知所云。

1. 语义性失写

语义性失写一般由英汉词汇系统的语义差异所致。失写者能够从长时记忆中提取某个单词的意义或知道某个句子的意义，也知道该词或句子在源语中的所指，但却找不出合适的目的语词句来传递源语的信息，选词择句有困难。常见语义性失写情况有以下两种。

（1）知道源语词在语境中的意义，但在目的语里却找不到合适的对译词，不知如何选词造句。

译者能够理解源语中的词汇意义，但在用目的语表达时却出现了用词错误、搭配不当、用词不规范等问题。笼统词、抽象词、词义宽泛的词语往往给译者带来表达的困难。即便是最熟悉的单词也可能成为表达的障碍。词义的不确定性对表达的影响常见于人们最熟悉的词，如 best、better、good 这种最普通词的翻译。

[35] Mattie was bound to make the **best** of the Starkfield since <u>she hadn't any other place to go to</u>.

【目标译文】马提**不喜欢**斯塔菲尔**也得喜欢**，因为<u>她没有第二个地方可去</u>。（吕叔湘译例）

【失写译文】马蒂注定要**充分利用**斯塔菲尔，因为<u>她无处可去</u>。

例[35]中，失写译文忽略了抽象表述 make the best of 的搭配项 Starkfield 是地点这一要素。该地点与 hadn't any other place to go to 同现，构成了一组选择关系，to go 与 make the best of 之间为具体-抽象关系。to go 命题是选择 best 命题汉语语义表征的切入点。此句还可译作：马提没有其他地方可去，只得去斯塔菲尔。

[36] Of soup and love, the first is the **best**.

【目标译文】恋爱如喝汤，第一次品尝最鲜美。

【失写译文】恋爱好比汤，头一次的最好。

例[36]中，失写译文存在两个问题：①结构性失写，类比结构失当："汤"是名词性，"恋爱"是动词性，两者词性不一致，结构不对称，所以是病句。纠错的要点是将 soup 转译为动词性表述"喝汤"，以使对比双方结构一致。②best 属于语义性失写，译者忽视了抽象词在目的语里的接受效果，将抽象词 best 照字面直接翻译，而不是将之做具体化处理。纠错的要点是根据同现项"喝汤"将 best 引申为"味最美"，以此突出类比事物间的相似点。

[37] This policy, they say, is **at best** confused and **at worst** non-existent.

【目标译文】他们说这项政策说好听点是混乱不清，说不好听点就是根本不存在。

【失写译文】他们说这项政策充其量是混乱不清，最坏的可能就是根本不存在。

译文忽略了 best 和 worst 的反义关系，措辞没有体现出源语的语义对立关系，用词不当使前后句之间缺少了语义对比照应的联系。

[38] James Fox is **best** known as the author of *White Mischief*, and he is currently working on a new book.

詹姆斯·福克斯最著名的作品是《欲望城》，目前他正在写一本新书。

[39] US presidential hopeful Hillary Rodham Clinton has maintained that she is **the best** candidate to win against Republicans.

有希望当选美国总统候选人的希拉里·罗德姆·克林顿依然认为要战胜共和党她是最佳候选人。

语义失写主要是因为不能根据词项间的关系在目的语里选择合适的措辞。翻译中的理解和表达有一个比较明显的区别，即理解重在解读源语词项之间的语义关系，表达重在根据目的语词项间的语义关系选词造句，如 best 在例[38]中根据 known 译作"最著名"，在例[39]中根据 candidate 译作"最佳"。在充分理解源语同现词项间语义关系的前提下根据目的语规范选择搭配词项，译文才能文从字顺，具有可读性。

形容词、形容词的比较级或最高级对双语者来说都是非常熟悉的高频词。脱离语境孤立出现时很容易找出对译词，但出现在句中，翻译转换消耗就会增加，占用的认知资源也多，一旦忽略了词项间的语义关系就容易出现选词错误。

[40] Dictionaries are like watches, **the worst** is **better** than none and **the best** can not be expected to be **true**.

【被试译文1】字典就像是手表，有总比没有好，有了又不能一直说好。

【被试译文2】字典和时钟一样，最坏的一种也有胜于无，而最好的一种也不能认为是十分准确的。

【目标译文】辞典好比手表，手表再差也比没有强，手表再好，也不能指望它分秒不差。

对比例[40]两类译文可看出被试的表达障碍很大，给人一种有话说不出的感觉。源语没有生僻词，没有复杂的句法关系，最常用的形容词和比较关系反而让被试感到难以措辞。翻译中这种情况并不少见。索绪尔在谈到词语价值时指出："语言是一个系统，系统中各要素有着连带关系，每个要素的价值都取决于与其他要素的共存关系。"（Saussure，2001：113）"共存关系"一语表明词的价值存在于语言系统中。翻译表达须根据对源语的理解在目的语系统里选择措辞，组词造句。凭着从长时记忆中或词典中检索的词义死译硬译，很容易出现语义性失写的情况，比较类的语言点、笼统词、抽象词、词义宽泛的词语尤其容易成为翻译的障碍。应对这种情况的翻译思路是：处理比较性质的语言点应不见比较对象不译，处理笼统词、抽象词或语义宽泛的词项应不见具体词不译，根据具体词或具体比较对象在目的语语言系统中选词造句。good、better、best、bad、worse、worst 这些最常用的形容词词义非常宽泛，不可简单地按汉语的"好"或"坏"，"更好"或"更糟"来表达。通常应将这类词理解为程度概念，然后根据具体描述对象在目的语词汇系统中选择恰当的措辞，这样才可避免出现失写的情况。

[41] He was **as good as** <u>dead</u> after so much exercise.

大量训练<u>简</u>直让他<u>累死</u>了。

[42] For the elderly —who, after all, are the main victims of cancer — <u>a sufficient delay</u> may be **as good as** <u>a cure</u>.

对上了年纪的人（毕竟多数癌症患者都是上了年纪的）来说，只要能够<u>尽量延长生命</u>也就算是<u>治疗</u>了。

[43] The primary risk of any standard is that <u>the product</u> is **as good as** <u>the standard itself</u>.

设定标准的弊端主要是按标准<u>生产的产品</u>**几乎难以超越**<u>标准</u>。

good 的意思是 of a high quality or level，仅仅表示"程度极高"这样一个宽泛的概念。as good as 短语仅表示"程度"，意为"几乎与……一样""实际上等于"，翻译时应根据同现项来选择其汉语的措辞。例[41]~例[43]显示该词语义不完全等于汉语的"很好"，也不能简单地译为"像……一样好"等，而应根据同现项（见下划线词）的语义或逻辑关系确定词义。除了表示程度外，good 还具有描述性语义特征，翻译时应根据搭配项选择措辞，如 a good wife and mother 为"**贤妻良母**"，a good daughter 为"**孝顺的女儿**"，a good father 为"**慈父**"。good 在汉语中的对等表达完全取决于它所修饰的名词，而 good 的比较级或最高级通常要根据比较对象或比较范畴来确定词义，否则就会出现违背搭配规则的错误。

（2）语言间表达视角有冲突的情况下不调整表达视角，容易失写，行文不符合目的语表达规范，令人难以接受。

双语表达视角不一致，应根据目的语表达习惯调整表达视角。这样做通常有助于克服翻译症，提高译文的流畅度。

[44] The **low angle** of the winter sun **throws** long, dramatic **shadows**.

A. 冬日太阳的低角度投射出很长的影子。

B. 冬日里，太阳斜射地面，角度低，投影很长。

[45] He tucked his **chin into his chest**.

A. 他把下巴缩到胸前。

B. 他耷拉着头。

例[44]和例[45]的译文 A 叙述视角与源语的一致，读起来文不从字不顺。译文 B 以视点转移法来转述源语的内容，改变的只是表达思想的视角而非源语内容。如果从不同视角能映射出源语的内容、情境，语言形式的调整又能提高译文的流畅性，那么这种视点转移是可行的，通常是必要的。

[46] **Unemployment** has **stubbornly refused to contract** for more than a decade.

A. 十多年来，失业一直顽固地拒绝降低。

B. 十多年来，失业人数总是居高不下。

例[46]是个比较复杂的句子，有多处语言点需要技巧性地处理：①通过增词将抽象名词具体化，unemployment 译成"失业人数"；②stubbornly refused to contract 以 contract（下降）为汉语措辞的中心视点，将 stubbornly 引申为"总是"或"一直"，用正反表达技巧转述 refuse 所含的否定概念，由此可获得一个相对完整的命题："居高不下"。

[47] She **knew better than** to argue with Adeline.

A. 她比与阿德琳争论知道得更多些。

B. 她很明智，不会与阿德琳争论的。

know better than 的含义是 old enough or experienced enough to know it is the wrong thing to do。例[47]的译文 A 按照比较级形式翻译显得不合逻辑，因为"争论"和"知道"不能构成比较关系。译文 B 采用"换说型引申法"（徐莉娜，2014：161-174）将源语惯用型的含义"明事理而不至于做某事"引申为"很明智，不会……"。

翻译中可采用不同于源语的视角组织行文。概念间存在着各种联系，如相容关系有同一关系、属种关系、交叉关系，相异关系有全异关系、矛盾关系、对立关系。翻译中叙事视角的调整可以说是依托概念间的联系来实现的。有内在关联性的两个概念通常可用不同的视角来表达相同的内容或映射同样的内容。例如，属种关系在语言中表现为上下义关系，在具体语境中上下义词可互为映射，表达视点可互为推移，意义不变；对立或反义关系的表达视点可互为推移，意义不变，如 good 可译作"不错"，也可以译作"很好"。翻译叙述视角的调整是一种依托概念或事物间内在联系而采取的翻译技巧。只要译文保留的是源语概念之间的关系，视点推移就不会改变源语意义，即关系不变，意义不变。视点推移的目的是顺应目的语的语言规范，提高译文语言的流畅度和接受效果，使译文读起来像源语一样通顺，符合读者对行文规范的预期。

理解错误是语义失读现象。误读必误译，语义失读必定导致翻译失写，结果是曲解源语或译文逻辑不通。有时，即便理解正确也未必能表达通顺。看得懂和写得好之间没有必然的联系，因为两种语言的叙事视点不同有时并不会影响译者理解源语，但却会成为翻译表达的障碍。双语表达视角不一致的情况下，克服转述源语内容的障碍通常采用换说型引申法，即从另一个角度来转述源语的内容以获得异形同义或同情景的效果。如以上分析所示，这种引申技巧是防止语义失写的有效手段。

2. 结构性失写

就病理性失写行为而言，患者在句法方面表现出的问题有："逻辑语法结构困难，包括词序、关系词的运用、复杂结构等方面的困难"（王德春等，1997：45）；功能词运用方面障碍明显，常表现为"省略功能词""电报式语言""省略代表数、性、格、时态等的词尾屈折变化"（高素荣，2006：29-35）。"电报式语言"是因为"患者的言语中代词、介词等功能词大量脱落"（高素荣，2006：30），"患者的述谓功能遭到破坏，而命名功能则保持了下来"（王德春等，1997：97）。就语法性翻译失写症而言，类似的表现形式主要有：照搬英语的语法手段或模仿源语句子的形式特征，译文语句不符合目的语的语法规范，表现为句子结构残缺，无视目的语词序规范，复制源语词序，译文语序逻辑混乱，误用或滥用虚词，模仿源语的词类用法致使译文句子结构过度异化僵化，照搬源语句子结构致使言语累赘，甚至逻辑混乱。语法上的问题未必都会影响语义内容的传递，但语法过度异化或死译、硬译必定有损译文的流畅性，所以说语法失写主要是结构性失写。译文表达不当、语病频出的情况大多是因为译者不能妥善处理两种语言语法系统的冲突。以下几种情况容易出现失写问题。

第一，不敢改变源语的词类。两种语言的句子结构规则发生明显冲突时，保留源语的词类特征必然会导致译文句子结构的过度异化，乃至死译，违背目的语的语法规范。

[48] His **determination** of breaking the bad habits was strengthened by her **encouragement**.
  A. 他改掉坏习惯的**决心**因她的鼓励而得以加强。
  B. 受到她的鼓励，他**下决心**改掉坏习惯。

例[48]的 B 译文把抽象名词 determination 转译为动词"下决心"，将源语的偏正结构转译为动宾结构，表达符合汉语语法规范，语句简洁而上口。

[49] Contrary to expectations, the film was an **instant success**.
  A. 和预料相反，这部影片是一次**快速的成功**。
  B. 出人意料的是这部影片**一上映就获得了成功**。

例[49]的译文 B 把形容词 instant 做引申处理，将源语的偏正结构 instant success 转译为复句"一……就……"句式。该句式用于强调两项在时间上紧密相接的关系，用于表达两个命题之间的时间关系。

[50] Londoners are **great readers**.
  A. 伦敦人是**伟大的读者**。
  B. 伦敦人**善于读书看报**。

例[50]中的译文 B 把名词 readers 做引申处理，使行为者向行为引申，将源语的偏正结构转译为动宾结构。

第二，不敢改变源语的句法结构。英汉语构句规则发生明显冲突时，迁就源语语法规则往往意味着死译。词性、词序和语法关系词，如关系代词、介词、冠词等都是一种语言的重要句法结构的标志。若亦步亦趋地保留了源语的句法结构特征，译文读起来难免拗口，没有可读性。

[51] **You** don't grow the grain **you eat**, and **you** don't make the clothes **you wear**.
　A. 你不种你吃的粮食，你不做你穿的衣服。
　B. 你吃的粮食不是自己种的，穿的衣服也不是自己做的。

例[51]中，译文 A 保留了所有代词和句子的结构特征，译文 B 则将源语的定中成分（the grain you eat 和 the clothes you wear）转译为主题语，源语的主谓成分（you don't grow 和 you don't make）转译为评述语。就整体而言，源语主谓句结构转译为汉语的主题-评述句结构，属于顺应汉语语法规范的句子结构调整。

[52] Their power increased with their number.
　A. 他们的力量是随着他们人数的增加而增强的。
　B. 他们人数增加了，力量也随之增强。

例[52]的 B 译文把源语主-谓-状结构的单句转译为汉语的并列句。

[53] A **growing minority** of Western intellectuals agreed.
　A. 越来越多的少数西方知识分子同意了。
　B. 越来越多的西方知识分子赞同这种看法，虽然他们仍是少数。

例[53]中，译文 A 逐词翻译，逻辑关系混乱，"越来越多"和"少数"之间语义冲突，自相矛盾。译文 B 处理信息的过程如下。

（1）语义分析，minority 的释义为 relating to the smaller in number of two parts。义素 number of 与 growing 构成搭配关系。

（2）切分信息单元，将 growing minority 分为两个信息单元——a growing number of intellectuals 和 a smaller number of intellectuals。

（3）根据源语信息单元之间的逻辑关系组织汉语行文，产出符合源语命题间逻辑关系的译文 B。

[54] I talked to him with **brutal frankness**.
　　A. 我以令人不快的真诚态度同他谈话。
　　B. 我对他讲的话虽然逆耳，却是忠言。

例[54]中，译文 A 语句生硬。译文 B 将源语的主-谓-宾结构转译为汉语的主题语"我对他讲的话"，此外还将移就格 brutal frankness 分解为转折句，在句中做评述语。

第三，不善于有选择地放弃一些源语语法形式特征。不顾目的语的表达规范，在译文中全部保留只表达语法意义的虚词和语法词素（-s、-ed、-er、-ing 等屈折变化词素），这是典型的语法翻译。语法翻译仅仅是为外语学习者提供的一种以传授第二语言语法规则为目的的手段，在翻译实践中应尽量避免。

[55] She put her hand up **and** took the apple. **She has it in her hand and** put it in her basket.
　　A. 她举起手，并摘下了苹果。**她把苹果拿在了手里，并放进了篮子里**。
　　B. 她伸手摘了下苹果放进篮子里。

英译汉时逻辑关系明确，连词、代词可做最小化处理（见本书第 7 章"熟用技巧"口诀 6），例[55]译文 A 中，冗余信息"她把苹果拿在了手里"可删除，防止赘语，让语言更简洁，如译文 B 所示。但是，作为外语教学手段的翻译，即语法翻译，译文 A 只符合外语教学目标的要求。

[56] I will find some **ways and means** to convince him.
　　A. 我会找一些途径和办法去说服他。
　　B. 我会想方设法说服他。

例[56]中，译文 A 复制源语的句子结构，硬译死译，话语冗余累赘。

[57] Things were not turning out like they were supposed to.
A. 事情结果不像它们被认为的那样。
B. 结果事与愿违。

例[57]中，降低"被"字频率可以避免出现行文僵化的现象（见本书第 7 章"熟用技巧"口诀 11）。译文 B 显然比译文 A 通顺，更符合汉语的表达习惯。

[58] He shook his head and his eyes were wide, then narrowed **in indignation**.
A. 他摇了摇头，他双目圆睁，然后**在愤怒中**眯起眼来。
B. 他摇了摇头，双目圆睁，然后眯起了眼，**眼里露出愤怒的神色**。

例[58]中，译文 A 以介词短语译介词短语，"双目……在愤怒中……"给人一种突然切换话题的感觉。译文 B 保留了源语对 eyes 描写延续性的特点。虽然将介词短语转译为小句，但对眼睛变化的描写效果与源语一致。此外在"眯起了眼，眼里露出……"的表述中"眼-眼"相接，构成了主述位推进的模式，推进了译文的连贯效果。英译汉中不宜频繁地以介词短语译介词短语，介词短语转译小句属于分句译法，常用于处理英译汉中多命题句的翻译。

第四，不知如何调整目的语的语序。语序主要分为两种：一种是与句子成分有关的语法单位序列，如主、谓、宾、定、状顺序；另一种是叙事或事理逻辑顺序。在两种语言序列规则发生冲突的时候，不调整语序，译文的可读性就会受到影响：或是出现病句，或是逻辑关系混乱。

[59] Hard pressed by his father, John told the truth **in spite of his wife's warning**.
A. 被父亲逼急了，约翰说出了实情，**顾不上妻子的警告**。
B. 约翰被父亲逼急了，**顾不上妻子的叮嘱**，说出了实情。

例[59]中，译文 A 不符合汉语的叙事逻辑顺序。译文 B 按事件发生的自然顺序排列语义单元,语序与源语相异,但语义和逻辑关系不变。

[60] Textile finishes have in general become a no-no in today's market place, ①/**thanks to many reasons**, ②/says a representative of fiber producer.③

A. ①纺织成品在当今市场上已无人问津。②/由于许多原因,③/一位纤维厂家的代理人说。

B. ③一位纤维厂家的代理人说,②/由于许多原因,①/纺织成品在当今市场上已无人问津。

例[60]中,译文 A 采用顺译法,语序与源语一致,但读起来语序不当,逻辑混乱。译文 B 采用倒译法,将源语的信息单元的①-②-③排列,改为③-②-①排列,语序与源语相异,条理清晰,逻辑关系不变。

第五,忽略英语屈折变化的语义功能。英语作为形态型语言,形态手段丰富,然而在运用过程中有的屈折变化主要用于句子的建构,其表意功能由于信息冗余而有所降低。英译汉时处理屈折变化词素通常有两种方法:①屈折变化词素的意义或所标志的逻辑关系在语境中有所体现,不必予以文字处理,否则会增加译文的冗余信息量,行文变得累赘繁琐,恰似失语症患者赘语的症状;②屈折变化在文中表意功能凸显且有较强的语义区别性功能,如区别时间概念,这种情况下须将屈折变化词素的时间意义表达出来,以免遗漏源语的实质性信息或引起逻辑关系混乱的问题。汉语只能通过增添词汇的方法来处理英语以形态手段表现的"时""体""数"的概念,这种处理信息的方法称作"增词译法"。

[61] I **was**, and **remain**, grateful for the part he played in my release.

我的获释多亏了他,对此我**过去**很感激,**现在**仍然很感激。

[62] The old man said, "They say his father **was** a fisherman. Maybe he **was** as poor as we **are**."

老人说:"听人说,**从前**他父亲是个打鱼的。他**过去**也许跟我们**现在**一样穷。"

例[61]和例[62]的译文通过增加时间副词来突出屈折变化词素所传达的时间概念。增词是防止欠额翻译的有效方法。

[63] Through the past half-century, fully two thirds of the entire world's energy supply has come from oil and gas. Most observers today agree that this dependency on fossil fuel cannot continue indefinitely, no matter how many new oil fields are discovered. *Statistics **vary**. **Disputes rage over how long the world has before the ultimate crunch.***

在过去的半个世纪中，世界三分之二的能源供给都来自石油和天然气。目前，大多数观察家都认为，无论发现多少新油田，人类不可能无止境地依赖石油。*统计数字**在不断变化**。石油在彻底告罄之前，世界到底还能维持多久？**这一类争执和议论**也随之而起。*

例[63]中，斜体文字部分的译文存在以下问题。

（1）vary是误译。在此指"统计数据不一致"，这一点从下文的disputes rage over中可以推导出来。

（2）"石油"和"世界"究竟哪个作为"维持多久"的话题呢？以上译文有主题不清之嫌。实际上，在此应淡化句子成分，不必拘泥于before引导的状语，可采用合译法，将how long the world has 与 the ultimate crunch合为一个信息单元，译作"**全球石油资源**最终能维持多久"。

斜体文字部分改译为：统计数据**各不相同**。**全球石油资源**究竟能维持多久？各种观点相持不下，争执异常激烈。

翻译中上述5种结构性语法失写情况出现频率高，具有代表性。英语是形合语言，话语建构靠的是形式手段，如连词、代词、关系词、屈折变化词素等。汉语是意合语言，以语义连贯为主，形式手段不像英语那样丰富。在两种语言形式特征发生冲突的时候，应以意义为重，顺应汉语的表达规范，才能提高译文的流畅程度和可接受性。

高素荣（2006：33）谈到失语法病症的原因时说："失语法患者的句法障碍主要是在语言产生过程中，处理语言成分和产生句子形式有障碍而造成的。"同理，翻译中的失语法也是由"产生句子形式有障碍"而造成的。译文失语法有三种情况：①能理解源语，但不能摆脱源语语法形式的制约，导致源语语法形式负迁移，不能激活并产出合乎目的语规范的话语形式；②不能充分理解源语导致欠额或超额翻译；③理不清源语逻辑，尤其是对命题间逻辑关系的失读，导致译文句子成分间逻辑混乱的现象。无论以上哪一种情况发生，失语法都是在译文产生过程中出现的语法表达障碍。

5.3.3 语用失写

翻译作为一种跨语言、跨文化的交际活动，总会遇到这样或那样的"语用差异"问题。"语用差异"通常是由文化差异造成的，它"会对交际造成影响，出现信息误导、信息错误和信息障碍，这就是所谓语用失误"（何自然，1997：175）。如果译文出现语用失误，目的语读者就会对源语产生误解。语用失误并非指语法错误，而是指由说话不合时宜、说话方式不妥、不符合目的语的话语规范等而导致交际不能取得预期效果的言语失当行为。译者不能以顺应目的语话语规范的形式输出源语语用信息，便是一种翻译语用失写现象。导致语用失写的原因主要有三个：①语用失写源于语用失读，认知资源受限导致会话含义的提取与输出障碍，这种情况下理解障碍和言语产出障碍同时存在，翻译的结果不是缺乏最佳语境关联性，就是言不得体，交际效果受到较大的影响；②语用失写源于忽视了目的语的语用规范；③能推导出会话含义，但却因语言机制差异或文化差异找不到顺应目的语规范的表达方式来传输源语的会话含义。

翻译中常见的语用失写有以下几种情况。

（1）只知道字面意义，不能察觉说话人的真实意图，不能悟出源语的会话含义，这种情况下照字面意义翻译，难免言不达意。有时，译文还会出现前言不搭后语、话语不连贯的情况。

[64] Q：What is the strongest bird?

A：**A crane.**

问：什么鸟最强壮？

答：**仙鹤**。

例[64]中，crane 一语双关，字面上与 bird 相呼应，但说话人意在言外。如果按字面翻译，把 crane 译作"仙鹤"，不仅源语的双关效果消失殆尽，而且译文也会因缺乏言外之意的支撑而失去语篇连贯性和交际价值。汉语方言称吊车为"老叼"。"老叼"与"老雕"谐音，而"雕"和"鹤"都是"鸟"的下义词，所以采用"老叼"译 crane，译文的上下义的谐音和语义关联效果与源语相同，是一种以传达交际意图为取向的补偿性翻译策略。以上译文可作如下修改。

问：什么鸟最强壮？
答：老叼。（注：方言"老叼"指"起重机"，与"老雕"谐音，在此一语双关）

（2）只注意英汉词语表层形式的对等，忽略交际环境、交际者的身份、职业或社会地位等情境因素，照字面翻译，译文或不能有效传输源语的语用信息，或出现话语方式失规范的情况。

[65] The fast-food industry is often considered a **hotbed** for unhealthy eating addictions.

快餐业经常被认为是嗜吃症的温床。

[66] Berlin steals the credit for nurturing new German creative talent, but Düsseldorf is also a burgeoning **hotbed** of promising young fashion designers.

柏林悄然成为孕育德国时装设计新人的声望，然而杜塞尔多夫也已迅速发展成年轻有为的时装设计师的摇篮。

例[65]和例[66]中，英语里 hotbed 是中性词，能与不同性质的词同现，其所指义以及褒贬含义皆取决于同现项的性质，但汉语里"温床"是贬义词，只能与含贬义色彩的词语同现。如果不考虑同现项的性质，千篇一律将 hotbed 译作"温床"，就犯了语用错误。

[67] "I was already fifty, and I concluded that the Communists considered me too old." But one day a Communist sought out Hsu in his hiding place and asked him to enter the Party. He was overjoyed, **the old rascal**, and he told me he wept then to think that he was still of some use in building a new world. （斯诺，2005：387）

A."我已经五十岁了，我断定共产党必定认为我太老了"。但有一天，一个共产党员竟到他躲匿的地方找他，要他进党。这"**老匪徒**"大乐起来，他告诉我说，当时他想到在建立新世界的工作中他还有一点用场，他感动得哭起来。（斯诺，1979）

B."我年已50，我想共产党大概认为我太老了。"但是有一天，一个共产党到他避难的地方来找他，请他入党，这个**老家伙**高兴至极，他告诉我，他当时想到他对建设新世界仍有一些用处不禁哭了。（斯诺，2005：386）

翻译的第一环节是准确理解原文。这一环节包括理解原文的语义、主题思想以及作者意图、立场和态度。作品所处的时代背景，作者的立场、观点都会影响作品中相关词的含义。例[67]中的 Hsu 是杰出的革命教育家徐特立，作者斯诺（Edgar Snow）是中国人民的老朋友。作者和书中人物 Hsu 的关系是翻译 rascal 的关键。在这样的人际语境中，译文 A 把 the old rascal 译成"老匪徒"显然违背了作者的话语意图，使作者站在与书中人物对立的立场上，这是译者对源语人际语境判断失误的结果。实际上，rascal 并非纯贬义词，该词的另一个意思是："a person often of a pleasingly, mischievous nature"。作者采用 rascal 这个称谓意在亲昵而非贬抑。译文 B 将之译作"老家伙"充分体现了作者和徐特立先生之间的那种亲近友好的关系，再现了源语会话含义的语用效果。

（3）忽略词汇概念义相同但文化含义不同的问题可导致误译、超额翻译或欠额翻译。

[68] Don't ask me why: in 1927 **colored** asked fewer questions than they do now.

别问我为什么，要知道 1927 年**有色人种**不像现在的人问这么多问题。

通常与本民族文化内涵或价值观相近的词汇比较容易掌握，但含义不同的文化负载词则容易为译者所忽略。要避免出现文化负载词的误译首先要搞清楚这类词在特定语境中的含义。例[68]选自美国黑人作家沃克（Alice Walker）的短篇小说《外婆的日用家当》（Everyday Use—for Your Grandmama）。小说通过母女三人的冲突反映了黑人微妙的家庭关系及其生存状态。colored 一词出现在美国特殊的社会背景下不是泛指有色人种，而是特指美国黑人。要让译文最大限度地建立文化语境的关联性，应将"有色人种"改为"黑人"，以避免因文化信息的丢失而导致欠额翻译。

（4）对交际场合与语言形式之间的关系不敏感，导致语体或文体使用不当，译文的交际效果因此受到一定程度的影响。

[69] Many of these fine products are in stock, ready for your order.
A. 许多这些优良产品有现货，准备你来订购。
B. 上述多种优质产品，备有现货，欢迎订购。

例[69]中，译文 A 的措辞和句式都缺乏商业广告的语言特点，平铺直叙，缺乏感染力，这种译文达不到宣传产品促销的效果。译文 B 句式短小精干，措辞有商业语体的特征，对受众有较强的影响力。

[70] Studies serve for delight, for ornament, and for ability.
A. 求知可以作为消遣，可以作为装饰，也可以增长才干。
B. 读书足以怡情，足以博彩，足以长才。（王佐良译）

《论读书》（"Of Studies"）是英国著名哲学家、文学家培根（F. Bacon）的说理散文。全文用词古雅，简洁明快，多用文雅而庄重的大词和正式用语。例[70]中，译文 A 不仅缺乏文采，还措辞不准确，"消遣""装饰"皆有偏误，内容和风格都偏离了源语。译文 B 用词典雅庄重，句式整齐明快，内容和风格与源语保持了高度的一致性，堪称美文翻译的典范。

翻译中语用失写讲的不是语法和词义问题，而是源语的言外之意得不到体现的问题，这种失误可使译文出现话语不连贯、言外信息缺失、表达不得体等不符合目的语言语行为规范的现象。要避免这类情况的出现，须在关注源语语义内容的同时，也考虑到说话人、场合、社会、文化等交际情境中的一些语言外部因素。只有这样，才能在顺应目的语语言使用规范的前提下尽可能全面地向读者传递源语信息。

5.3.4　语篇的失读与失写

语篇不是词汇的堆积，也不是句子的任意相加。语篇是一个结构完整、衔接得当、语义连贯、功能明确的统一体。语篇有明确的主题，话题有延续性，结构有整体性，意义有完整性。任何支离破碎的文字堆砌都不能构成语篇，任何与语境毫不相干、不能体现主题思想的句子集合体也不能构成语篇。语篇的结构特征突出，要求词与词、句与句、段与段之间具备形式上和内容上的连接关系。词、句、段之间的形式衔接可保持意义的延续性，文体、语体特征的一致性可使语篇结构保持完整性。语篇失写意味着上述各层面之间的联系出现断裂的情况。任何文字片段出现语义不清、意义不连贯、逻辑关系混乱、主题不明、文体特征混乱皆为失语篇现象。"语篇失写"就是指语篇表达失当且不符合目的语语篇行文规范的翻译现象。语篇失写有时由理解错误所致，有时由表达不当所致。理解错误导致语篇不连贯是一种语义失读现象，属于失读范围；表达不当导致的语篇不连贯是一种语篇组织失规范现象，属于失写范围。语篇的谋篇机制在于衔接与连贯。"语篇应该具有连贯性（即具有意义的连续性）和衔接性（即表现出在其表层的各个成分之间具有联结性），同时语篇应该表现出明显特征的主题化（即语篇按照特定的方式安排，以便将读者的注意力吸引到被认为是最重要的内容部分）。"（Hatim & Mason，2001：192）意义的连续性主要靠词汇衔接来实现，表层各成分间的联结性主要靠语法衔接来实现。译文不能体现源语的谋篇机制就不能像原文一样成为一个有机的整体。缺乏整体性是失语篇的主要特征。

语篇失读主要发生在理解源语语篇的过程中。不能正确解读原文中各种衔接与连贯的关系，译文出现的语义错误就不可避免，表现为译文不能再现原文意义的连续性和整体性。在此仅举两例来说明语篇失读与语篇失写的区别。

[71] **Heavenly Fears of Dying**

We cannot experience true life without acknowledging death. Childbirth is painful; meaningful friendships require effort; and a rich spiritual life takes time, too. We resist facing the inevitable: bliss requires suffering. **Everyone wants to go to heaven, but nobody wants to die.**

天堂不可承受之死亡[①]

不承认死亡就不能体验真正的生活。分娩必定带有疼痛；深厚的友谊需要付出；丰富的精神生活也需要耗费时光。然而，我们却不肯正视自然的法则；甘苦相生，生死相伴。**人人都想上天堂，但却没人愿死亡。**

"Heavenly Fears of Dying"（《天堂不可承受之死亡》）是美国心理学博士、精神治疗医师兼《今日美国》(USA Today)报刊《美国思想》(American Thought)专栏编辑普特堡（D. T. Puterbaugh）写的一篇散文。此处选择了该散文的结尾段，以揭示原文标题的蕴含义。为避免语言形式的重复，作者采用移就格的修辞手法使标题的语言形式表征陌生化，给读者带来新奇的语言感受和心理体验。根据《新韦氏国际大辞典第三版》(Websters Third New International Dictionary)的解释，heavenly 意为"relating to, or dwelling in the heaven of God"。在此 heavenly 是一个独立命题，heavenly fears of dying 是一个复合命题的移就格，两个命题分别为：everyone wants to dwell in heaven 和 everyone fears to die，命题间的关系为转折逻辑。这一逻辑关系已在全文的结论句中得到了充分的印证。作者将 heavenly 与 fears 超常规地搭配使用，突出世人面对死亡的纠结心态。

标题是文章的眼睛，统领全文，与正文形成一个有机的整体。"天堂不可承受之死亡"与源语标题不是同一个命题，不能与正文形成一个语义连贯的有

---

① 英汉对照的全文见《中国翻译》2013 年第 5 期第 116-121 页。

机整体，属于误译。误译源于对修辞格的误读。译者过于强调源语标题的表层结构特征，忽略了深层结构的语义表征。任何辞格都是由特定结构、特定内容和特定效果构成的，但决定辞格类型的主要是内容。源语标题不是译者所说的矛盾修辞格。矛盾修辞格是把相互排斥的两个概念或命题联系在一起构成偏正搭配结构，遵循的是对立统一规律，即矛盾律。heavenly 与 fear 之间不存在相互排斥的对立统一关系，因此不是矛盾修辞格。

标题是语篇的重要组成部分。既然是语篇的有机组成部分，那它就必须满足衔接与连贯的要求。词汇衔接是确保语义的延续性和整体性的手段。heavenly 和 dying 与正文结论句中的 heaven 和 die 形成的是复现衔接关系。heavenly fears of dying 与 "Everyone wants to go to heaven, but nobody wants to die" 是同义句，标题与正文首尾圆合，结构完整，语义连贯，关合严密，可给读者留下整体性的美感。

标题翻译不能因形害义。如果不能保留源语的辞格形式，就应该舍形求义，将意义的连贯性和整体性放在首位。根据原文的逻辑和内容可将该标题译作"向往天堂，恐惧死亡"。在超常规表达不能直接翻译的情况下，可采用还原常规表达的翻译，以确保译文意义最大限度地贴近源语。有时，可采用补偿手段变通处理辞格的翻译，如可以用明喻译隐喻。无论采用什么译法，皆须以语篇的衔接性和连贯性为前提条件。辞格翻译的变通策略的实施见例[71]。

[72] **Hot and Cold Foxes**

The Arctic fox lives in the **cold** Arctic tundra. It can survive **temperatures as low as -50℃**. It has a coat of **thick fur** all over its body, even on the pads of its feet, and on its small, rounded ears. They are so well **insulated** that they **lose very little heat**.

北极狐的保暖衣

北极狐栖息于寒冷的北部冻原，可在-50℃的气温下生存。北极狐有一身厚厚的皮毛，甚至连爪垫、小小的耳朵都裹着厚皮毛，浑身上下裹得严严实实的，热量几乎不会流失。

例[72]语篇的标题采用了矛盾修辞法。标题以 hot 和 cold 语义相斥的两个词修饰 fox，说明北极狐皮毛的御寒保暖作用。矛盾修辞法用词凝练，形象生动。正文中加粗的词与 hot 和 cold 构成了同现和复现词汇链，揭示了这组矛盾词语搭配背后的语义逻辑。学生翻译标题时不知如何处理这个辞格。有的将之译作"又热又冷的北极狐"，有的将之译作"冰天雪地里的北极狐"。第一个译文虽然保留了原文的形式特征，但不符合汉语表达习惯，在中国读者眼里显得荒谬，不可理解。第二个译文的命题与源语标题不符，偏离了源语正文的词汇链，既不能体现源语的主题，也不能与正文融合成一个有机整体。译文"北极狐的保暖衣"采用的是变通译法，以隐喻修辞格取代源语的矛盾修辞格，这样既可保留源语标题陌生化的效果，又可映射其间的命题，预示正文的内容，与正文的词汇链融为一体。

以上两个例子说明的是失读类型的失语篇现象。这是一种对源语语义关系的错误理解而造成的译文语篇失连贯现象。失写类型的失语篇主要是指表达性失语。译者选择表达形式时不符合目的语的语法规则、语篇规则和文体规则，不能选择得体的表达形式映射源语的语用效果，或是不能妥善地处理文化差异对翻译过程的干扰，导致译文在目的语文化中不具备可接受性。

就翻译表达而言，在以语篇为单位的翻译过程中，翻译策略和技巧落实在不同的层面上，侧重点有所不同。词和词组层面主要解决搭配问题，句子层面主要解决句子的构建问题，而段落和篇章层面则主要解决句子间的衔接与连贯问题，以及如何表现主题思想、作者风格、文体特征，如何体现交际情境和交际目的等问题。处理不同层面的问题须采用不同的技巧和策略，检验语篇翻译效果的标准是连贯性、流畅性、逻辑性、目的性、整体性。常见的语篇失写有以下三种情况。

其一，忽略两种语言间的差异，重形合，轻意合，以形驭义，致使译文语流不畅，行文臃肿拖沓，形似而意散，以形害义。

英译汉时，形合意识过强，不能摆脱英语语形的干扰，照搬英语衔接手段，这一切都会导致译文衔接有余、连贯不足的结果。汉译文本表现为形式特征丰富而语篇结构松散，逻辑关系混乱。两种语言衔接机制各异，牵强复制，译文的连贯性必定会受到影响。例[73]用以说明：失语篇有时并非由词汇生僻、句子结构复杂、话语艰涩所致，而是由衔接不当导致。

[73] 衔接手段的对比分析

A. 我坐在那里寻思起来。**我想**，从医学观点来看，我这个**病例**够有意思啊，**医学院得到我这么一个病人**，真是太幸运了！如果他们**有了我**，学生们大可不必去"跑医院"了。我这个人就是一个医院，他们只要围着我转就行，然后就可以领取**他们**的文凭了。

然后，我又在想我还能活多久。我想自己检查一下**我自己**。我摸摸**我的脉搏**。我开始根本感觉不出来脉动，然后，突然之间，**它**似乎跳了起来，我掏出**我的**怀表，测量**它**，**我测到**1分钟147下。我试着摸摸**我的心脏**，**我没能摸到我的心脏**。**它**停止了跳动！我历来有这么一种想法，当时**它**一定始终在它该待的地方，也一定一直在跳着。可是我无法解释**它**。

I sat and pondered. **I thought** what an interesting **case** I must be from a medical point of view, what an **acquisition** I should be to a class! Students would have no need to "walk the hospitals", **if they had me.** I was a hospital in myself. All they need do would be to walk round me, and, after that, take **their** diploma.

Then I wondered how long I had to live. **I** tried to examine myself. I felt **my** pulse. **I** could not at first feel any pulse at all. Then, all of a sudden, *it* seemed to start off. I pulled out **my** watch and timed *it*. **I made it** a hundred and forty-seven to the minute. I tried to feel **my** heart. **I** could not feel **my** heart. *It* had stopped beating. I have since been induced to come to the opinion that **it** must have been there all the time, and must have been beating, but I cannot account for *it*.

B. 我坐在那里寻思起来。从医学观点来看，Ø 我这个**病人**可够有意思啊，医学院**得到我**真是万幸啊！Ø 有了我，学生们大可不必去"跑医院"了。我本人就是一所医院，他们只需要围着我转，然后就可以拿Ø文凭了。

接着，我又在想自己还能活多久，于是Ø就来个自我诊断。我摸摸Ø我的脉搏，开始一点也摸不到脉动，可突然之间**脉搏**似乎跳了起来。我掏出Ø怀表来测量心跳，Ø1分钟147下。我又去摸Ø心脏，Ø没摸到，心停止了跳动！我至今都这么认为：当时我的心脏一定在它该待的地方，也未停止跳动，可我仍无法解释怎么**一开始摸不到心跳**呢。

例[73]取自杰罗姆（J. K. Jerome）的幽默小说《三人同舟》（*Three Men in a Boat*）。小说主要围绕一次泛舟之旅展开，充满了夸张、非现实的情节描述。本段选自小说的第一章"三个病号"。叙述人讲述了一次他去大英博物馆查医学书的经历。当时他想知道自己身体的不适该如何治疗，结果却发现医学书中描述的病症在他身上一应俱全，于是便坐在那里冥思苦想起来。

源语口语体特征明显，单句多，句子结构简单，用词通俗，口语词汇较多（如and、then、I thought），代词出现频率高。虽然汉语口语体也有与英语相似的语言特征，如句子结构简单，语言平易、少修饰，但相异点也很突出，如代词、连词等语法功能词在英语语篇中的出现频率远远高于汉语。英汉语衔接形式存在显著差异时，如果把英语衔接手段毫无保留地移至汉译文本，译文就会显得凌乱松散，有时甚至让人感到语意不清，不易理解。在此以对源语语言成分的取舍为例来说明语篇衔接不当的失写问题。

第一，适当减词，精炼语言。适当省略源语中的代词、连词、口语词以及一些冗余成分更符合汉语的口语表达习惯。例如：口语词 I thought 与前文的 ponder 信息冗余，可以省略，这样可减少"我"的出现频率。在"I tried to feel my heart"和"I could not feel my heart"这两个句子中，第二个 my heart 是冗余信息，应省略。

第二，以名译代可降低代词在译文中出现的频率。译文 B 中的斜体词都是以名译代的例子。译文 A "but I cannot account for it"译作"我无法解释它"，"它"指代逻辑关系模糊，让人感到不知所云。but 小句与 must have been beating 构成转折关系，所以 it 相对于 beating 应指 stop beating。

第三，保留源语的词汇链接关系。词汇链形成于词与词之间的语义联系，其联系之一就是词汇复现。有复现关系的词语间含相同或可相互包容的语义成分。源语中下划线的语言成分间有着紧密的语义内在联系。译文若不表现出这种联系，话语的延续性就会受到影响，会出现语义链断裂或连贯性减弱现象（见本书第 7 章"问题意识"口诀 1）。译文 A 把 case—acquisition—had me 译作"病例—得到我这么一个病人—有了我"，不妥之处在于"病例"和"病人"之间衔接失当。该语段翻译须注意以下两点。

（1）case 词义的确定。根据《剑桥国际英语词典》（1997）的解释，case 指"a problem, a series of events or **a person** being dealt with by police, doctors, lawyers, etc"。根据下文 had me 和 no need to "walk the hospitals"可推断出，case 是指"我集疾病于一身，可以作为实习生的临床试验对象"，而"病例"仅指"某种疾病的例子"，故为不妥。

（2）acquisition 词义的确定。该词释义是 something acquired，与 had me 异形同指。这也证明了前文的 case 指的是 me。译文的词汇链是"病人—得到我—有了我"。

上述第一，通过减词舍弃源语的衔接手段；第二，通过换说译法，改代词照应为词汇照应；第三，保留源语词汇复现手段，再现源语的语义链。以上三点在译文 A 中都未得到妥善的处理，所以译文 A 读起来拖泥带水，有的地方语意不明，连贯性差，语篇失写特点明显。

其二，忽略源语的交际意图，不考虑交际情境和交际效果也会导致语篇失写，失写表现为语义链断裂或言不得体。

[74] I once heard someone shout, "**Look out!**" I put my head out of a window and a bucket of water fell on me. It seems that "look out" may mean "don't look out".

A. 一次，我听到有人喊"小心！"我把头伸出窗外，这时一桶水当头淋下。看来，英语中"向外看"似乎意味着"别向外看"。

B. 一次，我听到有人喊"向外看啊！"我把头伸出窗外，这时一桶水当头淋下。看来，英语中"向外看"似乎意味着"别向外看"。

（注：英语里 look out 有两层含义：一为"朝外看"，二为"小心"。该词项在这个语篇中一语双关。）

look out 一语双关，两层含义只能择其一而译之，翻译因此而受到限制，可译性低。这种情况下须选择字面上能维系语义延续性的那一层含义，舍弃深层含义，否则就会出现字面话语不连贯的现象。译文 A 中的"小心"虽然传达了喊话人的意图，但却不能体现听话人的误解，也不能与下文的"别向外看"建立语义链接关系。译文 B 保持了话语的延续性，但丢失了深层含义，所以需要借助注释来弥补源语信息的损失。双关语不能直接译成目的语时可采用一些补偿性翻译方法，如意译、套译、拆译和注释等。无论采用哪种译法，首先要满足字面有衔接且语义可连贯的要求，其次才是满足语用修辞效果的要求。理想的双关语翻译应三者兼备，即字面上要衔接，语义上要连贯，语用上要模糊，一语双关。

语篇翻译以篇章为基础。篇章不在文字的多少与篇幅的长短，关键是整体效果，长者可以是一部巨著，短者可以是特定语境中的一个词。标语、口号、产品说明、通知、信件、便条、报导等都可以成为篇章。例[75]中的句子是一则公益广告。广告翻译要考虑受众和交际目的，行文宜简短，措辞和语气须富有感召力。

[75] Don't Buy Cage Eggs.
Say No To Hen Cruelty.
不要买笼养鸡蛋。不要对母鸡残忍。
[76] I NEVER buy cage eggs.
我从来就不买笼养鸡蛋。

例[75]的原文是广告宣传语，但译文平铺直叙，缺乏力度，如译作"抵制笼养鸡蛋，善待母鸡"，宣传效果就得到了凸显。例[76]是对比句，用以说明不同的交际环境需要采用不同的表达形式。在日常对话中"不买笼养鸡蛋"更能体现对话语体的特征，所以是得体的译文。能体现交际环境特征的译文才是理想的、得体的翻译。

其三，忽略文体或语体特征可能导致译文语言风格与源语的不一致，表达失当，整体效果降低。

周煦良在其《翻译三论》中谈及翻译标准时说：美既不能用，雅又不能照严复当时提出的那样去理解，那么究竟应当怎样理解呢？我认为应当作为"得体"来理解。得体不仅仅指文笔，而是指文笔基本上必须根据内容来定；文笔必须具有与其内容相适应的风格（周煦良，2007）。笔译的误区之一是：用词越华丽越好，句式越古典越雅。实际上，语言美不美关键在是否"得体"。得体的语言指那些可使话语的内容、形式与交际情境融为一体的表达形式，而得体的翻译指用最接近源语文体、语体特征的形式来传递源语的信息。翻译不仅要在内容上而且要在风格上与源语保持一致，不是看个别词、句美不美，而是要看翻译结果的整体感强不强，看话语与交际情景的关联效果好不好。如果说译文没能体现原作的风格就意味着它没体现出源语话语与交际情境的关系，说明译文的语言形式特征所激发的联想义与源语的不相符。语言风格方面的失写案例见例[77]~例[81]。

[77] "I kept it from her after I **heard on** it," said Mr. Peggotty, "**going on nigh** a year. We **was** living then in a solitary place, but among

the **beautifullest** trees, and with the roses a-covering our Bein' to the roof…"

A. "我听到那消息后，"辟果提先生说，"瞒着她差不多一年。我们当时住在一个僻静的地方，周围有十分美丽的树，屋顶上有蔷薇花……"

B. "起那时俺听了消息后，"辟果提先生说，"瞒着她快一年了。**俺们那时待的地方挺背，前后八方的树林子说不出的最漂亮，屋顶尽是蔷薇花儿**……"（张培基等，1980：8）

初涉翻译者缺乏风格意识，总想使用华丽的辞藻，优美的文句，而不考虑语言形式特征、交际情境与说话人的意图，翻译结果常常适得其反，优美的语言很可能会破坏原作的风格，不能表现出作者或作品中说话人的意图，这种不能反映源语言语风格的翻译也是一种失写行为。例[77]说明的就是这个问题。原文选自英国小说家狄更斯（C. Dickens）的作品《大卫·科波菲尔》（*David Copperfield*）。

陪伴大卫成长的家中女仆辟果提憨厚、老实、忠诚，没有文化，语言不规范。以上引文寥寥数语就有不少用词和语法上的错误。译例中的译文 A 言语流畅，语言规范，这种语言形式并不符合作品人物身份及其言语特征，作者通过语言实现人物刻画的笔触在译文 A 中消失殆尽。译文 A 未能表现出源语语法错误和方言所传递的说话人没受过教育这层含义。不能传递源语言外之意的译文属于欠额翻译。译文 B 优越于译文 A 正是因为它能得体地表现出源语不规范语言所传递出的特殊意义，而译文 A 所缺少的就是这种特殊的联想义。

文体或语体特征的和谐性是实现语篇整体性的必要条件。同一语篇单位内的文体或语体要素都指向同一种文体或语体类型，文本才有统一的风格和效果，这是语篇对语体和文体特征一致性的要求。文体和语体问题处理不当，即使译文概念义与源语相符，也会出现语体或文体形式上的偏差。例[78]两处译文用以说明文体、语体形式特征与语篇整体性的关系。

[78] **How Old Are You**

H.S. Fritsch

Age is a quality of mind.
If you have left your dreams behind,
If hope is cold,
If you no longer look ahead,
If your ambitions' fire are dead——
Then you are old.
But if from life you take the best,
And if in life you keep the jest,
If love you hold;
No matter how the years go by,
No matter the birthdays fly——
You are not old.

A.
你多大岁数？
H. S. 弗里奇
年龄受制于人的心态。
如果你从梦幻中走出，
如果希望近乎泯灭，
如果你不再把前程瞻望，
如果你的壮志之火焰熄灭——
那么你就已苍老衰颓。
但如果你从生活中汲取菁华，
如果你在生活中保持欢乐，
如果你拥有一份挚爱，
无论岁月怎样流淌，
无论诞辰如何飞逝——
你就没有苍老衰颓。
（侍之春译）

B.
年龄几何
H. S. 弗里奇
年龄在于心态。
假如丢弃梦想，
希望泯灭，
不再把前程瞻望，
壮志之火熄灭——
你便会年迈垂老。
假如汲取生活菁华，
生活中快乐风趣，
心中有爱，
任凭时光飞逝，
岁月如梭——
你依然年轻。
（改译）

例[78]侧重于抒发感情，道明哲理，用词庄重。原译突出了源语用词典雅而抒情的特点，但忽略一些英汉语诗歌语篇结构上的差异，几乎全部保留了源语语法形式特征，这在一定程度上影响到译文诵读的流畅性和韵律效果。语篇结构上，英语诗歌诉诸理性，语法衔接手段丰富，句子结构完整，汉语则诉诸意象，语法衔接手段简约，经常省略主语。如果有选择地删除原译中的连词和主语，就能体现汉语诗歌词约义丰的特点，体现出诗的韵味。此外，原译把 How Old Are You 译作口语体"你多大岁数"过于直白，与全诗的语体风格不相容，相互排斥，表达不妥。如果源语本身的语体特征是一致的，译文也应表现出和谐一致的语体风格。反之，如果源语在同一个语篇中含有不同的语体特征，译文对此也应有所体现。

[79] The Proheme of the work calls attention to Plato's theory of the education of the governors of a public weal, and the definition of public weal, or respublica carries the gloss of Varro and establishes a linguistic authority. Then Elyot concludes his first chapter in this metaphor chain.

Nowe to conclude my fyrst assertion or argument, where all thynge is commune, there lacketh ordre; and where ordre lacketh, there all thynge is odiouse and uncomly. And that have we in dayly experience, for the pannet and pottes garnisheth wel the ketchyn, and yet shulde they be to the chamber none ornament.

The argument for decorum points to the larger metaphor of the house, a familiar one which we shall encounter again.

这本书的序言引起了人们对柏拉图关于公益管理人员的教育理论的关注，"公益"或称"共和政体"的定义经瓦罗诠释具有了语言学的权威性。后来，埃利奥特以一个连贯隐喻结束其第一篇章，他写道：

总而言之，我的第一观点是只要共享一切，必乱而无序；乱而无序则失之优雅，令人生厌。这犹如居室装点，明锅净壶，厨房为之生辉。倘若将之置于卧室，其装饰之功效则丧失殆尽。

作者用居所这样一个较大范畴的隐喻来论述得体性的问题，我们在下文中还会提到这个熟悉的隐喻。

例[79]引自舍克（Schoeck，1987）的《互文性与修辞范例》（"Intertextuality and the Rhetoric Canon"）。该文引用了英国16世纪著名教育思想家埃利奥特（Thomas Elyot）《统治者》（*The Boke Named the Gouernour*）（Elyot，1531）中的一段话。两个文本跨越3个多世纪，语言形式差异之大，可想而知。翻译时只能通过语言形式差异反映出时空距离。如果用同一种语体，译文语言就不能传递出源语语言形式所折射出的时空距离信息。

翻译归根结底是语篇活动，仅仅处理好词和句子的问题是不够的。要提高译文的整体效果必须注意语篇各要素之间的相互关系。语音、词汇和语法都是不同层面上的语言问题，是构成语篇的基本要素。诚然，篇章形成于句子，但每个句子造得完美无瑕，一一相连，未必就能建构一个完美的语篇。语篇的实现有其自身的标准。其中，最重要、最基本的标准就是衔接和连贯。一个符合标准的语篇应在形式上顺应目的语的衔接规范，语义上满足目的语连贯的条件，主题上再现源语的中心思想，美学效果上体现源语的风格。要避免翻译失写现象发生就应该大处着眼，小处着手。宏观把握源语的语篇类型，微观处理好音、词、句、段、篇之间的关系。翻译像写作一样也讲究遣词造句，谋篇布局，两者之间是一种局部与整体的关系。用词精准，适题应景，句句相接，语义连贯，一切都应以篇章的整体性和交际的实际效果为重。

5.3.5 文化失写

文化失写指在加工带有文化信息的语言单位时不能妥善地处理文化差异干扰翻译活动的情况，表现为在意识形态冲突的情况下，不能顺应目的语文化的立场、观念、习俗，选择读者可接受的表达形式或内容。意识形态对翻译活动的隐形操控不仅表现在为迎合读者的审美心理而采用改写策略方面，而且还表现在为迎合社会伦理道德而采用的改写策略方面。不同文化间意识形态的冲突是译者改写源语的重要原因。处理文化差异方面的改写通常有：选择体现褒贬态度的措辞，删除不适合目的语意识形态的措辞以及纠正源语中的错误。忽略文化差异与冲突，不采用任何补偿手段处理文化信息会导致文化失写现象。

[80] Wallace: You say you would like to live to the age of one hundred and then go to visit Karl Marx; maybe Mao Zedong will be seated by his side. What do you think those two gentlemen will have to say to you, Deng Xiaoping, when you are up there.

华莱士：您说过百年后**去见马克思**；也许那时马克思旁边还坐着毛泽东。到那里后，您认为他们可能会对您说些什么？

[81] When Deng Xiaoping, ninety-two, finally went "**to meet Marx**" after years of enfeeblement...

中国最后一位革命时期的领导人，92岁高龄的邓小平，多年身体欠佳，因病**逝世**……

1986年9月2日美国哥伦比亚广播公司电视新闻栏目《60分钟》的主持人华莱士（M. Wallace）采访邓小平时引用他的话"去见马克思"。华莱士在采用邓小平本人使用的委婉语时选择的是褒义形式 to visit Karl Marx。从选词上可以看出华莱士对邓小平的尊重。翻译时在访谈语境中保留这个委婉语无论在语义上还是在语用效果上都是最恰当的选择。然而，例[81]中的 to meet Marx 也用了当时邓小平说的话，但英文用的是中性表达，积极色彩逊于 to visit Karl Marx。这说明说话人与邓小平人际距离较疏远。就英译汉而言，在病逝语境中直译为"去见马克思"明显违背目的语的社会规范。这种情况下须舍形取义，采用语体庄重的委婉语"逝世"来翻译。

[82] There is no double the war in China was an extremely brutal one involving widespread atrocities, and **it has left a deep and bitter legacy in both China and Japan.**

毫无疑问，对华战争极其残酷，暴行无处不在，**给中国留下了深深的痛苦创伤，也给日本留下了惨痛而又深刻的教训。**

如果按照原文的句子结构，后半句应该是"给中国和日本都留下了深深的痛苦"。照搬源语结构进行翻译，将受害者和侵略者置于并列关系中，这有悖常理，不能为读者所接受。因此采用复译法，将 a deep and bitter legacy 做两次翻译。这种改写句式结构的译文不会改变源语的意义。

翻译读者取向一般是在语言文化差异较大的情况下采用的翻译原则。译者通常站在读者的角度考虑作品的翻译效果问题。虽然改写使译文跟源语相去甚远，但最终的目的都是让读者在某种程度上、某个方面去接近源语。如果源语的生僻语言形式、过度的隐含信息影响了读者对源语的理解和审美心理，译者应采取补偿手段适度改写源语。不过，任何一种改写都应该与源语保持某种意义上的联系。与源语没有任何联系的改写行为都是不可取的。

两种语言之间词汇的文化义或语用义经常是不对称的。这种情况下应注意三点：①译文的概念意义应与源语保持一致；②如果有可能保留源语的语言形象（如习语的语言形象），可采用形象和文化含义兼顾的翻译策略；如果保留形象可能导致误读或使译文变得晦涩难懂，就该在确保不偏离源语内容的前提下，适当地调整表达形式，提高译文的准确性和可读性；③如果两种文化差异显著而且有冲突，应该采用顺应目的语规范的翻译策略，如采用改写策略。

翻译失写症的四种情况（语法失写、语篇失写、语用失写、文化失写）涉及的都是表达问题。影响表达的因素是多方面的。对意义解读的失误导致误译；忽略源语逻辑关系导致译文表达逻辑混乱；源语语法负迁移导致译文语法过度异化，这种情况下大多会出现病句；忽略语篇衔接手段和连贯问题，译文结构松散；不了解语言间文体或语体系统的差异可导致译文与源语风格不一致的结果；对文化差异不敏感可导致欠额翻译、超额翻译或不合时宜的翻译。要避免表达失误须在理解源语的基础上注意以下问题：英汉语表达形式是否有差异？是否需要调整词类或句法结构？句子结构的调整是否会影响译文的衔接效果？源语语序与目的语语序之间有没有差异？差异大须以目的语语法规范为取向，调整语序。在衔接手段调整方面尊重源语的逻辑，顺应目的语的语言规范。英译汉时，上下文逻辑关系明晰的情况下可将英语句法形式标记，如连词、代词等语法功能词最小化。此外，还需加强文体、语体和文化意识，使译文最大限度地体现源语的风格，提高译文在目的语文化里的顺应性和可接受性。总之，只有正确理解原文并考虑到语言、文化、交际语境等诸多因素才能译出好的作品。

5.4 翻译症与翻译失语症

"翻译症"是一个与翻译失语症相关的问题。严重的"翻译症"通常由语言和文化元素的负迁移所致。美国翻译理论家奈达和泰伯（Nida & Taber，1982：13）在《翻译理论与实践》（*The Theory and Practice of Translation*）一书中称之为 translationese，指出译文"要避免出现'翻译症'。'翻译症'表征的只是形式上对原文的忠实，结果是由此产出的译文在内容或效果上恰是对原文的不忠实"。翻译症被认为是一种"糟糕的翻译"（bad translations），"是典型的由过度直译或目的语知识欠缺所导致的……译文中的源语特征在目的语里不具备可接受性"（Shuttleworth & Cowie，2014：187-188）。这种难为读者接受的翻译语言主要是由源语语言特征负迁移导致的，通常是一些因死译而出现的僵化的、语法失当或逻辑不通的译文。翻译症大都违背目的语的行文规范，因而是"糟糕的翻译"。英译汉中的翻译症表现为英语语言特征的负迁移。本章提到的汉译文句式结构生硬、僵化、语义不明、衔接不当、逻辑关系不清、话语不连贯的案例都是英译汉中常见的严重翻译症现象。汉译英中的翻译症表现为汉语思维先入为主的特点。汉译英时在句式结构、命名方式、搭配习惯等方面出现汉语语言特征的负迁移，导致翻译错误或汉式英语（chinglish）等问题的产生。在此仅举几例加以说明，见表5-6。

表 5-6　翻译症示例

翻译症类型	原文	翻译症译文	合理译文
语义失读类翻译症	隐形眼镜	invisible glass	contact lens
	新闻自由	freedom of news	freedom of press
	流动资金	circulating funds	working capital
语用失写类翻译症	不准拍照。	Don't take pictures.	No photographs.
	请勿吸烟。	Please don't smoke.	No smoking.
语法失写类翻译症	他左腿跛了。	His left leg is lame.	He is lame in the left leg.
	新学期已经过去一个月了。	Our new term has passed one month.	It has been one month since the new term began.

如表 5-6 所示，翻译症表现在不同的语言层面上。除了语义、语法、语用层面，在语篇层面上也经常出现翻译症。

翻译症由过度直译造成。过度直译、死译或硬译表现为亦步亦趋地模仿源语语言形式，译文佶屈聱牙，言辞不当，逻辑不通。按照林语堂（1984）的说法，这种译文就是"据字直译，似中国话实非中国话，似通而不通，决不能达到通顺结果"。这种翻译语言的最大弊端就是译文生硬牵强，文笔拙劣，可读性差，通常令人不知所云，甚至可能误导读者。它是一种畸形的异化语言，不伦不类，实属翻译失语症。不过，有一种异化的翻译语言也带有源语语言文化特征，但不应视为翻译失语症。原因有两点：①任何一种语言都有外来语和外来语言特征，这些都是直接翻译的异化产物。许多外来语或异化语言广为读者所接受，扎根于目的语文化，对目的语语言有着积极的影响；②积极吸收源语的表现形式和文化元素可为目的语注入新鲜血液，丰富目的语的表达手段。鲁迅当年就借助翻译引进了新的语言形式，传播了新思想，给中国文化输入了新鲜血液。此类翻译语言有两个特点：①通过适度直译，保留源语符码特征，引进新的语言形式。②一些直译的语言形式虽然不太符合目的语表达规范，但新颖生动，个性鲜明，颇受读者欢迎。现代汉语中外来语词汇俯拾即是，如 meet one's Waterloo（遭遇滑铁卢）、the Butterfly Effect（蝴蝶效应）、Domino Effect（多米诺骨牌效应）。除了形象语言的外来语，异化句式在汉语里也很普遍，如"当……时候""如此……以至于……"，这样的句式虽然读起来生硬，并非理想的翻译语言，但其语义与源语相同，逻辑关系明确，不存在误译或语病问题，所以不宜把这种语义和逻辑关系清晰的欧化句式划归为翻译失语症。这类句子适当地使用无可厚非，非翻译错误。弗拉雷（Frawley，1984）将这种目的语读者能接受又带有源语符码特征的翻译语言称作"第三类语码"（the third code）。根据弗拉雷的解释，第三类语码是"译文语言受到源语和目的语的影响，带有双语特征，成为一种具有自身独立标准、结构预设及蕴含的语码"。由源语码（matrix code）和目的语码（target code）杂合而成的"第三类语码"使译文带有了异质成分，但并不违背目的语的语言和文化规范，它只"会带给读者一种异国文化情调的感觉"（Shamaa，1978：172；转引自 Baker，1993：245）。沙特尔沃思和考伊（Shuttleworth & Cowie，2014：173）指出：第三类语码给读者一种莫名的"翻译感觉"（translated feel），但"应该注意的是这类语码的特征不应视作'翻译症'，虽然这两个概念有明显的关联性。第三类语码通常指发生了微妙变体的目的语语言"。"翻译症是典型的由过度直译或目的语知识欠缺所导致的。译文中带有明显的源语特征。"（Shuttleworth & Cowie，2014：187）translationese 在汉语里"有人称翻译体（或译文体），有人称翻译腔，有人称翻译症"（孙致礼，2018：75）。就汉字释义而言，三者的语义是有差别的。本书选择"翻译症"一名，取义于"症状"（《现代汉语词典（第7版）》的解释是"机体因发生疾病而表现出来的异常感觉和状态"），在此意指因认知缺陷表现出来的不正常翻译现象，而那些带有翻译痕迹的语言可视为源语码和目的语码杂合而成的产物，归属于弗拉雷所说的"第三类语码"，具有可接受性和可读性，在目的语语言系统中占有一席之地。

从英汉翻译的语篇角度来看，过度使用连词、虚词、代词等形式手段必定会使汉译文结构松散，话语的连贯性受到严重影响，这种高频的异化形式是导致语篇失语的重要原因。因此，在整体翻译中接受异化句式须把握适度性，应根据目的语语篇规范处理翻译语篇的衔接与连贯问题。无论是"第三类语码"还是异化产物，对译文优劣的评价取决于它在实际运用中的可读性和可接受性。

总而言之，刻意异化的逐词翻译无异于死译和硬译。此类带翻译症的译文生硬牵强，行文拙劣，逻辑不通，语篇支离，没有可读性，是对目的语语言规范的强行偏离，属典型的翻译失语症。过度意译或过度自由发挥等同于胡译。天马行空的译文超越源语的界限，同样也是一种失语现象。要克服翻译失语症须掌握在语法、语义、语篇、语用、文化不同层面上分析原文的方法，根据翻译中语言点的性质来解决问题。异化可行但不可偏执。翻译应做到有的放矢，言而有据，译而得法，行而有度。译者的行为既须灵活又须自律，以源语为理解依据，采用得体的方法处理表达问题，使译文在内容、行文及语篇效果上最大限度地切近源语。

5.5 本章小结

"翻译失语症"是翻译过程中一种由语言、文化障碍导致的理解和表达失误或失当的现象。本章主要内容是对翻译失语症进行分类和描写。分类有助于译者监控自己的翻译过程，提高问题意识和分析能力，翻译思维受阻时可采取相应的翻译策略和技巧去解决问题。本章根据不同情况把理解过程中出现的失误称作"失读症"，表达过程中出现的失误或失当现象称作"失写症"。根据语言点性质的不同，读写各类之下又包括若干小类。失读症包括语义失读、语法失读、逻辑失读、遗漏四类，这四类的共同点是：由不能准确提取源语信息导致错译、误译或漏译。失写症包括语法失写、语用失写、语篇失写、文化失写四类，其共同特征就是失规范，即不能根据目的语的规范加工从源语中提取的信息。译文一旦不能顺应目的语语言和文化的规范，就不具备可读性和可接受性。对翻译失语现象进行分类，有助于识别语言障碍的性质及表现形式，可增强翻译的目的性和解决问题的针对性。

第6章

提高翻译能力防失语

要避免出现翻译失语问题,首先要具备完成翻译任务所需要的知识、技能和能力,三者相互依存,互为促进。根据 PACTE 提出的翻译能力六项内容,双语交际能力是必要的前提条件,其次是策略能力、转换能力、专业操作能力,这些都属于翻译专业能力,有别于二语习得者的双语能力。所有以上能力(包括语言外能力)都是在心理-生理能力的基础上形成发展起来的。

能力是知识和技能经过内化的产物。冯忠良(1992a:111-113)谈到知识、技能和能力的关系时说:知识和技能"是能力结构的基本构成要素","只有那些概括化了的知识和熟练了的技能,才有可能广泛应用和迁移……才有可能转化为能力"。这就是说只停留在书本上的知识得不到应用,不能向技能转化,不用来解决实际问题,就不能促进能力的形成与发展。技能是"一种有效解决问题的能力",是"解决专业性问题的专业能力"(沈坤,2011)。因此,要将翻译所需的知识转化为有效解决翻译问题的技能,进而内化为翻译能力,知识才能发挥作用,翻译活动才具有专业性和有效性;具备翻译能力才可最大限度地降低翻译失语发生的可能性。"知识"是心理学领域里的一个重要概念。现代认知心理学将知识分为两大类——陈述性知识和程序性知识,这两类知识相互联系又有所区别。陈述性知识向程序性知识转化是能力形成和发展的重要途径。

6.1 陈述性知识与程序性知识

20世纪六七十年代,在西方,认知心理学成为心理学研究中的一个主要方向。智力活动方式引起越来越多研究者的关注。智力活动被纳入信息加工系统和符码系统的讨论范围，有关知识问题也在这一讨论范围内。信息加工心理学采用广义的知识观将知识划分为陈述性知识和程序性知识两类，这为"知识"的研究奠定了心理科学的基础。

1980年，安德森在其《认知心理学及其启示》（*Cognitive Psychology and Its Implications*）中界定了陈述性和程序性知识的概念并阐述了这两类知识与记忆的关系。继之，安德森1989年又出版了《认知心理学》（*Cognitive Psychology*），对"知识"做了更为详细的阐释。安德森从信息加工及编码的角度根据不同的表征形式解释了陈述性知识和程序性知识的关系，同时还阐释了程序性知识与技能习得的关系。了解知识特点有利于研究翻译过程中智力活动的方式、技能的学习与习得、翻译能力的形成与发展等问题。

在认知心理学领域"知识"是非常重要的概念。它用以表示"信息在记忆中的存贮、整合和组织"（罗伯特等，2008：234）。陈述性知识，也称"描述性知识"，"是我们拥有的关于世界的知识"（罗伯特等，2008：246）。陈述性知识是需有意识提取线索，能直接回忆且可言传的关于性质、特征与状态的知识。程序性知识，也称"操作性知识"或"非描述性知识"，是无须有意识地提取线索，只能借助某种任务的操作间接推测或表现出来的知识。罗伯特等（2008：479）称其为"一种内隐的、通过动作或表现来表示的知识"。安德森（1989：285）指出这两类知识相互依存而又相互对立的关系时说：陈述性知识是"静态信息的知识"，而不是使用静态信息的过程，是"作为事实回忆的基础的知识，而不是作为各种智力作业成绩的基础的知识"。"使用静态信息的过程""各种智力作业成绩的基础的知识"这两点都是程序性知识的特点，与陈述性知识的特点相对立。简言之，这两类知识的区别就在于"知道是什么"（knowing what）和"知道如何做"（knowing how）之间的区别，而分清两者的区别在现代认知心理学中有着极为重要的意义。

6.1.1 陈述性知识的程序化

安德森（1989：286）以学习语法规则到熟练掌握的例子说明陈述性知识程

序化的过程。对二语学习者来说，语法规则是陈述性知识。一堂语法课后，学习者能够意识到所学的语法规则。这种情况下学到的语言知识是陈述性的。学习者"以按规则办事的程序来使用自己所学的规则，说所学的语言"，但外语说起来不像说母语那样"直截了当"。与使用已"程序性地编了码的"母语知识相比，使用外语知识要经历一个"迟缓而艰难的过程"。当外语和母语说得一样好的时候，二语学习者"常常忘掉了外语的规则，这就像是已把课堂上教的陈述性知识转化为程序性的了"。这种转化的前提是必须学习，经过反复应用达到熟练掌握规则的程度。安德森（Anderson，2010：207）称程序性知识为"另一种内隐的知识"（implicit learning）。学习者"往往忘掉了外语规则"，能够自如流利地使用第二语言，这意味着他已能自动化地用外语表达思想，已无须通过有意识地提取知识来完成第二语言任务的操作,这种现象称"程序化"。"程序化指从有意识地使用陈述性知识到无意识地、直接地使用程序性知识的转变。"（Anderson，2010：251）它标志着心理表征方式的转化。

6.1.2 知识表征方式的转化

知识的表征是知识在大脑中存储、加工和表达的方式，也是在长时记忆中的呈现方式。陈述性知识的表征即知识以概念、命题、命题网络和图式的方式呈现于大脑。命题表征用于小的意义单元，多个命题可构成命题网络，图式表征用于较大的有组织的信息组合。语言活动主要是以概念、命题及命题网络表征作为认知编码系统。程序性知识的表征则是"产生式和产生式系统"（桂诗春，1991：153、157）。产生式是条件与动作的联结，体现的是条件-行动规则。如果满足某种条件，就会产生某一动作的规则。简单的产生式只能完成单一活动，复杂的产生式系统是由简单产生式组合而成的。产生式系统被认为是复杂技能的心理机制。就知识学习的性质而言，陈述性知识是输入长时记忆中的概念、命题、命题网络、图式等"是什么"的信息，而程序性知识是掌握做某件事的程序。产生式系统根据命题网络进行编码。遇到问题时，认知主体会在长时记忆中检索陈述性知识，激活解决问题所依托的命题网络，提取语义信息或关于怎么做的原理、规则等信息。经过大量练习，命题网络的某些部分开始向产生式和产生式系统转化。陈述性知识由此转化为程序性知识。认知主体遇到同类型的问题时，可凭借已习得的产生式系统一步步操作下去，直到问题的解决。程序性知识的习得离不开陈述性知识。陈述性知识的学习是程序性知识习得的第一个阶段。陈述性知识的缺失势必会产生解决问题能力的缺陷。这种缺陷出现在译者身上，其认知能力和解决问题的能力都会受到影响，翻译失语发生的概率增大。

6.1.3 翻译知识与翻译能力的关系

就翻译能力培养而言，知识的程序化是能力形成的重要途径。翻译是一个复杂的信息加工活动。译者不仅需要在长时记忆中储备大量的词汇和足够的语法知识，而且还需要掌握翻译专业知识，需要具备完成翻译任务所必需的各项能力。词汇知识和语法知识属于陈述性知识。掌握词汇和语法知识是进行翻译操作的最基础的语言能力，仅此而已。做好翻译还需具备双语交际能力、语言外能力、策略能力、转换能力、专业操作能力，这些能力都是在陈述性知识向程序性知识转化的基础上习得的，而这种转化的结果就是翻译技能的自动化。

"自动化"是安德森（1989：284）所说的程序性知识习得的第三阶段，即程序性知识发展的最后一个阶段就是"自动化阶段"。在自动化阶段，译者无须有意识地控制就能自动控制执行翻译任务的环节和步骤。因此，翻译自动化是翻译能力培养的终极目标，此目标的实现是以陈述性知识的习得为前提条件的，以翻译程序自动化为终端。翻译中的陈述性知识可分为两种。

（1）语言知识，涉及双语的语音、语义、语法、语篇知识，也包语用和百科知识，其中语义知识是最重要而且最容易被忽略的部分。

（2）专业操作知识，涉及翻译理论、策略和技巧等执行程序性计划所需的专业知识，可分为三类。①原理知识：包括翻译的性质、标准、原则、限度、符号性、文化性、社会性、翻译单位等基础理论知识。②策略知识：包括译者的决策、翻译价值取向，如采用归化策略还是异化策略，语义策略还是语用策略等。③方法和技巧知识：包括方法和技巧使用的前提、原理、操作方法和步骤等知识。陈述性知识又被称为"记忆知识"，是有意识地提取线索、能直接陈述的知识（皮连生，2000：35）。

以上各项知识是贮存于长时记忆的有关翻译活动的知识。翻译时这些知识在特定语境中被激活提取，进入短时记忆，融入信息加工程过程，即源语信息的输入-解码-转换-编码-目的语语篇产出的过程。陈述性知识的激活与运用意味着知识转入安德森（1989：284）划分的"程序性知识的第二阶段"，即应用具体的方法解决问题的"联结阶段"。陈述性知识也称描述性知识。在"联结阶段"，描述性知识（命题或命题网络知识）向产生式或产生式系统转化。知识表征方式的转化是翻译转换能力培养的一个重要环节。它融合了陈述性知识和程序性两种知识，是一个两种性质的知识相互交织的环节。在翻译活动中这一阶段的知识属于"转换知识"单元。该知识单元中既有陈述性知识，也有程序性知识。"转换知识"是执行翻译程序计划所需的知识，涉及心智活动（即程序性知识的应用），从对源语的解码、信息提取、命题确定、作者意图的识别，到在目的语系统中进行词汇的选择、句子的形成、语用信息的处理，直至语篇的产出等一系列的心智活动，都是在陈述性知识向程序性知识转换的过程中完成的。心智活动也称认知活动。陈述性知识经过广泛的应用和迁移，才可能转化为能控制译者行为并对其认知活动的进程和方式起控制和调节作用的能够操作的程序性知识。这些知识经系统化和熟练化后便转化为技能，促使能力的形成，这是一个能力习得的过程。因此说，翻译知识是构成翻译技能和能力的基本要素。不具备足够的翻译知识，就谈不上翻译能力的习得。

6.2 语义知识与翻译能力的关系

语义能力是语言能力的核心要素。它"指说话人的内在语义知识，即每个人脑中内在地掌握了本族语的语义结构，从而能正确地生成（generate）和解释语言信息。这种语义能力实际上是一种语感（a sense of language），或者说是一种语言直觉（linguistic intuition）。要把一种语言卓有成效地转换成另一种语言，培养和提高语义能力是成败的关键"（陆国强，1999：1）。"语言不仅仅是交流的工具，同时也是问题解决和思维的手段"，语言可理解为"一组能力的组合"（罗伯特等，2008：310）。事实上，这一组合中语义能力是最核心的能力，而掌握语义知识又是培养语义能力的关键所在。语感差，理解与表达能力弱，都是语义知识欠缺的直接结果。语义知识涉及语义特征、语义结构、命题、语义网络等问题，而这些问题几乎只是局限于研究领域的课题，多数人对此了解甚少。事实上，了解语义规则及其与词汇、句法、语篇、语用的关系对增强双语语感大有裨益，掌握语义规则也是解决翻译问题的基本能力。

6.2.1　词语理解与表达的语义基础

由于语义知识是内隐性的，所以这类知识的掌握不易为人们所察觉。对母语习得者来说尤其如此。本族语的语义知识在母语习得的过程中自然而然地被掌握，语感随着年龄的增长及语言能力的提高而增强，但对外语学习者来说，母语的干扰使其需要付出更多的努力才能较好地掌握语义知识，提高语言能力。事实上，大多数二语学习者对语义知识或语义结构的掌握仅仅来自长时记忆中存贮的二语词汇，对词汇语义的理解更多的是依赖长时记忆中现成的双语匹配词汇，而不是通过语义特征来掌握第二语言的词汇概念。由此导致的结果便是：当两种语言词汇所含的语义特征完全不对等（如貌合神离的"假朋友"）或不完全对等时，词义提取的难度增大，反应时长增加，出错概率较大。语义知识的作用不仅仅体现在词义确定方面，而且还体现在语义与语法、语篇、语用等各层面的关系上。"语义结构是以语义为中心融合语法和语用的语言系统"（陆国强，1999：3），关系到词、句、篇及语用的表征问题。掌握了语义知识就能较好地处理语言各层面上的理解与表达问题。

二语学习者经常遇到的困惑就是词义的理解与表达。如何准确选词达意以转达源语的意义是困扰译者的常见问题。每位译者都有过"一词之立，旬月踟蹰"的经历。词义的提取与转达涉及概念的表征。"概念在长时记忆中是由一集属性或特征来表征的。"（王甦和汪安圣，1992：189）语义特征是定义词的概念所必需的特征，可谓"定义特征"。因此，掌握词义必须具备语义知识，根据被激活的语义特征确定词的概念，提取词在具体语境中的意义。两个词的概念在多大程度上有近义关系，取决于它们有多少共同的语义特征，共同特征越多，两者的语义接近度越高。以此类推，翻译中判断词的语义对等关系的依据是语义特征。源语词义与其目的语的对译词概念是否对等，取决于两者在多大程度上有相同的语义特征。语义特征完全相同，译文与源语词义完全对等；部分相同则部分对等；完全不同就完全不对等。翻译中一词多"译"是非常普遍的现象，原因就是语言间可互译的两个词所含的语义特征数量不完全对等，或者说是词的语义范畴不完全一致。语义特征不对等不仅影响到词义提取的速度和准确度，而且还影响到词与词的组合问题，即词的搭配。语义特征是词间相互联系或相互区别的语义要素，它制约着词与词搭配的可能性及同现的方式。这种制约性即语义选择限制规则。不符合语义限制规则的搭配，即使语法组合正确，也会生成语义错误的句子或毫无意义的句子。翻译中很多择词错误皆由两种语言词语的语义特征不对等造成。

6.2.2 语义结构与表层结构的关系

语义特征除了决定词义外，还决定了深层的语义结构，是命题形成的基础，支配着语义结构和表层结构的关系。图 6-1 用以说明语义选择限制规则对句法结构、语篇连贯、语用与修辞的制约性，从中可看出语义知识牵扯到语言的各个层面，在语言知识系统中占有极其重要的地位，某一语义层面上的知识缺失容易引发相应的理解或表达过程中的认知障碍，出现翻译失语现象。因此，掌握语义知识是提高双语语言能力和翻译转换能力的重要环节。

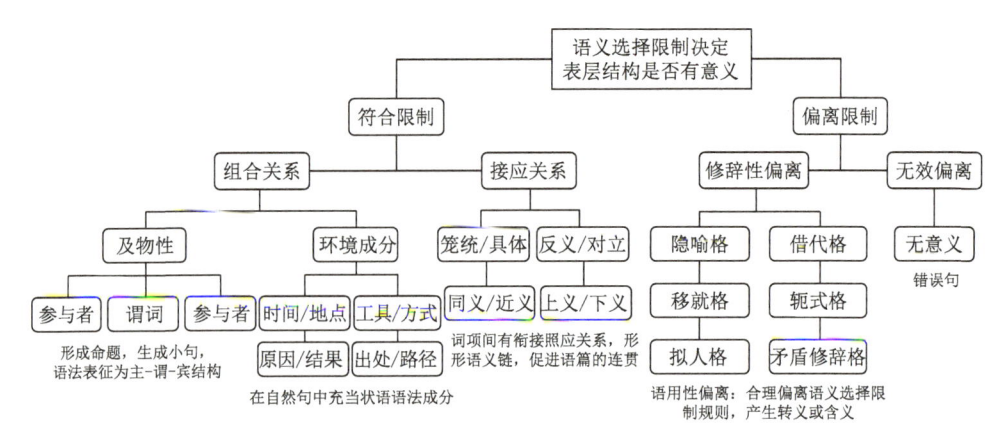

图 6-1 语义结构与表层结构的关系

图 6-1 主要从同现和复现的角度来说明语义限制规则对各层次语言表层组合关系的限制作用。符合语义选择限制规则的组合可生成两大类有意义的表层结构，即小句结构和语篇衔接结构。

描述语法小句表层结构的术语是"主语、谓语、宾语、定语、状语、补语"，但是谈到小句深表结构的对应关系时并不涉及定语和补语。定语和补语在概念上都是一个独立命题，一个命题对应一个小句，所以上图不包括定语和补语这两个语法范畴。图中的小句语法表征为"主、谓、宾、状"。主-谓或主-谓-宾对应的深层语义结构是"谓词-参与者"组合。语义结构中谓词是构成命题的核心要素。根据罗伯特等（2008：307）的解释，命题"由一个谓词以及一个或多个论点所组成……可以对应于人们阅读或听到的动词、形容词、副词或连接词"。小句的所指在命题，命题是小句的意义所在。一谓词，一命题；一命题，一小句。与谓词密切相关的另一个概念是环境成分。环境成分在表层结构中充当状语，表征的是时间、地点、方式、因果、路径等概念。谓词、参与者、环境成分的组合受语义限制，这种限制赋予句法结构以意义，是小句的语义基础。

语义选择限制规则不仅是句子的语义基础，而且还是篇章意义潜势网络的语义基础，控制着词汇的衔接与连贯。语篇是语义选择的结果。支撑语篇词汇衔接关系的是深层结构的语义网络，而语义特征又是构成语义网络节点的关键要素。柯林斯和奎廉（Collins & Quillian，1969）根据早期计算机程序所做的对记忆组织概念化的原理提出了语义记忆的"层次网络模型"，以此说明信息从语义记忆中的提取方式，并指出："任何单词的意义都是由它与其他单词的联系来表征的"（转引自罗伯特等，2008：241）。在网络模型中，"语义记忆的基本单元是概念，每个概念具有一定的特征。这些特征实际上也是概念……有关概念按逻辑的上下级关系组织起来，构成一个有层次的网络系统"（王甦和汪安圣，1992：175）。1975 年，柯林斯和洛夫特斯（Collins & Loftus，1975）提出了"激活扩散模型"。"激活扩散"理论认为词义具有激活的功能和扩散的特性，语义特征控制着概念组织、激活与扩展的范畴。语义网络中一个节点代表一个概念或特征概念。一个概念被加工，该概念的节点就被激活。概念在特定语境中经过相似、相关、相近、相反等的激活，引发语义联想，在语篇中处于活跃状态，而没有被激活的概念则被抑制，处于不活跃状态。被激活的概念语义相互作用，互为解释，如具体词解释抽象词、下义词解释上义词、语义对立词和近义词互为解释等。这种解释性赋予词语的组合与链接以意义，是语义网络形成的理据。

违背语义选择限制规则的组合也有两种情况：一种是具有语用价值的修辞现象，另一种是毫无意义的词语堆积现象。前者为合理性偏离语义选择规则的超常规搭配，此类偏离使词产生转义（如比喻意义），这种超常搭配是为获取特定修辞效果而采用的语用策略，而后者是既无语义内容又无逻辑性的错语病句。

常规搭配是表层符合语法规则、深层符合语义规则的词语组合，超常规搭配是为了满足特殊的表达需要，借助特定语境打破常规灵活进行词语组合的语用修辞手段。隐喻格、拟人格、借代格、移就格、矛盾修辞格、轭式格等都是貌似反常但却合乎情理有着特殊修辞效果的超常规搭配。虽然这类搭配偏离常规的语义选择限制，但实际上它们依然与语义有着密切的联系，只是这种联系是间接隐蔽、不易察觉的。

对修辞格来说，词语之间的搭配是超常规的，但超常规搭配的有效性也以激活扩散模式为理据。激活扩散模型不仅反映同一语义场不同词语概念间的自然的联系，而且还可反映不同语义场词语间超常规的联系，即这种模型不仅可通过深表层结构一致的表征反映词语间的语义常规联系，而且还可通过深表层结构非一致的表征反映词语间超常规的语义联系（如隐喻格、移就格等）。修辞格的形成都是偏离自然搭配的超常规搭配，而所有的偏离都有其合情合理的依据，这个依据便是辞格的理解与生成的语义基础。

不同认知域的事物只要存在某种语义关联性，如包容性、相似性、相关性、相斥性等，在特定语境中就具备语义的相容性。相容性既是词语常规搭配的条件，也是不同语义场词语构成超常规搭配的条件。在此以两个表层结构相同的辞格为例说明深层结构对超常规句子语义关系的解释力。

[1] He was lying on the protesting bed.
他躺在那张吱嘎吱嘎作响的床上。

[2] He was lying on the sleepless bed.
他躺在床上，睡不着。

例[1]中，拟人格 protesting bed 是基于相似点的跨语义场的超常规搭配，而例[2]移就格 sleepless bed 是深表结构非一致式表征的超常规搭配。从语法范畴看，二者没有区别，都是"定语+中心词"结构，但从语义范畴看，这两组偏正搭配的语义关系完全不同，不同的语义关系激活扩散的方式不同，联想的内容也不同。拟人格以相似点为激活扩散联想的节点。不同语义场所共享的语义特征，通过相似性的语义激活扩散方式来凸显人与物之间的语义相容性，以此获得移情于物的修辞效果。与拟人格不同，移就格的超常规搭配理据是"谓词、参与者和环境成分"的语义逻辑，把原属于参与者行为性状的修饰语转用于修饰环境成分，深层结构与表层结构存在着非一致式关系。表行为性状的修饰语是谓词性的。从及物性角度来说，谓词与参与者之间才有语义相容性。谓词是用以说明参与者的行为、性质、状态的常规搭配项，不能用以说明环境成分。激活移就格的关键是谓词与参照语者间的语义关系，两者的关系决定整个命题，而环境成分在该命题的常规表达式中应充当状语成分。因此，移就格转换为常规句是："He was lying on the bed sleepless"。sleepless 用于描写 he 的状态，在句中做主语补足语。拟人格的语义结构关系与移就格完全不同，protesting 的动作不是由 he 发出的，而是由 bed 发出的，是说明描述 bed 状态的搭配项。

辞格的激活扩散方式完全取决于深层的语义关系。语义关系决定表层结构的意义和修辞效果。表层结构相同的辞格须根据语义关系辨识辞格的归属，理解辞格的内容，根据源语辞格在目的语中的可接受程度选择适当的方法或技巧进行翻译（徐莉娜和汤春梅，2020）。在深表层结构关系的问题上乔姆斯基（1986：23）指出相同的表层结构有着很不相同的"决定句子语义解释的深层结构"，"表层的相似之处可能掩盖了底层的具有根本性质的不同"。因此，提取任何表层结构的意义一定是由深层语义关系决定的。表层结构获得深层结构的语义解释才有意义，才具备交际价值。

无效偏离指偏离语义规则且不具备语义相容性的词语堆积现象。这种没有语义支持的表层结构缺乏实质性的意义，不具备交际价值。乔姆斯基（Chomsky，1957：15）编造的 Colorless green ideas sleep furiously 便是一个典型的空有语法形式但毫无意义的表层结构。它完全符合语法 NP+VP 的结构规则，可却没有语义内容，不可理解。此外，从搭配来讲，颜色词 colorless 与 green、静态词

sleep 与动态词 furiously 都是语义相斥的词语,抽象词 ideas 与 sleep 无语义相关性。这些词之间都不具备语义相互选择的条件,不能搭配使用。只满足语法规则但不符合语义选择规则的形式仅仅是一堆词的混合,毫无意义,没有任何交际价值。纽马克(Newmark,2001：180)谈到语言问题时指出,翻译中很多语言问题都出在搭配上。搭配是翻译中最常见的问题。不能正确解码源语搭配,理解就会出问题；不能根据目的语的语义规则选择搭配项,表达就不具备可接受性。掌握语义知识并将之转化为程序性知识可有效地防止搭配性错误的产生。

语义性是语言的本质属性,而网络性又是语义系统的典型特征。语义知识是语言能力中的核心要素,直接影响语言的理解和表达能力。将双语现成匹配的词汇等同于系统的语义知识所导致的结果是：认得的单词却不知该怎么译,理解的句子也不知该如何变通以顺应目的语的表达习惯。这种现象背后的原因便是语义能力的欠缺。语义能力差,语感就差,翻译难免力不从心。

6.3 程序性知识与翻译能力的关系

语义知识是构筑语言能力的基石,是语言能力和翻译能力的有机组成部分,但语义知识不能直接与语言能力或翻译能力画等号。知识是能力形成和发展的前提。语义知识要通过向程序性知识转化才能习得技能,技能的提高促使能力的形成与发展。因此,语义知识的输入及储存是语言能力和翻译能力培养的初始阶段。没有语义信息的输入,语言或翻译能力都无从谈起；没有语义知识向程序性知识的转化,所学到的语言知识只能停留在记忆中,久而久之被遗忘。能力的形成与发展在于学以致用,而"用"就是陈述性知识向程序性知识的转化,技能就形成于这一知识表征方式的转化过程。认知主体在特定目标指引下对涉及语言与翻译的陈述性知识加以程序性的操作,反复练习,直至熟练掌握对已有知识和经验运用的程序。知识经过广泛的应用发生迁移形成技能,技能的迁移转化为能力。翻译能力的培养首先是语义知识和翻译专业知识的输入。继之,在应用程序指引下反复使用知识直至熟练,熟练到自动反应的程度,这一程度意味着能力的提高。头脑里没有构建起相应的认知结构，不学以致用，以知促行，就不可能习得解决问题的能力。

6.3.1 程序性知识与翻译技能的关系

陈述性知识和程序性知识虽属不同的知识表征方式，但两者没有泾渭分明的界限。陈述性知识也称"记忆知识"（皮连生，2000：35）。记忆广泛地分布于整个大脑，涉及信息的输入、编码、储存和提取。相对于这两种不同的知识表征方式，记忆也相应地分为陈述性记忆和程序性记忆（declarative and procedural memory）。陈述性记忆指对有关事实和事件的记忆，是可通过语言传授而一次性获得的有关世界一般知识的记忆，这类知识的提取需要意识的参与，主要包括"使掌握和保持客观世界的信息成为可能"（托尔文，1998：527）的语义记忆（semantic memory）。"语义记忆……是对语词、概念、规则和定律等抽象事物的记忆，如对语词的意义和语法规则、化学公式、物理定律、乘法规则以及各种科学概念的记忆。语义记忆中的事物总是可用一般的定义来描述的。语义记忆包含事物的意义，贮存着我们运用语言所需要的信息。这些关于意义的信息即称作语义信息。"（王甦和汪安圣，1992：171）语义记忆为人类所特有，具有高度的概括性、逻辑性和抽象性，一切人类活动都离不开语义记忆。

与陈述性记忆相对义相互作用的是程序性记忆。前者储存的语义信息经过有意识地提取，反复使用，可转化为程序性记忆。程序性记忆，也称"技能记忆"，指用以储存程序性知识的记忆。这种记忆是内隐性的，特点是：行为个体没觉察到自己拥有这种记忆，也无须有意识地提取这种记忆，但记忆却能在特定任务的操作中表现出来。这也是为什么许多有经验的译者称自己不懂翻译理论但却能很好地完成翻译任务。事实上，这样的译者在从事翻译之前就已有了大量的知识输入，尤其是语义知识的输入。输入的信息以陈述性知识的表征方式贮存于长时记忆，即陈述性记忆。知识的输入与存储是一个学习和经验积累过程。遇到具体问题时存储于记忆的知识被激活、提取并用于操作过程。长期的实践，使此类操作程序固化为内隐记忆。译者本人并未意识到自己拥有固化了的程序性记忆，但再遇到同类问题时他却能迅速做出反应，无须有意识地去提取相应的程序性记忆就能完成翻译任务。他甚至失去了陈述自己是如何使用所需知识程序的能力，一切处理问题的行为都变成了自动反应，如安德森（1989：287）所言，"当我们把同样的知识反复在一个程序中使用时，我们就会失去和它的接触，从而失去把它报告出来的能力"。没有前期相关知识的输入与存储就不存在进行检索提取信息的活动。从知识的学习、经验积累到自动解决问题，这是一个从陈述性知识向程序性知识转化直至技能完善的过程。陈述性知识和程序性知识在不同的脑区进行加工，但在认知能力发展的过程中两者不是截然分开的，其间有衔接性、连贯性和相互作用性。这一点在翻译家李继宏接受李涛和肖维青（2017）访谈时的一些表述中，能够得到充分的体现，而他的观点也代表了许多有经验译者的看法。

"我开始做文学翻译时其实对文学及理论都不是太了解，更不知道有什么翻译理论……作为译者，你要能看得到作者隐含在字里行间的意思，再把它表达出来。这个和翻译理论可能没有太大的关系。现在大学里有很多人研究我的翻译，我也看了他们写的论文。在知网上有很多硕士论文在研究李继宏的翻译，看到他们在评析时常常假设李继宏翻译时应该是做此想，但其实我倒没有那样想……做翻译，我一直说就是一门手艺，它跟任何手艺一样，你一定要有经验，一定要有投入。"（李涛和肖维青，2017）

以上这段表述涉及人们经常讨论的翻译理论与实践问题，即翻译实践是否有理论或是否一定需要理论。不少人认为翻译实践未必需要懂理论。作为翻译实践者其行为是否有理论支撑，此类问题从程序性知识的角度出发可得到以下的解释。

1. 是否一定要懂理论才能做翻译？

显然，翻译家大多不是先学翻译理论后从事翻译工作的，但这并不能证明他们的翻译行为是盲目的、随心所欲的，是不受理论引导和控制的。翻译是目的性明确的跨语言文化的交际活动，这种受目标指引的活动依存于认知性操作。基于特定目标的译者行为本身就带有规律性、逻辑性，渗透着翻译理论的元素。理论的作用在于解释事实，说明事实产生的原因及内在规律。理论在一定的范围内具有良好的普适性，如在专业领域内从翻译活动中抽象概括出的理论比较普遍地适用于描述、解释同类或同性质的翻译现象，说明翻译活动的规律，指导人们依循规律处理问题。理论能够指导人们对所研究的对象加以分析和利用，并指导实践活动。理论是一种系统化的逻辑体系，是对经验事实的简化和概括。翻译理论并非单一学科的理论，而是依托交叉学科形成的理论体系。翻译理论是多元的。以不同的视角、不同的理论方法研究不同的翻译现象、解释不同的翻译问题，从事翻译活动不仅需要语言文化功底，而且还需要汲取相关学科的知识（包括理论知识），杂学旁收。与翻译活动相关的理论和知识是完成翻译任务的"先决条件"。正如吕叔湘先生1951年在《翻译工作和"杂学"》中所指出的那样，不具备学科内容是不可能做好翻译的。他说"了解原文的第一步"是"获得足够的词汇和文法知识"，但是，"在原稿纸的一边放一本字典，另一边放一本文法，左顾右盼一阵之后才提起笔来写一行……那不是翻译，那是开玩笑"（吕叔湘，1992：21）。事实的确如此，要做翻译就要懂得翻译这门学科的逻辑、原理、规律、规则、方法等与翻译活动相关的知识。没有翻译学科的知识是不可能做好翻译的。即便做了翻译，那结果也往往是硬译、死译、盲译，甚至是错译或胡译。

2. 为什么译者并不认为自己的翻译实践与翻译理论有关联？

有学者认为"有些翻译家不承认翻译理论存在"是因为"翻译理论（广义的理论）与翻译实践一般并不发生直接的联系"（温秀颖，2003）。翻译家称不用翻译理论的现象，与其说是因为理论不与实践直接发生联系，不如说是因为程序性知识发挥了作用。翻译家的知识结构中既有精深的专业知识，又有广博的百科知识，长期的翻译实践使其习得了一个以应用为目的、能解决问题的知识体系，这里面既有陈述性知识，也有程序性知识。无意识地用学习与经验构筑起来的知识结构去解决问题是陈述性知识程序化的结果。译者从开始有意识地提取知识到无意识地使用知识去解决问题，其知识结构发生了安德森所说的"定势效应"（set effects）。"定势效应使得与解决特定类型问题有关的知识被强化凸显。"（Anderson，2010：235）发生"定势效应"的知识结构在遇到曾解决过的同类型问题时会先于其他知识结构被激活，问题因此得以快速地解决。"这些知识结构可以是问题解决的步骤。如果获得的知识是解决问题所必需的，它就会促进问题的解决。如果不是必需的，它就会阻碍问题的解决。"（Anderson，2010：235）翻译家在长期的翻译实践中掌握的翻译规律、积累的经验固化为程序性知识，贮存于记忆。记忆的内隐性是程序性知识的典型特征。这种记忆虽然无须有意识地提取，但却能在特定任务的操作中表现出来。在程序性知识的作用下，译者无须有意识地去激活记忆，其个体经验会自动对当前任务产生影响，这便是知识结构"定势效应"作用于译者行为的结果。翻译实践所需的知识结构发生"定势效应"能提高翻译的自动化程度。翻译的熟练程度和自动化标志着翻译技能和能力的高低程度。翻译专业的知识结构涵盖了语言学理论和翻译理论，如语言规律、转换规律、操作程序、翻译原理与原则、策略与方法、价值取向等理论知识要素。因此，称自己不懂翻译理论的译者并非有意识地否定理论对其翻译实践的指导作用，而是他们没有意识到自己的翻译活动是有理论成分和依据的。

3. 翻译批评有依据吗？

研究者评析译者的作品，评价其翻译选择及决策，属于翻译批评活动范畴。那么，研究者的评析是否有依据呢？是否符合译者行为的事实呢？这可从译者行为的实质来考量。翻译是受目标指引的语码转换活动。语码转换活动依存于认知性操作，这种操作具有重要的认知成分，操作过程包含了特定的任务目标、原则、语码转换的程序等。操作的结果是翻译产品的形成。因此，即使译者本人不是有意识地按解决问题的逻辑、步骤、方法和技巧进行语码转换操作，翻译产品也能让人逆推出其翻译活动中的认知元素，如翻译目标、目的、策略、方法、技巧、价值取向、行为规范等。换言之，译者本人凭借程序性知识进行翻译，而其译文的评价者则是根据某种理论、原理、规律、规则等来描述译者的翻译行为。评价者是借助译文和原文的对比分析激活陈述性知识（即理论知识），以陈述性知识来叙说译者的翻译活动。例如，李继宏说他译的每本书都有导读，有注释，"读者都会倾向于买这本有注释的"（李涛和肖维青，2017）。从翻译理论的角度看，这是功能主义翻译理论中的以目的语读者为中心的翻译策略下的译者选择行为。理论源于实践和观察，反过来又能指导实践。研究者通过译品观察译者行为，对翻译事实和译者经验进行提炼，概括，总结，系统化，并用语言、文字、图表等表征方式对所观察与认识的结果进行科学的论证，给予合乎逻辑的可靠的总结，形成能解释翻译活动的理论体系。翻译理论来自翻译实践，因此是评析译者行为和翻译作品的依据，而来自实践的理论反过来又能指导人们的实践活动。反映现实规律、指导实践，这就是理论的价值所在。

技艺高超的译者凭借程序性知识进行翻译，熟悉理论的研究者凭借陈述性知识评析翻译作品，描述译者操作的心理过程、策略和技巧的使用情况。程序性和陈述性两种知识的关系由此可见一斑。既然译者的操作可被观察、推测并予以符合逻辑的描写，那么就说明译者的记忆中有翻译操作所必需的知识储备。不具备翻译学科的知识是不可能做好翻译的。陈述性知识与程序性知识的习得是学习与能力发展过程中两个彼此相连的阶段。陈述性知识除了语言文字和百科知识外，还包括用以描述翻译的原理、规则、策略、操作的方法和步骤等的知识。程序性知识包含一系列复杂的动作过程，即动作程序，包括"智力程序"。翻译程序性知识主要是智力程序，与之紧密相关的活动方式是"认知技能"。"认知技能一词在这里是指完成各种智力程序的能力。"（安德森，1989：285）评价一个人的翻译能力要看他对翻译操作程序运用的熟练度，熟练度越高技能越好，翻译能力就越强。程序性知识是翻译技能形成的重要环节和必要条件，也是评判一个人翻译能力的重要依据。

6.3.2 技能形成的三个阶段

技能是从知识向能力迁移的中间环节，其表征方式是产生式。技能的熟练程度决定能力的强与弱。皮连生（2000：38）将技能定义为"在练习的基础上形成的按某种规则或操作程序顺利完成某种智慧任务或身体协调任务的能力"。定义中"规则""操作程序""完成任务"这些关键词表明技能是受规则和执行顺序限制的操作活动。"规则""程序"用言语表征就是程序性知识，即以言语为中介让人知道该如何做的知识。程序性知识和技能的表征方式都是产生式，但两者有些区别。根据冯忠良等（2000：389）的解释，程序性知识是"专门叙述活动（包括心智活动）规则和方法的知识""不是活动方式的本身"。技能是实际的活动方式，是把程序性知识转化成相应活动方式的结果。要真正掌握技能，不仅要掌握与活动相关的程序性知识，更重要的是要通过实际操作才能获得操作经验，才能实现知识向技能的迁移。技能是在动作经验或心智经验不断内化的基础上形成的，是能力形成与发展的重要基础。

安德森（1989：284）将技能的获得分为三个阶段。

（1）认知阶段，在此阶段所学习的是关于程序的叙述。

（2）联结阶段，在此阶段学会完成技能的方法。

（3）自动化阶段，在此阶段技能变得愈来愈快、愈加自动化。

处于认知阶段，大多数技能的学习始于一个教学或学习阶段，或是教师把作业教给学习者，或是由学习者自己学习并试着去理解这种作业。这一阶段学习者接触的是完成某件事"所必须做的事情的内部表征或很可能是陈述性的表征"。例如，记住挡位和换挡的规则，这便是在学习一套知识。认知阶段的任务是要了解问题的结构，即起始状态、要达到的目标状态、从起始状态到目标状态所需要的步骤，形成最初的问题表征。所需了解的知识是大多陈述性的表征，以命题和命题网络来表征，描述完成某一任务所需要的规则、步骤等。安德森（1989：289）认为在认知阶段，所得到的知识对技能作业来说是非常不够的。技能主要始于联结阶段。进入联结阶段，学习者仍须思考规则与步骤。通过练习和操作的反馈，学习者能将各个步骤联结起来，并掌握流畅地完成相关任务的操作程序。联结阶段有两个主要内容：第一，在开始的理解阶段的错误逐渐被发现并消除。第二，为有效地完成作业加强所需要的各种元素之间的联结。基本上说，联结阶段的结果是完成这种技能的有效程序。在这一阶段，陈述性的知识则转化为程序式的，但陈述性的知识表征并非总是能为程序性的知识所代替。有时这两种形式的知识可以并行。例如，当一个人已能流利地说一种外语时，他仍记得其语法的许多规则。尽管程序性知识和陈述性知识可以并行，但控制技能作业的则是程序性的知识而非陈述性的知识。联结阶段的第一项内容是通过练习获得操作的反馈信息。学习者一边操练一边理解认知阶段所获得的知识，发现错误并予以纠错，控制操作的正确性。第二项内容是要提高操作的熟练度，即行为方式的熟练度，使程序性知识得到快速激活并被执行。

由于程序性知识与一定的问题相联系，所以在问题语境下程序性知识会快速地被激活，由此产生的结果是无意识操作的状态增强。与认知阶段不同的是，在联结阶段发挥主导作用的是程序性知识，而非陈述性知识。程序性知识控制技能作业的完成。随着熟练度的提高，学习者最终进入自动化阶段。

自动化是技能学习的第三个阶段，也是技能形成与获得的阶段。"在自动化阶段和联结阶段之间没有截然的划分。自动化阶段可以看作是联结阶段的延伸，因为技能的流利性增加，课题作业中的语言中介往往随之而消失。事实上，把技能中的知识讲述出来的能力可以全部消失。"（安德森，1989：289）在自动化阶段，学习者获得大量解决问题的程序性知识，并能熟练地使用这些知识，操作变得越来越自动，反应也愈加迅速。运作某一技能所需的有意识的认知投入较小，注意变得越来越不重要了，且操作不易受到干扰。不用考虑规则、无须有意识地控制或努力就能自动完成相关的活动步骤，表明学习者已获得了有关的程序性知识和技能。

技能学习的三个阶段相互联系，没有明确的分界线。没有陈述性知识，即没有对原理、规则、策略、语言知识、命题网络的输入，就无法理解并掌控翻译活动的规律与程序；没有程序性知识，技能则无从谈起。技能是一种能表现出规则性的活动方式，不受规则控制的活动是盲目的、随意的或习惯性的，不可称之为技能。"合乎法则"是区别技能与习惯或其他活动的关键要素，而"法则"就是技能学习者要通过学习或练习掌握的知识。知识的应用与迁移的结果便是技能的形成，知识和技能迁移的结果又是能力的获得。学习者能自动化地按规则完成某项任务，那就意味着他已掌握了相关的程序性知识和技能，并具备了完成该项任务的能力。

6.3.3 翻译技能与翻译能力的关系

知识和技能都是能力结构的构成要素。能力是知识和技能内化的产物，是使活动顺利完成的个体心理特征。能力的形成与发展有赖于知识和技能的获得，而能力的强弱又直接影响到掌握知识和技能的水平。能力既是掌握知识与技能的前提，又是掌握知识和技能的结果，三者相辅相成，互为促进。

目前，翻译能力研究主要集中在翻译能力模式构建、翻译策略、翻译教学和翻译过程的实证研究，鲜有涉及知识、技能与能力关系的讨论。这里说的知识指陈述性知识和程序性知识。"一个大的知识单元中既有陈述性知识，也有程序性知识，二者相互交织在一起。"（皮连生，2000：47）词汇+语法的知识远远不能满足翻译活动的需要。翻译活动所需的知识有语言知识和专业操作知识。在这个大的知识单元中，知识既有陈述性的也有程序性的，处于不同的阶段，用于不同的目标任务，知识的性质是不同的。知识表征为静态时是陈述性的，表征为动态时是程序性的。在翻译研究领域几乎没有关于程序性知识方面的研究，可以说这是一个被忽略的研究环节。例如，纽马克（Newmark，2001：39）提出"语义翻译"的概念，将之界定为旨在"表现出原作者的思维过程""注重语义和句法结构"的翻译。"语义翻译"概念早已被广泛接受并用于对翻译现象的解释，但事实上此类讨论几乎没有涉及语义翻译中各种规则（即对程序性知识的叙述）的描写。正因为如此，语义翻译概念让人觉得模糊，不易把握，操作起来盲目性大。只有对规则予以描述，对操作条件、步骤、过程等进行说明，才有利于对语义翻译程序性知识的掌握，才能为学习者的技能训练提供操作依据，才能使程序性知识内化为技能，促进语义翻译能力的发展。皮连生（2000：38）提出的"作为学习结果的能力分类"（图6-2）对认识翻译能力的结构具有启发性意义。

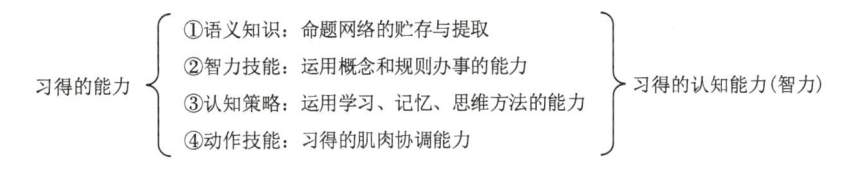

习得的能力 { ①语义知识：命题网络的贮存与提取　②智力技能：运用概念和规则办事的能力　③认知策略：运用学习、记忆、思维方法的能力 } 习得的认知能力（智力）
④动作技能：习得的肌肉协调能力

图6-2　作为学习结果的能力分类

图6-2显示能力的习得包括四项内容，其中动作技能不纳入翻译能力研究的考虑范围。这样，翻译能力习得就包括语义知识、智力技能和认知策略三项内容，而实际上这三项又可分为语义知识和智力技能两大类。语义知识对应的是陈述性知识；智力技能对应的是认知技能，其中包括程序性知识；认知策略是程序性知识的一个类型，也是智力技能的一个重要组成部分。

美国教育心理学家加涅（R. M. Gagne）对外显行为和内在能力关系的陈述

间接解释了陈述性知识与智力技能的关系。他认为外显行为是推测内在能力类型的依据。"若学生通过学习之后其行为变化是仅能根据所学材料'陈述什么',那么,我们只能作出他获得了言语信息的推测。言语信息又被称为语义知识。如果学生通过学习之后,其行为变化是'会做什么',那么,我们可以进一步作出他已经获得了某些技能的推测。若学生所做的事以智慧活动为主,如阅读、心算,其所获得的技能被称为智慧技能。智慧技能也称心智技能,或智力技能。"(皮连生,2000:33)虽然这段表述中没有提到"程序性知识",但可以看出"陈述什么"和"会做什么"之间必有一个环节,那就是表征"如何做"的程序性知识。对智慧技能、程序性知识和认知策略三者的关系,冯忠良等(2000:230)给出了清晰的解释:"程序性知识主要反映活动的具体过程和操作步骤,说明做什么和怎么做,它是一种实践性知识,主要用于实际操作,因此也称操作性知识。由于它主要涉及做事的策略和方法,因此也称为策略性知识或方法性知识。"显然,具备程序性知识才能获得"会做什么"的技能,这一环节的缺失可使翻译操作出现随意性和盲目性的情况。程序性知识为实际操作提供规则,控制操作行为,是心智技能的内化和能力形成的先决条件。这种操作性知识和心智技能的关系与安德森描述的技能形成的三个阶段相吻合。认知策略是程序性知识的一种类型。加涅指出:"认知策略是学习者控制与调节自身的学习、记忆与思维等认知过程的能力。"(转引自皮连生,2000:32)与认知策略有关的知识是策略性知识(strategic knowledge),其目标是更有效地获取新知识和运用已有知识来解决问题。认知策略具有很强的问题导向性。洛舍尔(Lörscher,1996)在谈到翻译策略时指出策略是"解决翻译问题的程序",是"由每一个最基本的解决问题步骤构成的"。策略能力是运用学得的概念和规则调控加工活动的认知能力。只有在策略的指导下,知识才能被有效地加以应用。在使用翻译方法的时候,通常需要根据具体问题选择翻译策略。例如,知道"语义翻译"的概念、原理、规律,这是接受了陈述性知识,而记住语义翻译运作的规则是程序性知识,这是一种使用语码做事的能力。翻译中遇到的问题如果是语义性的,就应做出语义翻译的决策。翻译策略控制翻译活动的执行,决定语言转换加工所需的方法、技巧以及相应的操作步骤。策略的选择决定了所需采用的翻译方法、技巧和结果。译者最终把程序性知识转化为相应的活动方式才能掌握技能。翻译技能是在心智经验不断内化的基础上形成的。它是翻译能力形成发展的重要基础。总而言之，语义知识和智力技能（包括程序性知识和认知策略）都是从事翻译工作所必备的基本能力。忽略其中的任何一个环节都会直接影响学习者翻译能力的获得与发展。

翻译技能是认知操作方式经过练习形成的一个自动化的操作系统。技能好的译者遇到问题，只要符合条件，就能立刻自动完成相应的操作，而不去顾及解决问题的具体过程。自动翻译程度越高，译者对翻译过程注意的投入就越少。所投入的注意的减弱甚至可使他失去描述翻译过程的能力。这也是洛舍尔要选择非职业译者作为有声思维数据分析实验对象的原因。洛舍尔（Lörscher，1991b：53）说职业译者自动翻译程度高，其"翻译思维过程几乎是隐性的，难以被陈述"。因此，在自动语言转换加工阶段难以采集到他们的有声思维数据。换言之，职业译者因技能的自动化程度高而失去了描述翻译过程的能力。这也从另一个侧面说明翻译能力的培养重在提高技能的熟练度。要做到这一点学习者首先要知道翻译的原理是什么、规律是什么、规则是什么，并能通过练习和实践从有意识地按规律、规则翻译到无意识地运用规律和规则完成翻译任务。翻译能力的获得是在知识向技能迁移的前提下实现的。陈述性知识向程序性知识迁移，后者作为操作性知识，经过反复应用，熟能生巧，内化为技能。"当技能变得越熟练越自动化以后，所要求的注意就越来越少……因为需要的注意少，自动化的技能与其他技能的相互干扰也就少了。一个人如果想在某一专门领域成为行家，他就得去熟练这一领域的技能成分。"（安德森，1989：299）智力技能是一种掌握了的认知活动方式，掌握的内容就是程序性知识。对相关操作性知识掌握得越熟练，专业技术就越好，能力就越强。因此，翻译能力的培养一定要注重知识的输入与应用，要学会正确地运用已有的知识去解决问题。翻译能力是在不断解决问题的过程中得以形成和提高的。

知识、技能是判断一个人翻译能力的依据。翻译知识内化为无意识的自动加工行为之时就是实现翻译操作自动化之际。翻译操作自动化的程度标志着一个人翻译技能的熟练度及其翻译能力的强弱。翻译所需的知识向技能转化是翻译能力习得与发展的重要途径。知识不能直接转化为能力，连接两者的桥梁是技能，技能是知识和能力的中间环节。能力是通过知识和技能的获得及整合而形成并发展起来的。知识与技能的获得与整合是有规律的，探索并应用这些规律能有效地促进能力的形成和发展，使人做事符合规律，避免错误决策，少走弯路。

6.4 本 章 小 结

知识、技能与能力关系密切。知识和技能的掌握促使能力的形成，能力的高低又会影响掌握知识和技能的水平。三者关系概述如下。

（1）知识的学习和掌握是技能的获得和能力发展的重要基础。知识有定向作用，一旦被掌握就会参与相关活动的调节，指导人们进行实践活动。

（2）能力是一种个体心理特征，对活动的进行起着稳定的调节和控制作用。知识是能力结构的基本要素之一，知识的掌握程度制约着解决问题的水平。解决问题的能力不仅取决于个体所获得相关知识的多少，还取决于知识在多大程度上参与了活动的调节。

（3）知识的应用意味着将获得的知识与分析问题、解决问题的各种技能联系起来，促进语义知识与智力技能的相互整合。知之而不行，虽敦必困。学到的知识不用，知识再多也只是停留在课本上的知识，并不能促进技能的形成和能力的发展。"翻译理论无用"及"翻译技巧无用"的观点正是知识不能参与翻译实践的结果。知识和能力"两张皮"现象在翻译教学中非常普遍，极大影响了培养学生翻译能力的教学效果。

（4）知识只有发生广泛的迁移才能促使技能和能力的形成，迁移的方向是：陈述性知识→程序化→自动化（智力技能的形成）→能力的获得。没有知识向能力的迁移，能力培养则为一句空话。

提高翻译能力首先要知道翻译操作包括哪些内容，需要哪些方面的知识。只有围绕翻译活动的内容去学习知识，应用知识，获得相关活动的技能，才能有的放矢地掌握翻译技能，促进翻译能力的形成与发展。翻译活动可从以下四个方面来考虑。

第一，问题诊断与目标的设定：能力是在不断解决问题的过程中获得的。

判断问题的性质有利于设定解决问题的目标，做出相应的翻译决策。决策是对特定翻译操作及结果的设想。译者根据具体问题的类型、性质将翻译目标设定在某一个信息加工层面上，如语义、语法、语篇、语用层面或文化层面，然后针对具体问题决定采用什么策略。这一翻译活动环节相当于安德森（1989：284）对技能形成划分的认知阶段。译者需要判断问题的结构，预设要达到的目标。问题是智力技能启动的起始阶段。译者须依赖陈述性知识了解"问题性质是什么"，根据概念、原理、原则、规律、规则、规范、思想观点、双语知识等对所遇到的问题做出一个合理的判断和相应的翻译决策。

第二，策略选择：这是翻译操作的定向环节，明确要做什么，怎么做，确定拟解决问题的程序计划、方法和技巧。"任何翻译策略都有三个要素：理论因子、目的指向和技术手段。"（方梦之，2013）"技术手段"包括翻译技巧。策略重在决定翻译的方向性，技巧重在处理信息的过程，强调的是过程性，策略提出解决问题的方案，具有导向性；技巧作用于操作过程，具有执行性。技巧的执行力体现在将译者的决策有目的、有步骤地转化为结果的过程中。无论什么策略最终都要落实在技术性处理翻译具体问题的过程中。

第三，翻译程序计划的执行：这是一个针对具体问题按步骤进行双语转换操作的环节。该环节以理解原文并产出译文为主要的翻译活动内容，涉及阅读理解技巧、写作技巧以及用以调节语言和文化的差异来实现语码切换的技巧。在这一阶段陈述性知识和智力技能交织在一起，是陈述性知识程序化、知识向技能迁移的一个主要环节，也是翻译能力培养的核心环节。这一阶段的翻译活动对程序性知识的依赖程度很高。学习者根据操作性知识反复练习，在实践中理解所学到的知识，发现并纠正错误，把握操作的正确性，提高操作的熟练度，使程序性知识向技能迁移。随着翻译行为的有意识控制程度的降低，翻译操作的"自动化"程度不断提高，语义记忆的激活、翻译原则的把控、策略的选择、技巧的使用都不需要高度的意识控制。从有意识翻译到无意识翻译标志着知识发生了向技能和能力的迁移。

第四，译文质量的检验：译文质量控制，除了对语法、词汇、标点的正误把关外，还须将翻译结果与预定目标对比检验，检验译文是否达到所预设的翻译目标。例如：设定的目标为语义对等翻译，那就检查译文与原文是否有共享语义表征；设定的目标为语用对等，那就检查译文的语用效果是否与原文一致；设定目标为目的语文化规范取向，那就检查原文的文化要素在目的语语境中的可接受性，采用的是归化和异化翻译策略。

学习者在翻译课堂上接受知识大多是陈述性的，他们很少接触翻译的程序性知识，因为无论是翻译教材，还是翻译理论研究，都缺乏对翻译程序规则的描写。例如，技巧学习主要以"技巧术语+译例评析"为主。至于每种技巧的定义是什么，解决什么样的问题，运用技巧的前提条件和操作步骤是什么，几乎没有相关描述。关于翻译方法的使用也没有较为具体的说明。比如，英汉翻译中以名译代是极为常用的调整英汉语篇衔接手段的翻译方法，但这个方法怎么使用却没有可供操作的说明。根据对翻译实践的观察以名译代的操作有六种情况："段落开头有时需要以名词译代词；后指照应中的代词通常译作名词；指代关系不明易引起误解或逻辑关系混乱的情况下应以名词译代词；意在强调，可用名词译代词；代词高频率的篇章汉译时多用名词译代词；转换话题，倾向于用名词译代词。"（徐莉娜，2014：405-407）描写或说明翻译方法的使用条件属于陈述性知识，学习了陈述性知识并将之用于翻译操作过程，才有可能使课本上的知识转化为程序性知识，使知识向技能和能力迁移。

程序性知识缺失所导致的结果是：①理论与实践"两张皮"，所学的理论仅仅是应试性的，对翻译实践几乎没有什么指导意义；②翻译活动缺乏可控的操作依据。既然技能是通过练习按某种规则或操作程序顺利完成特定任务的能力，那么翻译练习就必须有规则可依循，有程序可把控。否则。翻译活动则成了无的放矢的行为，没有行为依据，没有问题指向，没有目标与标准，只是机械操作，死译硬译，或随心操作，盲目行事，胡译乱译。译者须具备较完善的程序性知识，以便顺利地加工从源语中提取的信息。程序性知识可以让译者知道如何根据语言规则、思维规律以及跨文交际规律处理问题，如何处理好语言文化差异带来的翻译困难。尽管翻译程序很繁杂，但翻译操作的程序和规律还是可以归纳总结的，尤其是在观察翻译失语现象的基础上总结的翻译操作规律会更具有针对性和有效性。因此，对翻译活动所涉及的程序性知识进行描写、归纳是很有必要的。这有助于完善翻译专业的知识系统，为翻译教学、翻译实践、翻译批评、译者行为研究等提供一个可参照的理论框架。

第 7 章

防范翻译失语症的要领

翻译能力的强弱与解决问题的能力息息相关。解决问题的过程是一个综合应用知识的认知过程。在这一过程中知识发生了迁移才有助于解决问题能力的形成和专业能力的发展。解决问题的能力是一个人智力的集中表现。"智力是由陈述性知识、程序性知识和策略性知识构成的。"(皮连生,2000:193)将这些知识用于翻译操作过程,知识可发生迁移,并转化为能力。翻译能力首先体现在解决问题的能力方面。有经验的译者有一套成熟的心理表征,能看清翻译过程中各要素之间的关系,熟悉翻译规律,在遇到问题时往往能直接从大脑中检索出解决问题的策略、方法和技巧。能够无意识地运用翻译策略、方法、技巧解决问题是翻译技能熟练化和能力形成的重要标志。能力的形成与提高,专业知识和技能的熟练化、自动化,可减少对工作记忆资源的占用,让有限的工作记忆容量用来加工处理更为复杂的信息,这样可以提高翻译的速度和质量,降低翻译失语发生的可能性。

本章介绍的防翻译失语的要领是在多年观察翻译失语现象基础上总结出来的翻译规律和经验,涉及译者的问题意识,翻译失语的原因,译者的选择与决策,语言间的差异、语义、语法、语篇、翻译单位等知识以及翻译方法和技巧使用的知识。这些翻译要领包含了陈述性知识和程序性知识,并以口诀的形式加以概括,便于记忆和操作。坚持将这些知识有意识地用在翻译实践中,久而久之知识就会发生迁移,向翻译能力转化,促使能力的形成与发展。

7.1 问题意识

问题意识指人们在认知活动中经常意识到一些难以解决的、令人疑惑的实践问题或理论问题，并产生一种怀疑、困惑、焦虑、探究的心理状态。这种意识是一种力求发现问题、理清问题、解决问题的心理态势。翻译过程中问题意识薄弱，很容易导致不求甚解、盲译和死译现象。问题意识与问题解决是一组因果相承的关系。只有发现问题，才能去解决问题。问题解决被定义为：当个体"在面对问题情境而没有现成的方法可以利用时""将已知情境转化为目标情境的认知过程"（皮连生，2000：189）。"没有现成方法可以利用"这一定义特征也表明心理加工实现自动化操作的现象不属于问题解决范畴。问题解决有以下几个特点。

（1）目的性："问题解决活动的一个重要特点就是它是受目标指引的。"（安德森，1989：331）目标指向性旨在生成一个问题的答案。译者如果感到翻译困难，而且因困惑不得不盲译或死译，说明他缺乏问题解决能力，对问题不敏感或不能判断问题的类型或性质，无法找到解决问题的答案。

（2）认知性：问题解决是在问题解决者认知系统中发生的活动。这种活动受目标指引，依存于认知性操作，不包含重要认知成分的活动不被认为是问题解决活动。死译、盲译、胡译都不是认知性操作，所以都不是问题解决活动。

（3）序列性："一个行为必须包含有一序列的心理步骤，才有资格称为问题解决活动。"（安德森，1989：331）问题解决包含一系列的心理活动。问题解决者运用已有的知识来解决所面临的问题。

（4）独特性："问题解决是个人化的。一个情境是否构成问题，总是相对个人的原有知识和技能而言的"，每个人的知识储备不同，面对同样的问题，他们"将问题的已知状态转化到目标状态的难度也是不同的"（皮连生，2000：190）。因此，要提高个人解决问题的能力就应尽可能地完善个人的知识结构，并能正确地运用已有的知识来解决问题，这样解决问题的行为才能得到改善，能力才能得以提高。

解决翻译问题的过程是：①意识到问题的存在；②识别出问题的性质，认清问题的起始状态；③明确问题的目标状态和已知条件；④提取与当前问题有关的知识、规则，寻找解决问题的策略和方法；⑤进行一系列的操作以达到解决问题的目标，这是一个从意识到问题到问题解决的过程。不能认清问题的起始状态，就不能正确地设定问题目标，不能做出正确的翻译决策，问题也因此难以得到正确的处理。例如，当英语上义词成为翻译难点时，起始状态是直接翻译上义词会导致译文所指不明，甚至出现语义链断裂、令人不知所云的情况；目标状态是将上义词转译为下义词，以使译文词语的所指与原文的保持一致，且语义连贯；达到目标的手段是采用引申译法。翻译问题的已知条件是已学过的上义词与下义词的语言知识。理解问题的已知条件是上义词须根据下义词确定其在语篇中的所指。在这个条件下才可做出以下翻译策略的选择：上义词不见下义词不译，必要时可将上义词引申为下义词，以确保译文像原文一样语义连贯。熟悉解决问题的过程可较好地控制翻译活动，避免乱译、胡译、随心所欲，任意发挥。

"疑是思之始，学之端。""在可疑而不疑者，不曾学。学则须疑。"这两句讲的都是问题意识对于学习的重要性。要学好翻译就应该尽量了解翻译中容易出现的问题，了解问题的起始状态和目标状态的关系，这样才能有的放矢地进行翻译。下文提到抽象词、笼统词、空位与缺省、衔接与连贯、深表结构的非一致关系，都是翻译中常遇到的问题。对这些语言现象保持敏感性，在问题情境中能够识别它们，并具备相应的解决问题的知识，就能较好地防止翻译错误的产生。

（1）翻译失语因何起

翻译失语常发生，皆因不知其原因。
探原因，找根源，避免失语有方法。
译者思维出盲点，视而不见失误多。
笼统词，词义虚，抽象词，义游移。
只见树木不见林，无视关系死硬译。
词译词，句译句，不讲逻辑胡乱译。
无视衔接与连贯，语链断裂是必然。
前言不把后语搭，译文支离语不畅。
源语空位不察觉，译出句子义残缺。
文化缺省不察觉，欠额翻译总难免。
义缺损，语链断，译文怎能信又达。

不识庐山真面目，只缘见形不见义。
不知盲点因何起，翻译失语何为奇。

（2）深表结构要弄清

语言结构有层次，层次明确逻辑清，
语法结构是表层，语义结构是深层。
主谓宾状是语法，语义结构对应它，
施事项，作主语，受事项，作宾语，
谓词项，作谓语，环境成分作状语。
深表结构相对应，一致式句好翻译，
主语若非施事格，非一致式现眼前，
直译若是很拗口，最好还原一致式，
还原译法不走意，意合语顺是第一。
非一致式若失读，翻译难免会失误，
非一致式若硬译，文不从来语不顺。
深表结构分得清，译感好来不失语。

7.2　译者的选择

译者的选择总是针对具体问题在目标的控制下贯穿翻译全过程，每个选择都以解决问题为出发点。问题的解决实现于策略的应用和反省认知的过程。翻译过程中认清问题的初始状态和目标状态直接关系到思维的目的指向性。"思维的目的指向性是个体的认知策略和反省认知的最重要标志。"（皮连生，2000：198）作为一个动态过程，翻译选择是译者运用感知觉、记忆、思维等认知能力面对问题情境做出的判断和决策。知识结构在解决问题过程中发挥着很重要的作用，而其中策略性知识对译者做出正确处理问题的判断最为关键。策略性知识总是与目标相关。目标决定策略的选择，而策略决定达到目标的手段，翻译方法和技巧都是在策略的控制下被选择并用以解决具体问题来达到翻译目标的手段。

翻译选择涉及标准、原则、策略、方法、技巧、语体、文体、翻译单位、价值取向等问题。在更为微观的操作层面上，"翻译的选择更是显得具体而细微。如句式的选择、语气的选择、情感意义的选择、词汇色彩的选择，可以说，大到句式，小到词字。乃至一个标点，都有可能需要译者在对各种因素的权衡中，在'译与不译的尴尬处境中，在异同与得失之间'，作出积极的选择"（许钧，2002）。翻译单位的选择涉及的就是词、句、篇各层级的微观环节的操作。本节提供的有关翻译选择的操作要领涉及翻译中常见问题的处理，包括翻译的目标、原则、价值取向、翻译单位、文化立场等因素对译者选择的影响。译者的选择与翻译策略的制定紧密相关，而翻译策略又直接影响到对翻译问题处理的手段。如何处理问题、策略与方法之间的关系是翻译专业知识的重要内容。掌握并灵活应用这些知识能使译者更加有针对性地解决问题，更加自如地完成双语语码转换的任务。

（1）翻译的目标与原则

信达雅，三原则，价值取向要记得。
信字取向于作者，忠实原作放首位。
求达为的是读者，通顺流畅是关键。
雅字关键在风格，言之有文可远行。
三字原则好记忆，操作起来不容易。
操作过程分层级，层级就在词句篇。
译词关键在所指，所指一致词义同。
译句关键是命题，命题一致句义同。
译篇关键是连贯，连贯讲的是逻辑。
语义链，逻辑链，同现复现来实现。
风格翻译重标记，标记传达风格义。
语言文化冲突大，读者取向不得已。
异化读者难接受，归化策略来补偿。
补偿手段增删改，灵活变通为交际。

增加阐释助理解，观念冲突可删除。
改写实属不得已，换种说法为顺应。
忠实作者为求信，忠实读者为求顺。
求信求顺皆重要，厚此薄彼不可取。
化境神似皆为雅，雅文风格近源语。

（2）灵活翻译不逾矩

英汉语言有差异，差异影响可译性。
差异小，可顺译，差异大，变通译。
拟音模声是音译，形似意合是直译。
舍形取义为意译，意译只因形存异。
语法差异难调和，归化策略为取向。
调语序，改词性，虚词取舍看逻辑。
逻辑明晰语不乱，舍弃虚词可考虑。
貌合神离假朋友，切勿望文随性译。
功能翻译重效果，读者反应当留意。
形似难把效果显，改写策略来补偿。
谐音翻译有技巧，语音效果要达到。
语篇翻译讲衔接，衔接目的为连贯。
文化差异有干扰，干扰程度是限制。
限制小，可直译，限制大，可意译。
翻译就是再创作，创作自由有前提。
随心所欲不逾矩，灵活翻译讲规矩。
语言差异要重视，文化差异须注意。
英语讲的是形合，汉语讲的是意合。
忽视差异死硬译，以形害义是大忌。

（3）单位选择靠逻辑

翻译单位分层级，词句段篇来处理。
单位设置有依据，层级依据是逻辑。

辨逻辑，识关系，译而有据是正理。
词级对译在所指，词间关系释词义。
句级对译在命题，命题核心是谓词。
谓词借助参与者，句义确定不费力。
一命题，一小句，拆译依据在命题。
篇级对译重话题，话题控制语义链。
语义延续有方法，同现复现来实现。
语用翻译重意图，意图辨识靠情境。
适题应景选词句，言语得体好交际。
语篇统筹各层级，层级之间讲和谐。
一切服从大语篇，形美意合篇完整。

（4）词级单位巧翻译

词级单位有两类，有无标记来分辨。
无标记者可直译，有标记者巧用技。
义素等量语义明，直接翻译不费力。
新词引进亦不难，音译意译皆可以。
有标记独词难译，难就难在选词义。
焦点词，强标记，词义确定靠语境。
语境提供释义项，理解词义它来帮。
语义模糊焦点词，释义就看具体词。
先看前后搭配项，搭配构成小语境。
再看同现复现项，话题控制同复现。
词义不离话题链，语义连贯义准确。
言外语境莫忽略，文化背景助理解。
译者心中有语境，词义取舍有依据。

（5）灵活取舍讲逻辑

翻译最难是选择，选择干扰实在多。
作者立场须辨明，褒贬轻重慎选词。

作品人物很关键，因人而异选词句。
文化语境干扰大，异化归化作抉择。
异化顺着源语译，归化顺应读者译。
语言差异须协调，翻译讲的是和谐。
形合意顺可直译，语形冲突意在先。
语形语义和语篇，舍形取意为连贯。
文体语体莫小觑，译文神韵在风格。
翻译行为有动机，取舍关键是逻辑。

7.3 熟用技巧

技巧是执行翻译策略以实现解决问题目标的手段。翻译技巧的名称不是教科书中空洞的术语，而是在掌握语言规律的前提下处理语码转换以达到传递跨语言文化信息目的的手段。翻译实证研究学派将"选择最合适的方法执行翻译计划"（PACTE，2003）视作翻译次策略能力的一个特征。"方法"的选择即翻译手段的选择，所以"选择-方法-执行"这些概念都指向技巧的运用及其工具性价值。技巧知识主要是程序性知识。掌握技巧使用的原理、条件、规则、步骤等知识有助于选择最合适的解决问题的手段来完成翻译任务。在掌握技巧知识的基础上反复实践方可使外在的知识内化为"能动的自为状态"，成为熟练的翻译技能。"技巧是纯熟化、完善化了的技能。技能的纯熟化、完善化过程也就是技巧的形成过程。"（刘宓庆，1987）带着技巧意识反复操练才能使知识转化为能力，进入刘宓庆所说的"熟巧"阶段。

技巧与策略的职能有所不同。策略重在决定翻译的方向性，技巧重在处理信息的过程性，而过程性正是技巧的工具属性。策略提出解决问题的方案，具有导向性，技巧则直指操作过程，具有执行性。技巧的执行力体现在将译者决策有目的、有步骤地转化为结果的过程中。策略在前，执行在后，无论什么策略最终都要落实在技术性处理翻译难点的过程中。对译者来说，策略体现的是判断与决策能力，执行体现的是处理语码转换转述信息的操作能力。前者重在诊断问题的性质，确定解决问题的方向；后者重在选择最合适的手段按照一定程序完成解决问题的过程。策略相对宏观，技巧则为微观。从策略到技巧是一个自上而下"判断—选择—操作"的过程。技巧作为实施策略的执行环节，工具性价值是第一位的。

技巧知识在应用中得以掌握。知识的应用一般限于同性质的标的，是抽象知识的具体化过程。例如，引申技巧是从一类翻译现象中抽象与概括出来的概念，将这一概念应用到具体翻译过程中可使抽象概念与解决具体问题的操作环节建立起联系，达到解决问题的目的。这样一个将抽象知识具体化的过程是翻译技巧知识的应用过程。但是迄今为止，无论是技巧教学与研究，还是用技巧进行译例评析，都只停留在抽象概念的层面上，缺乏对具体化过程的认知。这就容易导致技巧的知识与应用相分离的状况。技巧知识的应用须遵循以下规则：领会各技巧术语的概念，了解技巧所针对问题的性质和所使用的范围；识别翻译问题的性质，针对同类性质的问题选择技巧，同一个语言点采用不同的技巧，翻译的结果是不一样的；根据技巧的原理和规则去完成相应的操作。只要是应用都是将领会的知识用于解决具体的、同类的问题。例如，词义确定采用引申法，避免欠额翻译采用增词法，删繁就简用的是减词法。每种技巧都是针对具体问题而实施的，问题不明，即使将技巧名称烂熟于心，那也只是纸上谈兵，无济于事。因此，"具体"和"同类"是应用技巧知识的关键。

技巧知识主要使用的是程序性知识，只有通过反复应用才能将操作程序贮存于长时记忆。遇到同类性质的问题时，技巧知识能快速地被激活并用于解决实际问题的过程中。在领悟技巧知识的基础上应用技巧，译者就不再"知其然不知其所以然"地盲目行事了，而是用之有道地从事翻译活动。

（1）巧用词典选词义

英语词义好游移，词义确定找规律。
一是学会识义素，二是学会辨语境。
义素语境相关联，词义才能切主题。
析释义，辨义素，活跃义素语境义。

所有义素被激活，文中用的是本义。
部分义素被激活，语境催生引申义。
sth、sb、etc多作祟，搅得词义好模糊。
此类义素变量项，义随境生因变量。
释义中有笼统项，词义模糊没商量。
变量项，笼统项，具体词来指方向。
具体词，助理解，词义确定全靠它。
谓词释义有空位，填空元素参与者。
先填空，后取义，如此择义才切题。
好词典，须巧用，离了语境词义虚。

（2）词义引申法

词义确定看关系，关系不明先不译。
同现复现看眼里，见彼译此才得体。
谓词不见参与者，切莫随性来下笔。
抽象词，笼统词，视点落在具体词。
具体词，助理解，选词达意很容易。
处理比较语言点，比较对象放心里。①
不见对象不翻译，比较照应是逻辑。
蕴含项，辨关系，蕴含对象是线索。②
顺势蕴含顺着译，逆势蕴含反向译。
话题控制词汇链，选词莫忘切主题。
词义兼容词汇链，所选词义不离题。
择义选词遇困难，引申技巧来翻译。
引申法，重关系，先看关系后翻译。
关系不变语义同，语义对等属上乘。

---

① 比较语言点的翻译见"类推/逆推视点"和"比较照应手段的调整"（徐莉娜，2014：168-170，409-411）。
② 关于蕴含语言点的翻译问题见"蕴含视点"的相关阐述（徐莉娜，2014：164-166）。

（3）换说引申法

作者译者两视角，视角选择看顺逆。
视角一致可顺译，若有冲突应调整。
调整依据是关系，关系不变情境同。
对立关系可换说，因果关系亦可调。
你说上来我说下，上下映射同情境。
你说因来我说果，因果相连视域同。
你中有我我有你，蕴含两项可换说。
如此化境可求顺，既信又顺何不为。

（4）增词译法

直译句子有残缺，采用完形增词法。
补足信息意圆满，补足结构形完善。
源语缺省碍理解，化隐为显来补偿。
添加文字有限度，切记增词勿添意。

（5）显化法[①]

显化译法用增词，欠额翻译可防范。
源语信息若蕴含，化隐为显是方法。
词义若是不对等，源语义素须显化。
源语隐含参与者，译文显化参与者。
源语只有参与者，显化谓词构小句。
谓词配上参与者，命题结构就完整。
省略句中留空位，填补空位语义明。
语义明，意完整，理解表达都不难。
逻辑关系需明示，化隐为显增连词。
背景信息若隐含，文化缺省当敏感。
增加阐释或注释，隐含信息明示化。

[①] 见"化隐为显的七个视点"（徐莉娜，2014：203-209）。

增词作用有两点，助理解，补结构。
增词不可太随意，添枝加叶是禁忌。

（6）减词译法

删繁就简减词法，减词不减源语意。
译文逻辑不混乱，尽可删减关系词。
此法称作"最小化"，最小化是意合法。
舍形取意求通达，删减虚词为简洁。
指代关系不混乱，代词尽可最小化。
事理逻辑不混乱，删除连词又何妨。
时空逻辑不混乱，连词从略语更畅。
实词亦可来删减，取舍原则有三项。
一是删除虚指词，实词义虚可不译。
二是删除成分语，主谓宾语皆可舍。
实词虽减意不减，取舍原则在顺应。
但凡顺应目的语，尽可舍弃成分语。
三是删除冗余词，信息重复是冗余。
冗余信息若赘言，略而不译莫犹豫。
减词译法并不难，准确判断是关键。

（7）定语的翻译

定语翻译讲角色，语法语义分两层。
语法角色在修饰，修饰名词靠定语。
语义角色较繁杂，凭着概念来分辨。
表领属，表性质，此类定语好翻译。
环境概念做定语，让你困惑没商量。
表地点，表时间，表原因，表让步，
表范畴，表方式，此类概念作定语，
深表结构不一致，翻译可用一致式，
环境概念做状语，意合语顺没问题。

（8）定语从句的翻译

定从翻译分五类，类型所属看逻辑。
限定名词作定语，译作汉语"的"字句。
说明性的定从句，前置后置都可以，
选择依据在语篇，根据需要前后置。
定从作用在解释，译作汉语同位语。
从句若是表转折，译成汉语转折句。
表原因，表让步，表时间，表条件，
表方式，表地点，皆可转译状从句，
转译方法加连词，显化逻辑语意明。
主从句是两命题，分句译法来处理。
主从句是一命题，合句译法可考虑。
源语从属关系句，转译后成简单句。
定从翻译不拘谨，未必定语译定语。
定语自有多译法，译法选择看关系。

（9）词类转译法

语法结构难理顺，词类转译莫忘记。
名词转译为动词，形容词就译副词，
改词类，语形变，易形不改原命题。
英语讲的是形合，汉语讲的是意合。
汉译若为词类困，句子结构理不顺。

（10）主谓句转译主题句[①]

英语主谓突出句，汉语主题突出句。
主谓句重及物性，主题句重有关性。
主谓宾，定状补，句法成分挺繁杂。
主题语，评述语，句子结构两部分。

[①]"主谓句转译主题句"的操作条件和方法见"主题句取向的翻译模式"（徐莉娜，2014：312-324）。

主谓句译主题句，调整结构可求顺。
评说对象作主题，有关联者为评述。
主题语，置句首，评述语块随其后。
源语词类莫计较，句子成分可忽略。
表达只须重逻辑，源语句法莫介意。
定语语块不难译，先辨主题后翻译。
被评说者作主题，表属性者作评述。
定中结构变小句，文从字顺又上口。
主谓句，重形合，主题句，重意合。
意合为上英译汉，汉语讲究流水句。
主题语，为源头，评述语，似流水。
小句一句接一句，形似松散意不散。
主题明确意连贯，归化译法主题句。

（11）被动句翻译

被动句译被动句，切勿"被"字用不停。
被动句译主动句，不同句式同命题。
被动句译被动句，巧用被动标记词，
被动概念有标记，施受关系可辨明。
"挨""遭""为"标记词，灵活选择顺汉语。

（12）正反译法

正说反说看形式，否定词素是反说，
否定表达正面译，正说反译亦可以。
正反表达来调整，调整目的为通顺，
无论正说与反说，概念对等是原则。

（13）分句译法

多谓词句难直译，拆译技巧莫忘记。
一谓词，一命题，根据命题译小句。
先切断，后完形，或许还须调语序。

若是言语太累赘，同指成分可删除。
拆句之后莫忘记，逻辑关系须梳理。
若有需要增连词，根据逻辑整小句。
小句整合成语段，语段核心主题义。
围绕主题串小句，句句相连有逻辑。

（14）语篇的衔接技巧

词句翻译归语篇，篇章形成靠衔接，
衔接若是存差异，选择汉语衔接法，
语法衔接最小化，词汇衔接可用上。
代词频率要减少，以名译代效果好，
译文逻辑若清晰，连词介词可舍弃，
衔接效果看连贯，话语连贯篇完善。

（15）照应衔接技巧[①]

语义宽泛是照应语，语义具体是参照语。
照应语对应参照语，不见参照语莫翻译。
上义词参照下义词，代词参照的是名词。
笼统与抽象两类词，参照对象是具体词。
比较项和被比较项，比较关系要厘得清。
语法性空位须完形，完形须参照先行词。
替代词参照被代项，近义词互为参照语。
参照关系若看不清，盲目翻译必害连贯。

（16）语篇的连贯

言内义，言外义，语义语用两路径。
语义助显言内义，语用助显言外义。
辨所指，识命题，语义路径选词句。

---

① "照应衔接技巧"见"衔接技巧：重复译法"所提到的各类照应关系语言点的翻译（徐莉娜，2014：421-440）。

激活义素定所指，命题奠定小句义。
同现复现织义网，言内语义挺连贯。
连贯还须言外义，语用推理促连贯。
交际场合交际者，助你推导言外义。
语形偏离常规式，言者用心须辨明。
源语晦涩难理解，隐含信息显化译。
看场合，选词句，文体语体要得体。
交际场合放心里，表达到位效果佳。
若遇文化负载词，根据需要来处理。
异化若是害连贯，归化策略应考虑。
语篇连贯总原则，译局部要顾整体。

（17）语篇的修辞

陈述对象，保持一致，脉络清晰，语意不乱。
纵观全局，把握主题，瞻前顾后，语义连贯。
搭配合理，连接得当，照应和谐，语脉通畅。
叙事说理，符合逻辑，言而有序，文气通贯。
起承转合，首尾相顾，谋篇布局，章法不乱。
拘泥字句，措辞生硬，貌合神离，难求信达。
不求形似，但求神似，易形存义，等效为上。

（18）翻译需要讲规矩

懂外语非懂翻译，翻译需要讲规矩。
不胡译，不盲译，求信求达不死译。
要译得活译得准，语言规律须牢记。
双语差异成障碍，探明语义再翻译。
语义表征须共享，形式表征可调整。
调整形式靠技巧，技巧学习有方法。
针对问题选译法，各种译法有原理，
依理翻译讲程序，善用译法防失语。

7.4 本章小结

翻译理论是译者"不得不具备的有关翻译过程的知识体系"。它关注的主要是"为各种类型文本提供恰当的翻译方法；为翻译和翻译批评提供原则、规则和要领，为解决问题提供背景知识"（Newmark，2001：19）。纽马克这里所谈的翻译理论是针对理论的"认知职能"和"执行职能"而言的。翻译理论的"认知职能"让人们"认识到翻译作为语际转换手段的实质和基本规范"，而"执行职能"为翻译实践提供"参照指令"（referential instructions）（刘宓庆，1987）。由于翻译理论多元性强，复杂而抽象，所以本书尝试着将常用的可供翻译实践参照的"指令"编成口诀，以期提高理论指导实践的效果。

本章根据翻译活动的认知规律、语言学原理、语际转换及跨文化交际的特点将翻译操作的要点编制成便于诵读的口诀，以提高理论、策略、技巧及操作规则等知识的可领悟性，让知识变得具体、直观、可感，便于记忆，便于应用，同时，也可避免死记抽象理论、概念和术语的学习习惯，改变不能将理论用于指导翻译实践的状况。PACTE（2003：47-48）谈及翻译能力的特点时指出："翻译能力从本质上来说不同于双语能力，翻译能力是完成翻译任务所必需的潜在的知识系统，翻译能力所需的是专业知识，由陈述性知识和程序性知识构成，而程序性知识占主导地位。"翻译能力需要的是专业知识，一般的双语知识不能满足翻译需求。翻译理论就是为从事翻译者提供这样的专业知识，尤其是具有执行属性的专业知识。然而，由于理论过于抽象，不利于多数人掌握，所以很有必要构建一套翻译操作程序知识体系，用较容易理解的语言来编写一套操作指示，供译者操作参照。以程序性的表征方式来归纳翻译实践中常使用的程序性知识是一种尝试，以期抛此砖引彼玉，有更多的人来关注这方面的研究，使其成为翻译能力研究的一个有机组成部分。

无论是学习翻译的，还是从事翻译工作的，都应该充分地认识翻译的艺术性和规律性，掌握翻译专业知识，敏锐地识别翻译问题，面对问题善于做出正确的翻译决策，灵活使用翻译手段解决问题。只要思路正确，方法得当，功到之日，也就是人们摆脱盲目行事、翻译失语症之时。

参考文献

埃德加·斯诺. 1979. 生活在五十岁开始//湖南省长沙师范学校编. 怀念徐特立同志. 长沙: 湖南人民出版社: 24-29.

埃德加·斯诺. 2005. 西行漫记(英汉对照). 董乐山译. 北京: 外语教学与研究出版社.

安德森·J·R. 1989. 认知心理学. 杨清等译. 吉林: 吉林教育出版社.

巴尔胡达罗夫. 1985. 语言与翻译. 蔡毅等编译. 北京: 中国对外翻译出版社.

白学军等. 2017. 阅读心理学. 上海: 华东师范大学出版社.

保罗·罗兰德. 2015. 纽伦堡审判. 曹永毅译. 青岛: 青岛出版社.

崔刚. 1998. 语言学与失语症研究. 外语教学与研究, (1): 21-28, 80.

崔刚. 2002. 失语症的语言学研究. 北京: 外语教学与研究出版社.

崔刚. 2015. 神经语言学. 北京: 清华大学出版社.

崔刚, 张伟. 2002. 布洛卡的失语症研究及其对神经语言学的贡献. 清华大学学报(哲学社会科学版), (S1): 46-50.

恩德尔·托尔文. 1998. 记忆的组织: 答案在那里? 朱滢译//加扎尼加主编. 认知神经科学. 沈政等译. 上海: 上海外语教育出版社: 524-534.

方梦之. 2013. 翻译策略的理据、要素与特征. 上海翻译, (2): 1-6.

冯佳, 王克非. 2016. 探悉翻译过程的新视窗: 键盘记录和眼动追踪. 中国翻译, (1): 12-18.

冯忠良. 1992a. 结构-定向教学的理论与实践: 改革教学体制的探索(上册). 北京: 北京师范大学出版社.

冯忠良. 1992b. 结构-定向教学的理论与实践: 改革教学体制的探索(下册). 北京: 北京师范大学出版社.

冯忠良, 伍新春, 姚梅林等. 2000. 教育心理学. 北京: 人民教育出版社.

高觉敷. 1987. 西方心理学的新发展. 北京: 人民教育出版社.

高素荣. 2006. 失语症. 2版. 北京: 北京大学医学出版社.

高维正编译. 1983. 简明英汉谚语词典. 南京: 江苏人民出版社.

桂诗春. 1991. 实验心理语言学纲要: 语言的感知、理解与产生. 长沙: 湖南教育出版社.

桂诗春. 2000. 新编心理语言学. 上海: 上海外语教育出版社.

何自然. 1997. 语用学与英语学习. 上海: 上海外语教育出版社.

吉迪恩·图里. 2001. 描述翻译学及其他. 上海: 上海外语教育出版社.

姜德杰, 尹洪山. 2006. 英语"花园路径"现象的触发性因素. 青岛科技大学学报(社会科学版), (2): 117-120.

卡罗尔. 2006. 语言心理学(第四版). 缪小春等译. 上海: 华东师范大学出版社.

克里斯蒂娜·谢芙娜. 2007. 翻译研究中的规范概念. //克里斯蒂娜·谢芙娜编. 翻译与规范. 北京: 外语教学与研究出版社: 1-8.

李荣宝, 彭聃龄, 李嵬. 2000. 双语者第二语言表征的形成与发展. 外国语(上海外国语大学学报), (4): 2-11.

李涛, 肖维青. 2017. "翻译是一门手艺"——青年翻译家李继宏访谈录. 翻译论坛, (3): 9-14.

连畔. 1978. 英语格言菁华. 香港: 香港上海书局.

连淑能. 2010. 英汉对比研究(增订本). 北京: 高等教育出版社.

列夫·维果茨基. 2010. 思维与语言. 李维译. 北京: 北京大学出版社.

林谷辉, 林智强. 1995. 传导性失语四例报告. 临床实用神经疾病杂志, 2(1): 1-3.

林谷辉, 曾国玲. 1996. 双语人的失语现象4例分析. 中风与神经疾病杂志, 13(6): 351-352.

林语堂. 1984. 论翻译//罗新璋. 翻译论集. 北京: 商务印书馆: 417-432.

刘宓庆. 1987. 论翻译的技能意识. 中国翻译, (5): 7-11.

刘新民. 1998. 误译、漏译、多译——《螺旋》译文失误评析. 中国翻译, (3): 22-24.

陆国强. 1999. 英汉和汉英语义结构对比. 上海: 复旦大学出版社.

罗伯特, L., 索尔所, M., 金伯利·麦克林, 奥托·H. 麦克林. 2008. 认知心理学. 邵志芳等译. 上海: 上海人民出版社.

罗杰·贝尔. 2005. 翻译与翻译过程: 理论与实践. 秦洪武译. 北京: 外语教学与研究出版社.

罗进德. 1984. 翻译单位——现代翻译学的一研究课题. 翻译通讯, (12): 40-43.

罗倩, 彭聃龄. 2000. 失语症的语言学研究综述. 当代语言学, 2(4): 248-263, 279.

罗选民. 1992. 论翻译的转换单位. 外语教学与研究, (4): 32-37, 80.

罗选民, 徐莉娜. 2007. 语义"匹配"与翻译教学. 外语教学与研究, 39(5): 386-391, 401.

吕叔湘. 1992. 翻译工作和"杂学"//吕叔湘. 吕叔湘文集(第四卷): 语文散论. 北京: 商务印书馆: 421-425.

米歇尔·巴哈第. 2003. 双语失语症的评估. 林谷辉等译. 广州: 暨南大学出版社.

苗菊. 2005. 有声思维——翻译内在过程探索. 外语与外语教学, (6): 43-46.

苗菊. 2006. 西方翻译实证研究二十年(1986—2006). 外语与外语教学, (5): 45-48.

苗菊, 刘艳春. 2010. 翻译实证研究——理论、方法与发展. 中国外语, (6): 92-97.

参考文献

尼尔·史密斯，达埃德尔·威尔逊. 1983. 现代语言学: 乔姆斯基革命的结果. 李谷城等译. 北京: 外语教学与研究出版社.

诺姆·乔姆斯基. 1986. 句法理论的若干问题. 黄长著等译. 北京: 中国社会科学出版社.

诺姆·乔姆斯基. 2015. 语言与心智: 第三版. 熊仲儒, 张孝荣译. 北京: 中国人民大学出版社.

皮连生. 2000. 智育心理学. 北京: 人民教育出版社.

沈坤. 2011. 如何将知识转化为技能. https://www.cnblogs.com/5555/archive/2011/03/11/1980520.html[2011-03-11].

苏炎奎, 李荣宝. 2018. 认知压力和单词熟悉度对英语视觉词汇语义通达模式的影响——来自视译和阅读眼动实验的证据. 外国语(上海外国语大学学报), (2): 54-62.

孙建成. 2013. 天堂不可承受之亡. 中国翻译, 34(5): 116-118.

孙致礼. 2018. 新编英汉翻译教程. 2版. 上海: 上海外语教育出版社.

唐菱. 2003. 失语症分类研究概述. 湖南大学学报(社会科学版), 17(5): 100-103.

托马斯·H. 黎黑. 1998. 心理学史(上下册). 李维译. 浙江: 浙江教育出版社.

王德春, 吴本虎, 王德林. 1997. 神经语言学. 上海: 上海外语教育出版社.

王德春. 2006. 语言学通论. 修订本. 北京: 北京大学出版社.

王福祥, 郑冰寒. 2019. 60年翻译单位研究述评. 外语学刊, (2): 99-105.

王娟. 2015. 巴西学者Fabio Alves翻译单位过程导向实证研究评析. 外国语(上海外国语大学学报), 38(4): 68-76.

王娟, 徐莉娜. 2021. 基于科学知识图谱的国内失语症研究现状及趋势分析. 科技创新与应用, 11(23): 70-73.

王青, 杨玉芳. 2002. 语义启动模型以及启动范围. 心理科学进展, 10(2): 154-161.

王瑞明, 范梦. 2010. 双语者语言转换中非目标语言的加工机制. 心理科学进展, 18(9): 1386-1393.

王瑞明, 杨静, 李利. 2016. 第二语言学习. 上海: 华东师范大学出版社.

王甦, 汪安圣. 1992. 认知心理学. 北京: 北京大学出版社.

温秀颖. 2003. 翻译理论与实践之间的纽带——翻译批评. 上海科技翻译, (4): 7.

邬德平, 曹英倩, 李春燕, 等. 2017. 双语失语症特异性障碍、评估、治疗与康复. 中国听力语言康复科学杂志, (5): 331-335.

谢天振. 2013. 译介学(增订本). 南京: 译林出版社.

徐超埄编译. 1984. 英谚译介. 福州: 福建教育出版社.

徐莉娜. 2004. 认知与翻译单位. 中国翻译, 25(6): 15-19.

徐莉娜. 2012. 从译者失语看翻译教学的缺失环节. 中国翻译, (2): 52-59, 128.

徐莉娜. 2014. 英汉翻译原理. 上海: 上海外语教育出版社.

徐莉娜, 汤春梅. 2020. 从及物性视角探移就格研究及翻译中的盲点. 外语研究, (3): 67-73,112.

徐莉娜, 王娟. 2021. 翻译失语的神经语言学解释——以笔译期末考试的检测分析为例. 翻译界, (1): 80-97.

许钧. 2002. 论翻译之选择. 外国语(上海外国语大学学报), (1): 62-69.

燕浩. 2016. 双语者语言加工的双机制模式. 当代语言学, 18(4): 592-603.

严世清. 2019. 汉语失语症的系统功能语言学描述与阐述: 一个案例报告. 当代外语研究, (3): 70-79.

颜林海. 2015. 翻译认知心理学. 修订本. 北京: 科学出版社.

杨莉黎. 1993. 英汉互译教程(下). 开封: 河南大学出版社.

杨亦鸣. 2007. 语言的理论假设与神经基础——以当前汉语的若干神经语言学研究为例. 语言科学, (2): 60-83.

杨亦鸣, 耿立波. 2009. 《双语的神经语言学理论》评介. 外语教学与研究, (1): 67-70.

叶浩生. 2009. 心理学史. 上海: 华东师范大学出版社.

詹姆斯. 1992. 螺丝在拧紧. 何力译. //白夫主编. 世界中篇名作选(第五集). 桂林: 漓江出版社: 232-328.

张发勇. 2010. 从认知心理学角度看长时记忆和工作记忆在口译理解中的作用. 外语电化教学, (5): 74-79.

张富. 1998. 由 hot bed 想到的. 英语知识, (2): 40.

张浩, 彭聃龄. 1990. 汉语的语境信息对抽象句和具体句回忆的影响. 心理学报, (4): 391-396.

张惠娟, 李恋敬, 周晓林. 2003. 双语语义表征的脑功能成像研究. 北京大学学报(自然科学版), (5): 742-748.

张培基, 喻云根, 李宗杰等. 1980. 英汉翻译教程. 上海: 上海外语教育出版社.

张清芳. 2019. 语言产生: 心理语言学的视角. 上海: 华东师范大学出版社.

张帅. 2014. 失语症的功能语言学研究. 河南科技大学学报(社会科学版), 32(1): 65-69.

中国大百科全书总编辑委员会《天文学》编辑委员会, 中国大百科全书出版社编辑部. 1980. 中国大百科全书: 天文学. 北京: 中国大百科全书出版社.

周煦良. 2007. 翻译三论//周煦良. 周煦良文集 1(舟斋集). 上海: 上海译文出版社: 24-39.

庄绎传. 1992. 外国译者追求什么样的译文？. 中国翻译, (4): 51-55.

Blumstein, S. E. 1992a. 神经语言学: 对失语症中语言与脑关系的综观(上). 沈家煊译. 国外语言学, (3): 10-12.

Blumstein, S. E. 1992b. 神经语言学: 对失语症中语言与脑关系的综观(下). 沈家煊译. 国外语言学, (4): 4-13.

Tanenhaus, M. K. 1991. 心理语言学概述(上). 桂诗春译. 国外语言学, (1): 1-10.

Alves, F. 2015. Translation process research at the interface: Paradigmatic, theoretical, and methodological issues in dialogue with cognitive science, expertise studies, and psycholinguistics. In A. Ferreira & J. W. Schwieter(Eds.), *Psycholinguisitc and Cognitive Inquiries into Translation and Interpreting* (pp. 17-40). Amsterdam: John Benjamins.

Alves, F. & Goncalves, J. L. V. R. 2003. A relevance theory approach to the investigation of inferential processes in translation. In F. Alves (Ed.), *Triangulating Translation: Perspectives in Process Oriented Research*(pp. 3-24). Amsterdam: John Benjamins.

Anderson, J. R. 2010. *Cognitive Psychology and Its Implications*. 7th edn. New York: Worth Publishers.

Anderson, J. R. & Bower, G. H. 1973. *Human Associative Memory*. Washington: Winson.

Baker, M. 1993. Corpus Linguistics and translation studies: implications and applications. In M. Baker, G. Francis & E. Tognini-Bonelli (Eds.), *Text and Technology: In Honour of John Sinclair* (pp. 233-250). Amsterdam & Philadelphia: John Benjamins Publishing Company.

Barbosa, H. G. & Neiva, A. M. S. 2003. Using think-aloud protocols to investigate the translation process of foreign language learners and experienced translators. In F. Alves (Ed.), *Triangulating Translation : Perspectives in Process in Oriented Research*(pp. 137-155). Amsterdam: John Benjamins.

Bell, R. T. 1991. *Translation and Translating: Theory and Practice*. New York: Longman Inc.

Bell, R. T. 2001. *Translation and Translating: Theory and Practice*. Bejing: Foreign Language Teaching and Research Press.

Blanco-Elorrieta, E., Emmorey, K. & Pylkkänen, L. 2018. Language switching decomposed through MEG and evidence from bimodal bilinguals. *Proceedings of the National Academy of Sciences of the United States of America*, 115(39): 9708-9713.

Blumstein, S. E. 1988. Neurolinguistics: An overview of language-brain relations in aphasia. *Linguistics: The Cambridge Survey Vol II, Language: Psychological and Biological Aspects* (pp. 201-236). Cambridge: Cambridge University Press.

Borius, P. Y., Giussani, C., Draper, L., et al. 2012. Sentence translation in proficient bilinguals—A direct electrostimulation brain mapping. *Cortex,* 48(5): 614-622.

Breedin, S. D., Saffran, E. M., & Coslett, H. B. 1994. Reversal of the concreteness effect in a patient with semantic dementia. *Cognitive Neuropsychology*, 11(6): 617-660.

Broca, P. 1865. Du siège de la faculté du langage articulé. *Bulletin de la Société d'Anthropologie*, 6: 377-393.

Broca, P. 2011. Remarks on the seat of spoken language, followed by a case of aphasia(1861). *Neuropsychology Review*, 21: 227-229.

Caplan, D. 1987. *Neurolinguistics and Linguistic Aphasiology: An Introduction*. Cambridge: Cambridge University Press.

Chee, M. W. L., Soon, C. S. & Lee, H, L. 2003. Common and segregated neuronal networks for different languages revealed using functional magnetic resonance adaptation. *Journal of Cognitive Neuroscience*, 15(1): 85-97.

Chomsky, N. 1957. *Syntactic Structures*. The Hague: Mouton.

Chomsky, N. 1959. A review of B. F. Skinner's verbal behavior. *Language*, 35(1): 26-58.

Chomsky, N. 1965. *Aspects of the Theory of Syntax*. Cambridge: MIT Press.

Chomsky, N. 2006. *Language and Mind*. 3rd edn. New York: Cambridge University Press.

Collins, A. M. & Loftus, E. F. 1975. A spreading activation theory of semantic processing. *Psychological Review*, 82(6): 407-428.

Collins, A. M. & Quillian, M. R. 1969. Retrieval time from semantic memory. *Journal of Verbal Learning and Verbal Behavior*, 8(2): 240-247.

Crystal, D. 1980. *A First Dictionary of Linguistics and Phonetics*. Boulder, Colo: Westview Press.

de Groot, A. M. 1989. Representational aspects of word imageability and word frequency assessed through word association. *Journal of Experimental Psychology: Learning, Memory, and Cognition*, 15 (5): 824-845.

Ellis, N. C. & Hennelly, R. A. 1980. A bilingual word-length effect: Implications for intelligence testing and the relative ease of mental calculation in Welsh and English. *British Journal of Psychology*, 71(1): 43-51.

Elyot, T. 1531. *The Boke Named the Gouernour*. Londini: In edibus Tho. Bertheleti.

Ericsson, K. A. & Simon, H. A. 1984. *Protocol Analysis: Verbal Reports as Data*. London: The MIT Press.

Fabbro, F. 2001a. The bilingual brain: Bilingual aphasia. *Brain and Language*, 79(2): 201-210.

Fabbro, F. 2001b. The bilingual brain: Cerebral representation of languages. *Brain and Language*, 79(2): 211-222.

Fabbro, F., Skrap, M. & Aglioti, S. 2000. Pathological switching between languages after frontal lesions in a bilingual patient. *Journal of Neurology Neurosurgery & Psychiatry*, 68(5): 650-652.

Ferreira, A. & Schwieter, J. W. 2015. *Psycholinguisitc and Cognitive Inquiries into Translation and Interpreting*. Amsterdam & Philadelphia: John Benjamins Publishing Company.

Franklin, S., Howard, D. & Patterson, K. 1995. Abstract word anomia. *Cognitive Neuropsychology*,

12(5): 549-566.

Frawley, W. 1984. Prolegomenon to a theory of translation. In W. Frawley(Ed.), *Translation: Literary, Linguistic, and Philosophical Perspectives*(pp. 159-175). London & Toronto: Associated University Presses.

Frazier L. & Rayner, K. 1982. Making and correcting errors during sentence comprehension: Eye movements in the analysis of structurally ambiguous sentences. *Cognitive Psychology*, 14(2): 178-210.

Freedman, S. A. & Forster, K. I. 1985. The psychological status of over generated sentences. *Cognitions*, 19(2): 101-131.

Gagne, R. M. & Briggs, L. J. 1979. *Principles of Instructional Design*. 2nd edn. New York: Holt, Rinehart & Winston.

Gernsbacher, M. A. & Faust, M. 1991. The role of suppression in sentence comprehension. In G. B. Simpson (Ed.), *Understanding Word and Sentence*(pp. 97-128). Amsterdam: North Holland.

Goodglass, H. & Kaplan, E. 1983. *The Assessment of Aphasia and Related Disorders*. 2nd edn. Philadelphia: Lea & Febiger.

Grodzinsky, Y. 1995a. A restrictive theory of agrammatic comprehension. *Brain and Language*, 50(1): 27-51.

Grodzinsky, Y. 1995b. Trace deletion, o-roles, and cognitive strategies. *Brain and Language*, 51(3): 469-497.

Gross, C. G. 2007. The discovery of motor cortex and its background. *Journal of the History of the Neurosciences*, 16(3): 320-331.

Gutt E. 2014. *Translation and Relevance Cognition and Context*. New York: Routledge.

Hatfield, F. M. 1972. Looking for help from linguistics. *British Journal of Disorders of Communication*, (7): 64-81.

Hatim, B. & Mason, I. 2001. *Discourse and the Translator*. Shanghai: Shanghai Foreign Language Education Press.

Hatim, B. & Munday, J. 2004. *Translation: An Advanced Resource Book*. New York: Routledge.

Hécaen, H. & Dubois, J. 1971. La neurolinguistique. In G. E. Perren & J. L. Trim (Eds.), *Applications of Linguistics*(pp. 85-89). Cambridge: Cambridge University Press.

Hockett, C. F. 1958. *A Course in Modern Linguistics*. New York: Macmillan.

Illes, J., Francis, W. S., Desmond, J. E., et al. 1999. Convergent cortical representation of semantic processing in bilinguals. *Brain and Language*, 70(3): 347-363.

Indefrey, P., Brown, C. M., Hellwig, F., et al. 2001. A neural correlate of syntactic encoding during speech production. *Proceedings of the National Academy of Sciences of the United States of America*, 98(10): 5933-5936.

Jääskeläinen, R. 1993. Investigating translation strategies. In S. Tirkkonen-Condit & J. Laffling(Eds.), *Recent Trends in Empirical Translation Research* (pp. 99-120). Joensuu: University of Joensuu.

Jakobson, R. 1968. *Child Language, Aphasia and Phonological Universals*. The Hague: Mouton.

Jakobson, R. 1971a. Aphasia as a linguistic topic. In S. Rudy (Ed.), *Roman Jakobson Selected Writings Ⅱ: Word and Language*(pp. 229-238). The Hague: Mouton.

Jakobson, R. 1971b. Two aspects of language and two types of aphasic disturbances. In J. Roman & H. Moris(Eds.), *Fundamentals of Language*. 2nd edn. (pp. 69-96). The Hague: Mouton.

Jakobson, R. 1971c. Linguistic types of aphasia. In S. Rudy (Ed.), *Roman Jakobson Selected Writings Ⅱ: Word and Language*(pp. 307-333). The Hague: Mouton.

Jakobson, R. 1971d. Toward a linguistic classification of aphasic impairments. In S. Rudy (Ed.), *Roman Jakobson Selected Writings Ⅱ: Word and Language*(pp. 289-303). The Hague: Mouton.

Jakobson, R. 1980. On aphasic disorders from a linguistic angle. In J. Roman(Ed.), *The Framework of Language*(pp. 93-111). Ann Arbor: Michigan Studies in the Humanities.

Jakobson, R. 2000. On linguistic aspects of translation. In L. Venuti. *The Translation Studies Reader* (pp. 113-118). London & New York: Routledge .

Kimball, J. 1975. *Syntax and Semantics* (vol. 4). New York: Academic Press.

Kintsch, W. & Keenan, J. 1973. Reading rate and retention as a function of the number of propositions in the base structure of sentences. *Cognitive Psychology*, (5): 257-274.

Kiraly, D. C. 1995. *Pathways to Translation: Pedagogy and Process*. Kent, Ohio: The Kent State University Press.

Klein, D., Zatorre, R. J., Chen, J. K., et al. 2006. Bilingual brain organization: a functional magnetic resonance adaptation study. *NeuroImage*, 31(1): 366-375.

Klein, D., Zatorre, R., Meyer, E., et al. 1994. Left putaminal activation when speaking a second language: Evidence from PET. *Neuroimage*, 5(17): 2295-2297.

Krings, H. 1986. *Was in den Köpfen von Übersetzern vorgeht*. Tübingen: Gunter Narr.

Lehmann, W. P. 1983. *Language: An Introduction*. New York: Random House.

Lesser, R. & Milroy, L. 1993. *Linguistics and Aphasia: Psycholinguistic and Pragmatic Aspects of Intervention*. London: Longman.

Levelt, W. J. M. 1999. Models of word production. *Trends in Cognitive Sciences*, 3(6): 223-232.

Levý, J. 2000. Translation as a decision process. In L. Venuti(Ed.), *The Translation Studies Reader* (pp. 148-159). London & New York: Routledge.

Lörscher, W. 1991a. Thinking-aloud as a method for collecting data on translation processes. In K. Alexander(Ed.), *Empirical Research into Translation and Interpreting: Processes and Products* (pp. 67-78). Neuchâtel: Université de Neuchâtel.

Lörscher, W. 1991b. *Translation Performance, Translation Process, and Translation Strategies: A Psycholinguistic Investigation*. Tübingen: Gunter Narr.

Lörscher, W. 1993. Translation process analysis. In Y. Gambier & J. Tommola (Eds.), *Translation and Knowledge* (pp. 195-211). Turku: University of Turku, Center for Translation and Interpreting.

Lörscher, W. 1996. A psycholinguistic analysis of translation processes. *Meta: Translators' Journal*, 41(1): 26-32.

Lörscher, W. 2005. The translation process: Methods and problems of its investigation. *Meta: Translators' Journal*, 50(2): 597-608.

Luria, A. R. 1976. *Basic Problems in Neurolinguistics*. The Hague: Mouton.

Luria, A. R. 1980. *Higher Cortical Functions in Man*. 2nd edn. New York: Basic Books.

Lyons, J. 1981. *Language and Linguistics*. Cambridge: Cambridge University Press.

Marshall, R. C. 1976. Word retrieval of aphasic adults. *Journal of Speech and Hearing Disorders*, 41(4): 444-451.

Miller, G. A. 1956. The magical number seven, plus or minus two: Some limits on our capacity for processing information. *Psychological Review*, 63(2), 81-97.

Miller, G. A., Eugene G, E. & Pribram, K. H. 1970. *Plans and the Structure of Behavior*. London: Holt, Richart and Winston, Inc.

Neisser, U. 1967. *Cognitive Psychology*. New York: Appleton-Century-Crofts.

Nespoulous, J. L., Lecours, A. R. & Lafond, D. 1992. Protocole Montréal-Toulouse d'examen linguistique de l'aphasie (MT-86). Isbergues: Ortho-Edition.

Neubert, A. & Shreve, G. M. 1992. *Translation as Text*. Kent: The Kent State University Press.

Newmark, P. 2001. *Approaches to Translation*. Shanghai: Shanghai Foreign Language Education Press.

Nida, E. A. & Taber, C. R. 1982. *The Theory and Practice of Translation*. Leiden: E. J. Bill.

Osgood, C. E. & Sebeok, T. A. 1954. *Psycholinguistics: A Survey of Theory and Research Problems*. Bloomington: Indiana University Press.

PACTE. 2003. Building a translation competence model. In F. Alves (Ed.), *Triangulating Translation: Perspectives in Process Oriented Research* (pp. 43-66). Amsterdam: John

Benjamins.

PACTE. 2005. Investigating translation competence: Conceptual and methodological issues. *Meta: Translators' Journal*, 50 (2): 609-619.

Paradis, M. 1977. Bilingualism and aphasia. In H. Whitaker & H. A. Whitaker (Eds.), *Studies in Neurolinguistics* (pp. 65-121). New York: Academic Press.

Paradis, M. 2004. *A Neurolinguistic Theory of Bilingualism*. Amsterdam: John Benjamins Publishing Company.

Paradis, M., Goldblum, M. C. & Abidi, R. 1982. Alternate antagonism with paradoxical translation behavior in two bilingual aphasic patients. *Brain and Language*, 15(1): 55-69.

Perani, D., Dehaene, S., Grassi, F., et al. 1996. Brain processing of native and foreign languages. *Neuroreport*, 7(15): 2439-2444.

Pillai, J. J., Araque, J. M., Allison, J. D., et al. 2003. Functional MRI study of semantic and phonological language processing in bilingual subjects: Preliminary findings. *NeuroImage*, 19(3): 565-576.

Plaut, D. C. & Shallice, T. 1993. *Connectionist Neuropsychology: A Case Study*. Mahwah: Erlbaum.

Price, C. J., Green, D. W. & von. Studnitz. R. 1999. A functional imaging study of translation and language switching. *Brain*, 122(12): 2221-2235.

Pym, A. 1992. Translation error analysis and the interface with language teaching. In C. Dollerup & A. Loddegaard (Eds.), *Teaching Translation and Interpreting: Training, Talent and Experience* (pp. 279-288). Amsterdam: John Benjamins.

Radó, G. 1979. Outline of a systematic translatology. *Babel*, 25 (4): 187-196.

Rinne, J. O., Tommola, J., Laine, M., et al. 2000. The translating brain: Cerebral activation patterns during simultaneous interpreting. *Neuroscience Letters*, 294(2): 85-88.

Roland, P. 2010. *The Nuremberg Trials*. London: Arcturus Publishing Limited.

Rutten, G. J. 2017. *The Broca-Wernicke Doctrine: A Historical and Clinical Perspective on Localization of Language Functions*. Berlin: Springer International Publishing.

Saussure, F. de. 2001. *Course in General Linguistics*. Bejing: Foreign Language Teaching and Research Press.

Schoeck, R. J. 1987. Intertextuality and the rhetoric canon. In R. Fleming & M. Payne(Eds.), *Criticism, History and Intertextuality* (pp. 98-111). Lewisburg: Bucknell University Press.

Séguinot, C. 1996. Some thoughts about think-aloud protocols. *Target*, 8(1): 75-95.

Shamaa, N. 1978. *A Linguistic Analysis of Some Problems of Arabic to English Translation*. D. Phil. Thesis; Oxford University.

Shuttleworth, M. & Cowie, M. 2014. *Dictionary of Translation Studies*. New York: Routledge.

Simpson, G. B. & Kang, H. 1994. Inhibitory processes in the recognition of homograph meanings. In D. Dagenbach & T. H. Carr (Eds.), *Inhibitory Processes in Attention, Memory, and Language* (pp. 359-381). San Diego: Academic Press.

Smith, E. E., Shoben, E. J. & Rips, L. J. 1974. Structure and process in semantic memory: A featural model for semantic decisions. *Psychological Review*, 81(3): 214-241.

Smith, N. & Wilson, D. 1980. *Modern Linguistics: The Results of Chomsky's Revolution*. New York: Penguin Books.

Tanenhaus, M. K. 1988. Psycholinguistics: An overview. In F. Newmeyer (Ed.), *Linguistics: the Cambridge Survey* (pp. 1-37). Cambridge: Cambridge University Press: 1-37.

Toury, G. 1980. *In Search of a Theory of Translation*. Tel Aviv: Porter Institute for Poetics and Semiotics.

Toury, G. 1995. *Descriptive Translation Studies and Beyond*. Amsterdam: John Benjamins.

Toury, G. 2000. The nature and role of norms in translation. In L. Venuti (Ed.), *The Translation Studies Reader* (pp. 198-212). London & New York: Routledge.

Tulving, E. 1972. Episodic and semantic memory. In E. Tulving & W. Donaldson (Eds.), *Organization of Memory* (pp. 382-402). New York: Academic Press.

Tymoczko, M. 2012. The neuroscience of translation. *Targe: International Journal of Translantion Studies*, 24(1): 83-102.

Vázquez-Ayora, G. 1977. *Introducción a la Traductolog f a*. Washington, D. C: Georgetown Universal Press.

Veyrac, G. J. 1931. A study of aphasia in polyglot subjects. In M. Paradis (Ed.), *Readings on Aphasia in Bilinguals and Polyglots* (pp. 320-338). Montreal: Didier.

Vinay, J. P. & Darbelnet, J. 1995. *Comparative Stylistics of French and English: A Methodology for Translation*. Translated and edited by J. C. Sager & M. J., Mamel. Amsterdam: John Benjamins Publishing Company.

Weinreich, U. 1963. *Languages in Contact*. The Hague: Mouton.

Weisenburg, T. & McBride, K. E. 1935. *Aphasia: A Clinical and Psychological Study*. New York: Commonwealth Fund.

Wernicke, C. 1874. *Der Aphasische Symptomencomplex: Eine Psychologische Studie Auf Anatomischer Basis*. Breslau: Cohn & Weigert.

Wilss, W. 2001. *The Science of Translation: Problems and Methods*. Shanghai: Shanghai Foreign Language Education Press.

Wundt, W. 1873. *Principles of Physiological Psychology*. Translated by Edward Bradford Titchener (1904). London: Swan Sonnenschein and Co., Ltd.

Yokoyama, S., Okamoto, H., Miyamoto T, et al. 2006. Cortical activation in the processing of passive sentences in L1 and L2: An fMRI study. *NeuroImage*, 30(2): 570-579.

后　　记

《翻译失语症研究》记录了笔者对翻译活动二十多年的观察与思考，以及对翻译教学的探索与发现、经验与总结。

其间，语言学、失语症研究、认知心理学、神经语言学等学科的研究成果开阔了我的视野，让我跳出翻译错误研究的点评式、散论式思路，将研究重心转向观察翻译中语言活动和思维活动的特点、解释翻译转换的生理和心理机制、探索翻译失语的原因，并通过翻译实践式、翻译批评式、答疑式、自评式等各种类型的问卷和有声思维数据分析的方法采集翻译失语的第一手资料，从中发现译者在翻译过程中的思维障碍和思维特征。2012年在《中国翻译》上发表的对翻译失语现象研究的第一个成果《从译者失语看翻译教学的缺失环节》和相继完成的教育部人文社会科学基金项目成果《英汉翻译原理》（上海外语教育出版社，2014年）、《翻译过程的语言学视角》（中国社会科学出版社，2018年）以及一系列论文都是从语言学和认知科学的角度来描述翻译过程的。

本国家社会科学基金课题立项于2014年，2018年动笔之前，大量的时间和精力都集中于文献的查阅与梳理、语料的采集与分析、翻译语料与失语症患者语料的对比研究。历经数年笔耕，终于完成了书稿的撰写和修订工作。

值此付梓之际，我最想表达的就是对父母的感激之情。父爱如山，从1978年考大学到攻读博士学位，我每上一个台阶都得到过父亲的热切鼓励。母亲更是我的坚实后盾，每当我需要帮助的时候，她总是无私地伸出温暖有力的援手，从福州来青岛帮我照看孩子、料理家务。没有母亲的鼎力相助，我不可能安心顺利地完成在加拿大多伦多大学的研修任务。父母戎马半生，艰苦备尝，离休后本该享清福，却又为后辈含辛茹苦。最令我心痛的是，父母在我退休前相继离开了我们，想要退休后多陪伴父母的心愿再也无法实现。

  本课题的完成与专著的撰写得到了多方的支持。知名学者罗选民、黄忠廉、周领顺百忙之中前来参加我的国家社会科学基金开题报告会，并提出了宝贵的建议；热衷于翻译的曹永毅先生通过翻译实践验证了书中的很多观点，并从编辑的角度为完善本书做了很多工作；青岛大学外语学院的翻译研究中心和青岛恒星科技学院的专家工作室皆为本课题的推进搭建了很好的工作平台；在本书出版过程中，科学出版社的编辑们表现出非常严谨的敬业精神，经过细心审校为本书提出很多专业的修改意见；本书的出版得到了国家社会科学基金的资助，在此一并致谢。